Gustav Freytag
Der Dreißigjährige Krieg

Gustav Freytag

Der Dreißigjährige Krieg

Anaconda

Gustav Freytags kulturhistorisches Hauptwerk *Bilder aus der deutschen Vergangenheit* erschien zuerst in vier Bänden bei Hirzel 1859–1867 in Leipzig. Der daraus entnommene Textausschnitt »Der Dreißigjährige Krieg« entspricht den ersten sechs Kapiteln des dritten Bandes *Aus dem Jahrhundert des großen Krieges (1600–1700)*. Der Text folgt hier der Ausgabe Leipzig: Fikentscher [o. J.]. Orthografie und Interpunktion wurden auf neue Rechtschreibung umgestellt.

Die Deutsche Nationalbibliothek verzeichnet diese Publikation in der Deutschen Nationalbibliografie; detaillierte bibliografische Daten sind im Internet unter http://dnb.d-nb.de abrufbar.

© 2017 Anaconda Verlag GmbH, Köln
Alle Rechte vorbehalten.
Umschlagmotiv: Jan Maertszen de Jonghe (1609–1647),
»Gustav Adolf in der Schlacht bei Dirschau, 1627« (Öl auf Kupfer, 1634),
Kungl. Husgeradskammaren, Stockholm / akg-images
Umschlaggestaltung: Harald Braun, Berlin
Satz und Layout: Andreas Paqué, www.paque.de
Printed in Czech Republic 2017
ISBN 978-3-7306-0526-4
www.anacondaverlag.de
info@anacondaverlag.de

Inhalt

Einleitung 7

1. Das Heer 21

2. Soldatenleben und Sitten 73

3. Die Dörfer und ihre Geistlichen 109

4. Die Kipper und Wipper
   und die öffentliche Meinung 155

5. Die Städte 199

6. Der Friede 229

Einleitung

Das Jahr 1600 fand ein Volk, das in den letzten hundert Jahren eine ungeheure Wandlung durchgemacht hatte. Überall ist der Fortschritt zu erkennen. Man vergleiche ein ernstes Buch von 1499 und 1599. Das Erstere in schlechtem Latein geschrieben, dürftig der Wortvorrat, schwerfällig die Darstellung, nicht leicht verständlich der Sinn. Von selbstständigem Geist, von eigener Überzeugung nur wenig Spur. Um alte Schulphrasen, deren Bedeutung erst durch ein Studium ihrer allmählichen Entwicklung klar wird, übt sich der Scharfsinn im unnützen Distinguieren von Nebensachen; es ist ein greisenhaftes Wesen, fast wie in dem absterbenden Altertum. Wohl gibt es Ausnahmen, aber sie sind sehr selten. Selbst das Latein der älteren Humanisten erinnert an die spitzfindige Blödigkeit der Mönchssprache ebenso sehr als an die kunstvollen Phrasen antiker Rhetoren. Von den wenigen, welche für das Volk deutsch schreiben, wird am liebsten die Torheit der Menschen geschildert, die Fehler der Stände, belehrend oder in Beispielen, selbst bei Sebastian Brant langsam, einförmig. Einmal überrascht in der Theologie das Aufleuchten einer tiefsinnigen Spekulation von erhabenster Größe, aber sie ist eine Art Geheimlehre für die resignierten Seelen im Zwange des Klosters. Wohl ist es Philosophie, aber noch getrennt vom Leben.

Ein Jahrhundert später erkennt man auch in dem mittelmäßigen Schriftsteller eine selbstständige Persönlichkeit. Der Verfasser ist gewöhnt, über den Glauben und das Erdenleben nachzudenken, er versteht seine Empfindungen, auch leise Bewegungen der Seele darzustellen, er kämpft für eine eigene Überzeugung, er ist in Glauben und Wissen, in Liebe und Hass eine Individualität geworden. Noch bleibt auch er regelmäßig an das Gemeingültige gebunden. Ängstlich ist der Theologe bemüht sich orthodox zu erweisen, mehr als billig eignet sich der Schriftsteller die Arbeiten seiner Vorgänger zu, noch hat das Urteil, die Gelehrsamkeit und Bildung für unsere Empfindung viel Monotones. Aber daneben erscheint überall Individuelles und Charakteristisches, in der Prosa ein eigener, oft origineller Stil, fast immer ein kräftiger, rühriger Menschenverstand. Drei Generationen haben für den Glauben gekämpft, viele Einzelne sind für ihre Überzeugung in den Tod, Tausende in das Elend gegangen. Der Märtyrer ist nicht mehr ein unerhörtes Ding, ein Monstrum, es gehört zum Wesen des Mannes, in den höchsten Fragen eigenes Urteil zu vertreten. Hundert Jahre früher waren es wenige starke Seelen, welche ihr selbstständiges Leben gegen die gemeingültige Mittelmäßigkeit setzen durften, im Volke lebten die Einzelnen vor sich hin, ohne gemeinsame Ideen, ohne Begeisterung; im fest geschlossenen Kreise der Genossen seinen Vorteil suchen, sich gegen unleidlichen Druck auflehnen, das war der Inhalt ihrer Kämpfe gewesen. Jetzt aber ist in die Nation der Enthusiasmus gekommen, der Einzelne empfindet sich in engem Zusammenhange mit Millionen, er wird getragen durch die Beistimmung aller Gleichgesinnten, er handelt und leidet für eine Idee. – So viel größer waren die Menschen geworden, zunächst in den protestantischen Landschaften; doch auch den katholischen war ein Teil dieses Segens gekommen.

Aber jede höhere Entwicklung erzeugt auch neue Verbildungen; das Kind ist frei von mancher Krankheit, welche den Leib des Jünglings durchschüttelt. Der Protestantismus, der so Großes im Volke getan, war noch lange nicht in seinen letzten Konsequenzen entwickelt. Er forderte unablässige innere Tätigkeit der Individuen, er drängte überall zu freier Selbstbestimmung, und doch konnte er sich noch nicht über das unleidlichste Prinzip der alten Kirche erheben. Auch er wollte noch den Glauben seiner Angehörigen beherrschen und jede abweichende Überzeugung als Ketzerei verfolgen. Luthers Riesennatur hatte die eifrigen Geister zusammengehalten, er selbst hatte vorhergesagt, dass sie nach seinem Tode nicht fest bleiben würden. Er kannte seine treuen Gehilfen genau, ihre Schwächen, den Drang nach eigenen Wegen[*]. Melanchthon, fest in seiner Wissenschaft und in den Störungen, welche das Tagesleben brachte, aber befangen und unsicher in großen Geschäften, vermochte dem Feuergeist der Entschlossenen nicht zu imponieren. Auf jenem Reichstage, der zu Augsburg 1547 begann, hatte der siegreiche Kaiser in seiner Weise auch den Streit der Kirchen einzufrieden gesucht, er hatte eine vorläufige Feststellung der Glaubensnormen, das Interim, den geschlagenen Protestanten aufgedrängt. Vom Standpunkt der Katholiken mit äußerster Toleranz, die nur erträglich war, weil sie allmählich zur alten Kirche zurückführen sollte, vom Standpunkt der eifrigen Protestanten mit unerträglicher Tyrannei, der auch da zu widerstehen war, wo sie über solche Kirchenfragen entschied, welche selbst Luther für unwesentlich, für Adiaphora gehalten hatte. Gegen diese Tyrannei erhoben sich überall die geistigen Führer der Opposition. Hunderte von Predigern ließen sich aus ihrem Amte treiben und pilgerten am Stecken ins Elend, mehr als einer fiel als Opfer der wütenden Reaktion. Es war die Heldenzeit des protestantischen Glaubens, ein großer Anblick noch für uns; einfache Prediger, Väter mit Weib und Kind, welche für eine männliche Überzeugung leiden; sie

---

[*] Nikolaus von Amsdorf, Antwort auff Doct. Pommer's scheltwort. 1548. 4.

haben, so hoffen wir, diese Opferfähigkeit in Deutschland für alle Zeiten in die Seele des Volkes gelegt. Bald sollten ihnen Tausende von Laien nachfolgen.

Aber diese Erhebung der Seelen brachte auch eine Gefahr. Das Interim wurde der Anfang heftiger theologischer Streitigkeiten unter Luthers Anhängern selbst. Unhold ist der Verlauf dieser Händel, die besten Geister wurden verbittert und rieben ihre Kraft auf in einem Hader, für dessen einzelne Streitsätze wir uns nicht mehr begeistern können. Und doch soll man von diesem Kampfe der Zeitgenossen und Schüler Luthers nicht gering denken. Es sind tüchtige Männer, welche gegeneinander stehen, große Überzeugungen, sittlicher Ernst. Wenn es peinlich ist, den Amsdorf gegen Bugenhagen, und den Flacius, der noch vor Kurzem hebräischer Lektor Wittenbergs gewesen war, gegen Melanchthon selbst im Streit zu sehen, so soll man sich auch sagen, dass das Ausbrechen der Gegensätze gerade die erste Folge des ungeheuren inneren Fortschrittes war. Jeder der feurigen Streiter klagte so schmerzlich, dass die Gegner die Einheit der neuen Kirche zerrissen. Keiner ahnte, dass diese Zerstörung der Einheit zwar ein großer Übelstand für sein Herrschergelüst, aber kein geringer Fortschritt in der Charakterentwicklung der Deutschen war.

Der Kampf der Männer wurde auch ein Kampf der Universitäten: Die Nachkommen Friedrichs des Weisen hatten mit dem Kurhut auch die Universität Wittenberg verloren, Melanchthon und die Wittenberger standen unter dem Einfluss des politischen Moritz und seines Bruders, die eifrigsten Lutheraner sammelten sich auf der neuen Universität Jena.

Aber diesem Geschlecht leidenschaftlicher Männer folgte eine andere Generation von Epigonen. Um das Ende des Jahrhunderts schien der deutsche Protestantismus in den meisten Landschaften sicher vor äußeren Gefahren;

da kam den Geistlichen übergroße Selbstgefälligkeit, Herrschsucht, alle Fehler eines privilegierten Standes. Einflussreiche Ratgeber schwacher Fürsten, immer noch Beherrscher der öffentlichen Meinung, verfolgten sie selbst zuweilen den Andersgläubigen mit den Waffen der alten Kirche. Sie riefen einige Male die weltliche Macht gegen die Ketzer auf, der Pöbel stürmte in Leipzig Häuser der Reformierten, in Dresden wurde ein höfischer Geistlicher wegen Ketzerei, freilich auch aus politischen Gründen, sogar hingerichtet. So warf das neue Leben auch tiefe Schatten in die Seelen des Volkes.

Auch in den katholischen Territorien regte sich ein stärkeres, fremdartiges Leben. Die katholische Kirche schuf aus sich heraus eine neue Zucht der Geister, eine Methode menschlicher Bildung, die der protestantischen scharf entgegengesetzt war. Auch in der alten Kirche wurde eine größere Vertiefung des inneren Lebens erreicht, dem gemütlichen Bedürfnis der Gläubigen wurde die uralte Lehre von der Gefolgschaft der Mannen Christi in neuen Formeln, Bildern und Verheißungen geboten, noch einmal wurde die Idee der allein selig machenden Einheit wirksam. In Spanien, in Italien erhob sich die neue Religiosität, auch sie voll Hingabe, Opfermut, voll Talent, Kampfesfreude, voll glühender Begeisterung, reich an starker Männerkraft. Aber es war jetzt ein Glaube für Romanen, nicht für Deutsche. Was er forderte, war Vernichtung der freien Persönlichkeit, Losreißen von allen Banden der Welt, schwärmerische Devotion, willenloses Einordnen des Mannes in die große Gefolgschaft Christi. Das einzelne eigene Leben hatte sich zum Opfer zu bringen für die Herrschaft der allein selig machenden Kirche, ohne Kritik, ohne Skrupel. Während der Protestantismus die Individuen so hoch fasste, dass er jedem die Pflicht auflegte, selbstständig von innen heraus Anschluss an das Göttliche und Verständnis der Welt zu suchen, umschloss der neue Katholizismus das Wesen des Einzelnen mit eherner Hand. Der Protestantismus war, trotz aller Loyalität der Reformatoren, im innersten Wesen demokratisch, der neue Katholizismus konzentrierte alle Menschenkraft, deren rücksichtslose Hingabe er forderte, in einer geistigen Tyrannis, unter der Herrschaft der Obern in der Kirche, bald auch im Staat. So stark war die Spannung der Gegensätze zwischen Deutschen und Welschen.

Der große Vertreter dieser neuen Richtung in Kirche und Staat war der Jesuitenorden. In der leidenschaftlichen Seele eines spanischen Edelmanns brannte das düstere Feuer der neuen katholischen Lehre auf, unter asketischen Bußübungen im engen Verkehr einer kleinen Genossenschaft bildete sich das System. Im Jahre 1540 bestätigte der Papst die Gesellschaft, kurz darauf eilen die ersten Mitglieder des Ordens über die Alpen und den Rhein nach Deutschland, schon herrschen sie auf dem Konzilium zu Trient. Ihre rücksichtslose Entschlossenheit kräftigt die Schwachen, erschreckt die Wankenden. Merkwürdig schnell richtet sich der Orden in Deutschland ein, wo noch alter Glaube unter dem neuen zu finden war, er erlangt Gunst bei den Vornehmen, Zulauf vom Volke. Einige Fürsten übergeben ihm die geistliche Herrschaft ihrer Länder, vor allen die Habsburger, neben ihnen deutsche Kirchenfürsten, welche die schwankende Treue ihres Gebietes nicht durch einheimische Kraft festigen können, endlich die Herzöge von Bayern, welche seit hundert Jahren gewöhnt waren, den Vorteil ihres Hauses im engen Anschluss an Rom zu suchen. Als die Väter zuerst nach Deutschland hinüberfliegen, war die ganze deutsche Nation auf dem Wege protestantisch zu werden; noch beim Beginn des Dreißigjährigen Krieges waren nach Verlusten und Erfolgen auf beiden Seiten drei Vierteile Deutschlands ganz oder in der Majorität protestantisch. Im Jahre 1650 war der ganze neue Kaiserstaat wieder katholisch, und außerdem das größte Drittteil von Deutschland. So gut hatten die fremden Priester ihrer Kirche gedient.

Einem Wunder gleich war ihre Tätigkeit. Vorsichtig, Schritt für Schritt, planvoll, fest entschlossen, nie schwankend, dem Sturme weichend, unermüdlich wiederkehrend, nie das Begonnene aufgebend, nach größtem Plane auch das Kleinste mit Aufopferung betreibend, bot diese Genossenschaft die einzige Erscheinung einer unbedingten, willenlosen Hingabe aller an eine Idee, die nicht in einem Einzelnen sich ausdrückte, sondern in der Genossenschaft. Der Orden herrschte, aber jeder Einzelne war unfrei, auch der Ordensgeneral war verantwortlich.

Der Orden erwarb Ehre und Gunst, wohl verstand er sich beliebt oder unentbehrlich zu machen, wo er hinkam; aber er blieb in Deutschland doch fremd. Das Unheimliche des furchtbaren Prinzips empfanden nicht nur die Protestanten, welche ihn ohne Aufhören mit ihren papiernen Waffen, den Flugschriften, zu bändigen suchten und für jede politische Untat, die aus der Nähe und Ferne berichtet wurde, verantwortlich machten. Auch in den katholischen Ländern blieb er ein Gast, ein einflussreicher, viel gepriesener, aber den Geistlichen und Laien kam von Zeit zu Zeit die Empfindung, dass er nicht zu ihnen gehöre. Alle geistlichen Genossenschaften waren national geworden, Benediktiner, Kreuzherren, Bettelmönche – die Jesuiten nicht. Es ist natürlich, dass in der katholischen Geistlichkeit selbst diese Empfindung am stärksten war, denn auch ihr irdischer Vorteil wurde oft durch die Jesuiten beeinträchtigt.

So stehen seit der Mitte des 16. Jahrhunderts zwei entgegengesetzte Methoden der Bildung, zwei verschiedene Quellen der Sittlichkeit und Tatkraft gegeneinander im Kampfe: Devotion und unbedingte Unterordnung gegen Pflichtgefühl und prüfende Selbstbestimmung, schneller, rücksichtsloser Entschluss gegen gewissenhaftes Zweifeln, weit überlegte, planvoll nach weiten Zielen hinarbeitende Energie gegen mangelhafte Disziplin, Drang zur Einheit gegen Streben nach Separation.

So erschienen die Gegensätze überall, zumeist in der Politik, an den Höfen der Fürsten. Den deutschen Fürsten war der Protestantismus in seiner unfertigen Gestalt keine Hilfe für Bildung ihres eigenen Charakters. Er hatte das Volk gehoben, er hatte auch die äußere Macht der Fürsten höher gestellt, aber er hatte ihre innere Festigkeit verringert. Schon ihre Jugendbildung wurde in der Regel zu theologisch, um praktisch zu sein. Wie unsittlich manche von ihnen waren, sie alle litten an Gewissenszweifeln; für diese Zweifel aber gab es keine schnelle Antwort, wie der katholische Beichtvater sie bereitet hatte. Wie begehrlich viele von ihnen waren, auch sie hatten bereits mit einem unsicheren Pflichtgefühl zu ringen, und wenn der Hofprediger ihr stiller Ratgeber war, er machte sie nicht fester. Jeder der protestantischen Fürsten stand für sich, zwischen ihren Landeskirchen war kein festes Band, viel kleines Gezänk und bitterer Hass, nicht nur zwischen Lutheranern und Reformierten, sogar zwischen den Bekennern der Augsburgischen Konfession. Auch dies verringerte ihre Kraft. Während die Priester der katholischen Kirche ihre Regenten fest aneinander banden, halfen die protestantischen Geistlichen die Trennung ihrer Fürsten vermehren. So ist kein Zufall, dass die Protestanten lange Zeit, wo sie den Altgläubigen in politischem Kampfe gegenüberstehen, im Nachteil sind. Noch war den Deutschen der neue Staatsbau nicht gefunden und er sollte noch durch Jahrhunderte entbehrt werden, welcher den Schwerpunkt der Regierung aus dem zufälligen Willen des Herrschers heraushebt und in das Gewissen der Nation legt, welcher in geordneter Bahn den talentvollen und tüchtigen Bürger der Krone zum Beirat stellt; noch war die öffentliche Meinung schwach, die Tagespresse nicht geschaffen, das

Verhältnis zwischen den politischen Rechten des Fürsten und des Volkes wenig bestimmt.

Und noch in der neuen Zeit, welche den deutschen Staaten diese lang entbehrte Grundlage gegeben hat, vermögen wir zu erkennen, dass der Gegensatz zwischen den beiden Methoden der Bildung nicht ganz geschwunden ist; noch heute steht feste Geschlossenheit der Verwaltung, ein schlagfertiger Mechanismus, in einzelnen Fällen eine schweigsame, konsequente, rücksichtslose Politik gegen das Wesen des protestantischen Staats, welches den Herrscher zwingt zu sprechen und zu hören, seine Entschlüsse nach der Majorität der Bildung zu richten, zuweilen ein großes Wollen zu beschränken, wenn es dem Volk nicht verständlich ist. Dagegen macht dasselbe höhere Prinzip auch die Torheiten der Regierenden weniger schädlich, und wenn es vielleicht ungeschickt ist, ferne Gefahr durch geheime Tat abzuwehren, so macht es dafür die Kraft des Widerstandes größer, den Staat dauerhafter; denn der politische Anteil des Einzelnen vergrößert seine Opferfähigkeit und adelt seine politische Sittlichkeit. Aber so weit war der Protestantismus um das Jahr 1600 noch lange nicht durchgebildet; nur in den Gemütern lag er, und es kam darauf an, wie schnell ihm die allgemeinen Verhältnisse Deutschlands eine kräftige Entwicklung gestatten würden.

Er war durch Karl V. in die politische Opposition gedrängt, und er blieb in dieser Stellung. Nicht immer erschien die Politik der Habsburger der alten Kirche günstig. Oft intrigierte der Papst auch gegen sie und ihre italienischen Ansprüche. Ja, in dem zweiten Nachfolger Karls, Maximilian II., lebte eine freie Bildung und ein wahrhaft kaiserlicher Sinn, der Deutschland wohltat und die vorübergehende Hoffnung erregte, dass eine Versöhnung der großen Parteien im deutschen Sinne nicht unmöglich wäre. Aber selbst den freiesten des Geschlechts bezwang zuletzt das Interesse seines Hauses. Italien, Spanien, Ungarn und die Türkei, Freunde und Gegner zogen immer wieder in eine undeutsche Politik hinab. Und was am wichtigsten war, das Hausinteresse drängte gegenüber den eigenen Landschaften in dieselbe Richtung.

Überall hatte der Protestantismus auch politische Erschütterungen hervorgebracht; vom Bauernkriege bis in das nächste Jahrhundert hinein hörten die Zuckungen im Volke nicht auf. Die Reformation hatte die Zungen gelöst, sie hatte den Deutschen auch das Urteil über ihre bürgerliche Stellung freier gemacht, sie hatte dem Einzelnen den Mut gegeben, die eigene Überzeugung durchzufechten. Wie der Bauer jetzt laut über die unerschwinglichen Lasten murrte, so der zünftige Bürger über die eigennützige Herrschaft der Stadtgemeinde, so auch das adlige Mitglied der Landschaft über die ungemessenen Geldforderungen des Kriegsherrn. Schnell war mit Luthers Beistimmung die wilde demokratische Bewegung von 1525 niedergeschlagen worden, aber die demokratischen Tendenzen waren deshalb nicht geschwunden, und neben ihnen schlich das Wesen der Wiedertäufer, der Sozialisten des 16. Jahrhunderts, von Stadt zu Stadt. Ihre Lehre, kaum in ein System zu fassen, in jeder Persönlichkeit anders gefärbt, vom harmlosen Theoretiker, der sich ein Gemeinwesen aus guten Bürgern ohne Eigennutz, voll Selbstverleugnung erdachte, wie schon der talentvolle Eberlin getan, bis zu dem ruchlosen Fanatiker, der zu Münster das neue Zion aufrichten half mit lügenhafter Gemeinschaft der Güter und Vielweiberei: Diese Lehre fand in jeder großen Stadt Demagogen, auf dem Lande war sie unausrottbar. Karl V. hatte sie in den Reichsstädten Süddeutschlands nicht ganz vernichten können, in Lübeck war sie sogar auf eine kurze Zeit zur Herrschaft gekommen. Auch diese Regungen hatten gegen das Ende des Jahrhunderts an Kraft verloren, aber sie arbeiteten noch in der Bevölkerung, zumeist in den Gegenden, wo die protestantische Opposition der Stände gegen den altgläubigen Landesherrn das Volk in Aufregung erhielt. So war es in Böhmen, in Mähren, in Oberösterreich. Je eifriger die Habsburger durch die Jesuiten den alten Glauben wiederherzustellen suchten, ja auch wenn sie wie Kaiser Rudolf in Untätigkeit gewähren ließen, desto mehr wurden sie im eigenen Lande bedrängt durch die Forderungen der ständischen Opposition, wie durch die Aufregung im Volke. Und wohl erkannten sie einen drohenden Zusammenhang dieser Opposition in allen Besitzungen ihres Hauses. So waren ihnen nur zwei Wege geöffnet. Entweder sie mussten selbst Protestanten werden, und das war ihnen längst unmöglich; oder sie mussten die gefährliche Lehre und die Ansprüche, welche sie in die Seelen der Menschen warf, mit Entschlossenheit vernichten, in ihrem eigenen Lande, überall. Der Habsburger kam, welcher das versuchte.

Unterdes war der Mut der alten Kirche durch große Siege, die sie in anderen Ländern erfochten hatte, hoch gestiegen. Das heftige Aufbrennen der ständischen Opposition in kaiserlichen Ländern unter schwachen Regenten drängte die Freunde der Kirche zu gemeinsamem Handeln. Gegen die drohende Offensivbewegung der katholischen Partei vereinigten sich protestantische Fürsten, wie einst zu Schmalkalden, wieder zu einer Union; die katholische Partei antwortete durch die Liga; den Protestanten aber lag die Verteidigung, der Liga ein Angriff am Herzen.

Das war die politische Lage Deutschlands vor dem Dreißigjährigen Kriege; eine trostlose Lage. Das Missbehagen war allgemein, ein Zug von Trauer, die Neigung, Übles zu prophezeien, sind bedeutsame Zeichen dieser Zeit. Jeder tückischen Mordtat, die durch ein Flugblatt dem Volk verkündet wird, ist eine Betrachtung über die schlechte Zeit angehängt; aus zahlreichen Predigten und erbaulichen Schriften schallt schmerzliche Klage über die Verderbtheit der Menschen, die unseligen, argen, letzten Jahre vor dem Weltende. Und doch ist, wie wir deutlich erkennen, die Sittenlosigkeit im Lande nicht auffallend größer geworden. Der Wohlstand ist in den Städten, selbst auf dem Lande im Wachstum, es wird viel regiert, überall bessere Ordnung, größere Sicherheit des Daseins. Allerdings hat sich mit dem Reichtum Genusssucht und Luxus vermehrt, schneller dringen neue Moden ein, auch in den untern Schichten des Volkes erwacht die Begehrlichkeit, mannigfaltiger ist das Leben und teurer, und häufiger zeigt sich Gleichgültigkeit gegen das Gezänk der Geistlichen. Uns gilt dies nicht als ein nationales Unglück, es ist die nicht immer anmutige Folge größerer Ansprüche, ja sogar Bedingung des materiellen Fortschritts. Anders erschien es den Zeitgenossen. Auch die Besseren sind verdüstert, auch so freudige Naturen wie der ehrliche Bartholomäus Ringwaldt werden zu Unglücksprophetenh und wünschen sich den Tod.

Und doch hatte solche Trauer die höchste Berechtigung. Es war etwas krank im Leben der Deutschen, auf ihnen lastete ein Unverstandenes, das auch die Bildung der Besten verkümmerte. Es ist wahr, die Lehre Luthers war der größte geistige Fortschritt, den Deutschland je durch einen Mann gemacht hat, aber mit jeder Erweiterung der Seele steigern sich auch die Forderungen an das Leben. Der idealen Neubildung musste eine entsprechende Fortbildung der irdischen Verhältnisse folgen, die größere Selbstständigkeit im Glauben forderte gebieterisch eine stärkere politische Kraftentwicklung. Gerade die Lehre aber, welche wie die Morgenröte eines besseren Lebens erschienen war, sollte dazu beitragen, dem Volke das Bewusstsein seiner politischen Ohnmacht zu geben, und sie selbst sollte durch diese Ohnmacht einseitig und engherzig verbildet werden. In zahllose Territorien unter schwache Fürsten geteilt, überall von kleinlichem Gezänk umgeben und angefüllt, fehlte der deutschen Seele, was ihr zum fröhlichen Gedeihen unentbehrlich ist, eine allgemeine Erhebung, ein großes gemeinsames Wollen, das Gebiet von sittlichen Aufgaben, welches den Menschen vorzugsweise freudig und mannhaft macht; die Deutschen hatten ein Vaterland ungefähr von Lothringen bis zur Oder, aber sie lebten in keinem Staate wie die Bürger der Elisabeth oder Heinrichs IV.

So gingen die Deutschen schon innerlich erkrankt in einen Krieg von dreißig Jahren. Als der Krieg endete, war wenig von der großen Nation übrig. Noch hundert Jahre sollten die Nachkommen der Überlebenden die männlichste Empfindung entbehren, politische Begeisterung.

Luther hatte sein Volk aus den epischen Lebensformen des Mittelalters herausgehoben. Der Dreißigjährige Krieg zerstörte die Volkskraft und isolierte die Deutschen zu Einzelleben, deren gemütliche Beschaffenheit man wohl eine lyrische nennen darf. Es ist eine traurige, freudenleere Zeit, welche hier nach Berichten der Zeitgenossen geschildert werden soll.

Kapitel 1
Das Heer

Der Gegensatz zwischen habsburgischem Hausinteresse und deutschem Volkstum, zwischen dem alten und neuen Glauben musste zu einer blutigen Katastrophe führen. Wer aber fragt, wie doch ein solcher Krieg durch ein ganzes Menschenalter rasen und so furchtbare Erschöpfungen einer starken Nation verursachen konnte, der wird die auffallende Antwort finden, dass der Krieg deshalb so groß, schrecklich und endlos wurde, weil keine von allen hadernden Parteien imstande war, großen und entscheidenden Krieg zu führen.

Die Heere des Dreißigjährigen Krieges hatten im besten Fall die Stärke eines modernen Armeekorpses. Tilly hielt 40 000 Mann für die höchste Truppenzahl, die sich ein Feldherr wünschen könne. Nur in einzelnen Fällen hat ein Heer diese Stärke erreicht, fast alle großen Schlachten wurden durch kleinere Massen entschieden. Zahlreich waren die Detachierungen, sehr groß der Abgang durch Gefechte, Krankheiten, Flucht. Und da kein geordnetes System der Ergänzungen bestand, schwankte der wirkliche Bestand der Armeen in höchst auffälliger Weise. Einmal zwar vereinigte Wallenstein eine größere Truppenmacht – den Angaben nach 100 000 Mann – unter seinem Oberbefehl, aber nicht in einem Heer, ja kaum in militärischem Zusammenhang; denn die zuchtlosen Banden, mit welchen er im Jahre 1629 die deutschen Territorien dem Kaiser unterwerfen wollte, lagen über halb Deutschland zerstreut. Eine solche Soldatenmasse erschien allen Parteien als gräuliches Wagnis. Sie war in der

Tat nicht zu bändigen. Seitdem hat kein Feldherr auch nur die Hälfte befehligt*.

Denn noch galt es für bedenklich, mehr als höchstens 40 000 Mann in einer Schlacht zu leiten, auf einem Kriegstheater zu erhalten. Die Schlacht war ein Kampf kunstvoll rangierter Massen, die Aufstellung selbst erforderte viel Zeit, das Heer in Schlachtordnung wurde als eine bewegliche Festung betrachtet, deren Mittelpunkt, der Feldherr selbst, alles Detail beherrschen sollte. Sein Blick musste das Terrain übersehen, sein Wille jede Aufstellung und jeden Angriff leiten. Adjutantur und Generalstabsdienst waren noch wenig ausgebildet. Die Heerhaufen in dichten Massen zusammenhalten, die Schlachtreihe durch Terrainhindernis schützen, nicht Ross, nicht Mann aus Auge und Führung lassen, gehörte zur Methode. So musste auch auf dem Marsche das Heer fest zusammengehalten werden, in engen Quartieren, am liebsten in einem Lagerraum. Dazu kamen Schwierigkeiten der Verpflegung, die Landstraßen schlecht, oft grundlos, die Zufuhr gezwungen, fast immer elend geordnet. Und was in der Praxis entscheidend war, ein Heer von 40 000 Streitern bestand wohl aus 100 000 Menschen. Der ungeheure Tross und das wilde Raubsystem zehrten schnell die fruchtbarste Landschaft aus. So hätte die größte Feldherrnkunst kaum ein größeres Heer führen können.

Aber es war dafür gesorgt, dass man in solche Verlegenheit nicht kam. Weder der Kaiser noch ein Reichsfürst waren imstande, 40 000 Mann auch nur auf ein Vierteljahr aus ihren Einkünften zu unterhalten. Die regelmäßigen Einnahmen der Landesherren waren weit geringer als

---

* Auch das große Heer der Kaiserlichen, welches sich vor der Schlacht bei Nördlingen 1634 vereinigte, war aus mehreren Armeen kombiniert, aus Wallensteinischem Erbe, einer italienischen Armee, spanischen Hilfsvölkern und Truppen Maximilians von Bayern, zusammen vielleicht 60 000 Mann. Es blieb nur kurze Zeit beisammen.

jetzt, und die Unterhaltung der Heere weit kostspieliger. Die Intraden bestanden zum großen Teil aus Naturallieferungen, die bei Kriegsgefahr unsicher und schwer zu veräußern waren. Die Finanzen der Kriegführenden waren schon beim Beginn des Krieges in der traurigsten Lage.

Die böhmischen Stände wirtschafteten ohne Geld und Kredit, auch König Friedrich von der Pfalz vermochte mit den Subsidien der protestantischen Bundesgenossen nicht aufzuhelfen. Im Winter von 1619–1620 verhungerte, erfror und verlief die halbe böhmische Armee aus Mangel an Sold und Verpflegung, im September 1620 hatten die Truppen über vier und eine halbe Million Gulden Sold zu fordern, die Meuterei hörte nicht auf. Nicht viel besser stand es damals mit dem Kaiser*, doch kamen ihm bald nachher spanische Subsidien. Und der Kurfürst von Sachsen, dessen Finanzen noch am besten geordnet waren, konnte schon im Dezember 1619, wo er erst 1500 Mann geworben hatte, den Sold nicht mehr regelmäßig zahlen. Was die Landstände an Kriegssteuern bewilligten, was die Wohlhabenden in sogenannten freiwilligen Gaben leisten mussten, reichte nirgends aus; Anleihen waren schon im ersten Jahr sehr schwer zu realisieren: Sie wurden bei den Bankhäusern Süddeutschlands, auch in Hamburg versucht, selten mit Erfolg; Stadtgemeinden galten noch für zuverlässigere Schuldner als die größten Fürsten. Selbst mit Privatpersonen ward um die kleinsten Summen verhandelt. Sachsen hoffte 1621 auf 50–60 000 Gulden von den Fuggern, es versuchte bei den Kapitalisten 30 000, 70 000 Gulden aufzunehmen, vergebens, für ein Darlehn von 12 000 Gulden Münze musste die kursächsische Regierung ebenso viel Kurant verschreiben, im Jahr 1620 fast

---

* Bericht des kurfürstlich sächsischen Agenten Lebzelter an den Geh. Rat zu Dresden bei K. A. Müller: Das (sächsische) Söldnerwesen in den ersten Zeiten des Dreißigjährigen Krieges.

50% mehr als sie erhalten. Nur Maximilian von Bayern und die Liga machten für den Krieg eine große Anleihe von 1 200 000 Gulden zu zwölf Prozent bei der Kaufmannschaft in Genua, dafür mussten die Fugger Bürge werden, welche sich wieder für ihre Bürgschaft den Salzhandel von Augsburg versichern ließen. Gerade hundert Jahre vorher hatte dasselbe Bankhaus nicht unbedeutenden Anteil an der Kaiserwahl Karls V. gehabt, auch jetzt half es den Sieg der katholischen Partei sichern, denn der böhmische Krieg wurde noch mehr durch Geldmangel als durch die Schlacht am Weißen Berge entschieden.

Aber noch misslicher war, dass die Unterhaltung eines Heeres damals fast zweimal so viel kostete als jetzt, selbst der billige Fußsoldat war noch einmal so teuer[*]. So be-

---

[*] Es lohnt diesen Verhältnissen auf selten betretenem Pfade nachzugehen. Der zuverlässige Jacobi von Wallhausen berechnet (Kriegskunst zu Fuß, 1615) die Monatskosten eines deutschen Fußregiments von 3000 Mann in Ungarn auf mehr als 45 000 Gulden, also die Jahreskosten auf 540 000 Gulden gutes Reichsgeld. Der gute Reichsgulden war 1615 fast nur noch Rechnungsgeld, er wurde gegenüber dem verschlechterten Kurrentgulden im Großverkehr und bei allgemeinen Wertangaben neben dem Reichstaler als fester Wertmesser benutzt. Als solcher galt er noch 21 (der Reichstaler 24) gute Groschen oder etwa 40 Silbergroschen unseres Geldes, und ¾ Reichsgulden oder ein Taler unseres Geldes war damals mittler Preis des preußischen Scheffels Roggen, der für unsere Zeit zu 1 2/3 Taler gerechnet werden soll. Ein Regiment von 3000 Mann kostete also 1615 zirka 720 000 preußische Scheffel Roggen oder eine Million und 200 000 Taler unseres Geldes, und der Mann zu Fuß 240 preußische Scheffel Roggen oder 400 Taler. Dabei ist Kleidung des Soldaten, welche der Mann sich selbst beschaffte, und Armatur, die man nur zum Teil lieferte, nur im Sold, nicht besonders berechnet. Und gar nicht gerechnet sind die allgemeinen Armeekosten und die hohen Gehalte der Generalität. – Und als frommer Wunsch und höchste Sparsamkeit erscheint dem ehrlichen Wallhausen die Unterhaltung eines Fußregiments von 3000 Mann für 324 000 Gulden gutes Reichsgeld, also für 432 000 Scheffel Roggen oder 720 000 Taler unseres Geldes, wonach der Fußsoldat im Regiment immer noch 240 Taler kosten würde.

In der erwähnten Schrift von K. A. Müller sind nach Akten des königl. sächsischen Archivs die Jahreskosten des sächsischen Heeres von 1620 (7700 Mann Fußvolk, 1400 Pferde, 12 Stück Geschütz, zusammen nicht 10 000 Mann) auf 1 537 433 Gulden berechnet; dabei ist Anwer-

gann der Krieg mit allgemeiner Insolvenz der Regierungen. Auch dadurch wurde die Unterhaltung großer Armeen unmöglich.

Offenbar bestand ein verhängnisvolles Missverhältnis zwischen der militärischen Kraft der Parteien und dem letzten Zweck jedes Krieges. Keiner der Kriegführenden vermochte die Gegner ganz niederzuwerfen. Zu klein und zu wenig dauerhaft waren die
Heere, um die ausgedehnten Landstriche eines zahlreichen und kriegerischen Volkes in regulären strategischen Operationen zu bändigen. Während eine siegreiche Armee am Rhein oder um die Oder herrschte, lief ein neues Feindesheer an der Nord- oder Ostsee zusammen. Auch war das deutsche Kriegstheater nicht so beschaffen, dass dauerhafte Erfolge leicht zu erzielen waren. Fast jede Stadt war befestigt. Noch war das Belagerungsgeschütz schwerfällig und in seinen Leistungen unsicher, noch die Verteidigung fester Plätze verhältnismäßig stärker als der Angriff. So wurde der Krieg zum großen Teil ein Festungskampf; jede eingenommene Stadt schwächte das siegreiche Heer durch den Abgang der Besatzungstruppen. War eine Landschaft erobert, dann war der Sieger leicht nicht imstande, dem Besiegten in offener Feldschlacht zu widerstehen. Durch eine neue Anstrengung warf dieser den Sieger aus dem Felde, dann folgten neue Belagerungen und Eroberungen und wieder eine verhängnisvolle Zersplitterung der Kräfte.

begeld, Rüstung, Kriegsmaterial, das ganze Fuhrwesen nicht eingerechnet. Allerdings war 1618, wo der obige Anschlag gemacht wurde, der Kurs eines sächsischen Guldens Landesmünze bereits zirka ein Drittel niedriger als des guten Reichsguldens. – Ähnliche Resultate gibt die Reduktion der Kosten kaiserlicher Werbungen auf unsere Preise und Verhältnisse. – Und dennoch galten die Söldner für schlecht bezahlt, und ihre Klage war, dass sie mit Weib und Buben nicht leben könnten. Ein großer Teil des Geldes wurde veruntreut, zunächst von den Regiments- und Kompagnieführern.

Es war ein Krieg voll blutiger Schlachten, glorreicher Siege, aber auch eines unaufhörlichen Wechsels von Glück und Verlust. Groß ist die Zahl der finsteren Heldengestalten, welche aus dem Dunst von Blut und Brand ragen: der eherne Ernst von Mansfeld, der fantastische Braunschweiger, Bernhard von Weimar, und dagegen Maximilian von Bayern und die Generale der Liga: Tilly, Pappenheim und der tüchtige Mercy; die Führer der kaiserlichen Heere: der ruchlose Wallenstein, Altringer, die großen Franzosen Conde und Turenne, unter den Schweden Horn, Baner, Torstenson, Wrangel und über allen der mächtige Kriegsfürst Gustav Adolf. So starke Männerkräfte in der höchsten Spannung! Und doch wie langsam und schwerfällig werden politische Resultate gewonnen, wie schnell geht wieder verloren, was mit der größten Gewalt erworben schien! Wie oft wechseln die Parteien selbst die Zielpunkte, nach welchen sie stürmen, ja die Fahne, welcher sie Sieg wünschen!

Die politischen Ereignisse des Krieges dürfen hier nur kurz erwähnt werden. Er zerfällt in drei Perioden. Die erste (1618 bis 1630) ist die Zeit der kaiserlichen Siege. Die protestantischen Stände Böhmens verweigern dem Erzherzog Ferdinand die böhmische Königskrone und wählen den reformierten Kurfürsten von der Pfalz zum Landesherrn. Aber durch die Liga und den lutherischen Kurfürsten von Sachsen wird Ferdinand zum Kaiser erhoben, sein Gegenkönig, am Weißen Berge geschlagen, verlässt als Flüchtling das Land. Hier und da flammt die protestantische Opposition auf, geteilt, ohne Plan, mit schwachen Mitteln; Baden-Durlach, der Mansfelder, der Braunschweiger, zuletzt der niedersächsische Kreis mit dem Dänenkönig unterliegen den Truppen der Liga und des Kaisers; Ferdinand II., noch als Kaiser ein Flüchtling in den Stammländern seines Hauses, wirbt durch einen erprobten Söldnerhäuptling, Wallenstein, eine Soldatenmasse, die er durch Kontribution und

Raub in den fürstlichen Territorien ernährt. Immer größer schwillt des Kaisers Heer, immer höher steigern sich seine Ansprüche in Deutschland, in Italien; der alte Gedanke Karls V. nach dem Schmalkaldischen Kriege wird in dem Enkel lebendiger, will Deutschland sich unterwerfen, wie er Bauern und Stände in den österreichischen Provinzen unterworfen hat, jede Selbstständigkeit will er brechen, Privilegien der Städte, Rechte der Stände, Stolz und Hausmacht der Fürsten, ganz Deutschland hofft er unterzuzwingen unter seinen Glauben, unter sein Haus. Aber durch ganz Deutschland schallt ein Schrei des Schmerzes und der Wut über den gräulichen Flibustierkrieg, welchen der erbarmungslose Feldherr der Habsburger führt. Alle Bundesgenossen des Kaiserhauses erheben sich drohend. Die Fürsten der Liga, vor allen Maximilian von Bayern, sehen nach dem Ausland um Hilfe, sie selbst brechen den hohen Mut des Kaisers, er muss seinen treuen Feldherrn entlassen, das unmenschliche Heer einschränken. Ja noch mehr. Auch der Heilige Vater beginnt den Kaiser zu fürchten. Der Papst selbst verbindet sich mit Frankreich, um den Protestanten schwedische Hilfe herbeizuführen*. Der »Löwe von Mitternacht« steigt aus der See an die deutschen Küsten.

Die zweite Periode des Krieges beginnt. Die katholische Macht hat in großem Wogenschwall die deutschen Länder bis zu dem nördlichen Meer überflutet. Jetzt (1630–1634) kommt die protestantische Gegenströmung, und unaufhaltsam überfährt auch sie von Norden nach Süden zwei Dritteile von Deutschland. Auch nach dem Tode ihres Königs behalten die schwedischen Kriegsobersten das Übergewicht im Felde, Wallenstein selbst fällt von dem Kaiser ab und muss heimlich getötet werden. Schon kommt der katholischen Partei Mutlosigkeit. Da

---

* Über die Beziehungen der Gegner Österreichs zu Schweden vergleiche man Nantes Päpste.

gewinnt sie mit letzter zusammengefasster Kraft die blutige Schlacht bei Nördlingen.

Es folgt die dritte Periode (1634–1648), vierzehn Jahre, in denen Sieg und Niederlagen auf beiden Seiten sich fast ausgleichen. Die Schweden, an das Nordmeer zurückgedrängt, stürmen, alle Kraft anspannend, noch einmal bis über die Mitte Deutschlands vor, wieder fluten die Glückswellen hin und her, aber kürzer, kraftloser. Die Franzosen breiten sich beutegierig am Rhein aus, das Land verödet, Hunger und Pest wüten. Den Schweden wird ein Feldherr nach dem andern abgenutzt, mit unendlicher Hartnäckigkeit halten sie das Feld und ihre Ansprüche fest. Ihnen gegenüber steht ebenso unerschütterlich der Ligafürst Maximilian, noch in dem letzten Dezennium des Krieges kämpfen die Bayern drei Jahre lang die ruhmvollsten Feldzüge, welche diese Dynastie aufzuweisen hat. Der fanatische Ferdinand ist gestorben, sein Nachfolger, klüger und maßvoller, ein erprobter Kriegsmann, hält aus, weil er muss, auch er zäh und dauerhaft. Keine Partei vermag mehr eine Entscheidung herbeizuführen. Jahrelang wird über den Frieden verhandelt, während die Feldherren schlagen, Dörfer und Städte leer werden, wildes Unkraut auf den Äckern wuchert. Und sieht man näher zu, wie dieser außerordentliche Krieg zu Ende geführt wird, so ist sein Ende nicht minder unerhört als der Verlauf des Kampfes. Durch Waffenstillstände und Neutralitäten der einzelnen Territorialherren wird allmählich das Terrain für den Kriegsschauplatz beschränkt. Dem Umstand, dass das Land zu groß, die Heere zu klein waren, wird dadurch einigermaßen abgeholfen. Die Alliierten in ihrem Bestreben, den Krieg in die kaiserlichen Erblande zu spielen, begünstigen dies Isolieren einzelner Gebiete, die Kaiserlichen müssen es dulden. Beide Parteien verlieren dadurch wenig an Hilfsmitteln und Verpflegung, denn die neutralisierten Länder sind so verwüstet, dass sie kein Heer mehr zu erhalten vermögen. So werden mehrere Fürstentümer Norddeutschlands, die Mark, Sachsen, Thüringen, zuletzt Bayern vor der völligen Vernichtung bewahrt; so wird allmählich das Haus der Habsburger eingehegt und zum Nachgeben gebracht. Unter solchen Verhältnissen kommt dem Vaterlande ein Friede, in dem fast alle ihre Ansprüche beschränken, als ein Kompromiss der streitenden Interessen, welche sich Achtung erkämpft haben; er kommt nicht vorzugsweise durch große Schlachten, nicht durch unwiderstehlich politische Kombinationen, sondern zumeist durch eine Ermattung der Kämpfenden. Nicht im Verhältnis groß sind die Besitzveränderungen; nur die Fremden haben sich eingedrängt, und Land und Volk sind verwüstet. Deutschland, welches den Frieden festlich begeht, hat drei Vierteile seiner Bevölkerung verloren.

Alles dies gibt dem Dreißigjährigen Kriege das Aussehen eines Zerstörungsprozesses, wie er wohl bei furchtbaren Naturereignissen eintritt. Über dem Hader der Parteien regt seine Flügel ein schreckliches Schicksal, es erhebt die Führer und wirft sie in den blutigen Staub, die größte menschliche Kraft wird wirkungslos unter seiner Hand, zuletzt wendet es, von Mord und Leichen gesättigt, sein Antlitz langsam ab von dem Lande, das zu einem großen Leichenfelde geworden ist.

Bei solchem Kampfe ist hier nicht die Aufgabe, die Feldherren und ihre Schlachten zu charakterisieren, wohl aber von den Zuständen des deutschen Volkes zu sprechen, von dem zerstörenden und leidenden Teile der Bevölkerung, dem Heere wie dem Bürger und Bauer.

Seit den Burgunderkriegen und den italienischen Kämpfen Maximilians und Karls V. hatte das bürgerliche Fußvolk die ritterliche Reiterei des Mittelalters in den Hintergrund gedrängt. Die Stärke der deutschen Heere bestand damals aus Landsknechten, freien Männern des

Bürger- und Bauerstandes, unter ihnen nur einzelne Adlige. Sie waren in der großen Mehrzahl geworbene Söldner, welche sich freiwillig durch Vertrag auf Zeit an ihre Fahne banden. Sie betrieben den Krieg wie Handwerker, hart, emsig, dauerhaft, als zünftige Leute, die sich selbst richteten und die Ordnung, welche ihnen der Kaiser gesetzt hatte, mit umständlichem Zeremoniell und sinnigen Gebräuchen umgaben. Aber kurz war die Blütezeit ihrer Kraft. Sie fällt genau zusammen mit der großen Erhebung des deutschen Volkes auf den idealen Gebieten des Lebens. Ihr Verfall beginnt fast zu derselben Zeit, in welcher der Bauernkrieg den Aufschwung der unteren Volksschichten brach, in welcher die widerwärtigen Händel zwischen Lutheranern und Reformierten zu beweisen schienen, dass auch das neue Leben der Geister nicht alle Bedingungen eines siegreichen Fortschrittes enthalte. Er lässt sich datieren von ihrem Aufstand gegen den älteren Fronsperg, jener Stunde, wo sie ihrem Vater, dem greisen Landsknechthelden, das Herz brachen. Vieles wirkte zusammen, die neuen Fußsoldaten zu verderben, sie waren Lohnkrieger auf Zeit und gewöhnten sich bald, die Fahnen zu wechseln und nicht für eine Idee zu kämpfen, sondern für eigenen Vorteil und Beute. Sie waren nicht durch die Anwendung des Pulvers auf den Krieg ins Leben gerufen worden, aber sie vorzugsweise eigneten sich die neue Erfindung an. Und das Eindringen der Handfeuerwaffen in die Heere half allerdings zuerst dazu, die Schwäche ihres Gegners, der alten Ritterkavaliere, zu erweisen, aber dieselbe Feuerwaffe verringerte auch sehr bald ihre eigene Tüchtigkeit. Denn noch waren ihre schweren, langsam feuernden Rohre nicht geeignet, auf dem Schlachtfelde den Sieg zu gewinnen. Der letzte Erfolg hing noch von dem massenhaften Ansturm der scharfen Waffe und dem Einbrechen ihrer Gewalthaufen in den Feind ab; noch kämpften die behänderen Schützen unter dem Schirm der Spießträger, welche sich wieder mit eisernen Schutzwaffen bedeckt hatten, um die Gefahr der Kugel zu verringern. Der Landsknecht aber wollte lieber das Rohr als den schweren Harnisch und Spieß tragen; so kam es, dass die große Masse der Soldaten untüchtig zum entscheidenden Angriff wurde.

Damit vereinigten sich andere Übelstände. Noch gab es keine stehenden Heere; bei drohender Fehde wurden von großen und kleinen Territorialherren und Städten Truppen gesammelt, nach beigelegtem Kriege wieder entlassen. Die Fehden waren in der Regel kurz und lokal, selbst die ungarischen Kriege nur Sommerfeldzüge von wenigen Monaten. Die deutschen Landesherren, in unaufhörlicher Geldnot, suchten sich durch Verschlechterung der Münze – es würde zur Auszahlung der Kriegsleute nicht selten besonders leichtes Geld geschlagen –, durch treulose Verkürzung der ausgemachten Löhnung zu helfen. Solche Ungebühr demoralisierte den Kriegsmann nicht weniger als die kurze Dienstzeit. So wurden die Landsknechte betrogene Betrüger, Abenteurer, Plünderer und Räuber*.

Das Fußvolk trug beim Beginn des Krieges entweder das Feuerrohr oder die Pike, das Rohr zum Auflockern der feindlichen Massen, den Spieß zum Draufgehen und zur Entscheidung im Nahgefecht. Die Mannschaften der scharfen Waffe waren in der großen Mehrzahl Pikeniere, seltener Hellebardiere, zuweilen noch »Schlachtschwerter« als Hüter der Fahne und Rondarschiere mit Kurzspieß und Schild. Beim Beginn des Krieges galt der Pikenier für den schweren Infanteristen, er trug Helm, Brustharnisch, Armschienen, den Degen und eine 18 Fuß

---

* Das Beste, was bis jetzt über Taktik und Strategie des Dreißigjährigen Krieges geschrieben ist, findet sich in W. Rüstow, Geschichte der Infanterie. 1857. Hier sollen die Seiten des damaligen Heerwesens hervorgehoben werden, welche zu behandeln Rüstow keine Veranlassung hatte.

lange Pike mit eiserner Spitze, den Schaft am besten von Eschenholz. Die Gefreiten und Subalternoffiziere führten Hellebarden oder Partisanen. Es wurde aber immer schwerer, für diese alten Landsknechtswaffen das Volk in hinreichender Anzahl zusammenzubringen. – Von den Handfeuerwaffen hatten zwei die Herrschaft in den Heeren erlangt, die Gabelmuskete, bei den Kaiserlichen im Anfang des Krieges ein schweres unbehilfliches Gewehr von sechs Fuß Länge mit Luntenschloss und Kugeln, von denen zehn aufs Pfund gingen, und daneben das kürzere Hand- oder Schützenrohr, leichter und von geringerem Kaliber, welches im Anfang des Krieges auch beim Fußvolk zuweilen den veralteten Namen Arkebuse führt*. Der Musketier trug außer einem Seitengewehr mit wenig gekrümmter Spitze über die Schulter ein breites Bandelier mit elf Zylinderkapseln, in denen die Ladung steckte, einen Luntenberger und am Riemen einen Gabelstock, Furket, unten mit metallener Spitze, oben mit zwei metallenen Hörnern, auf den er beim Schießen die Muskete legte. Sein Haupt bedeckte noch Helm oder Sturmhaube, bald warf er auch diese letzte Schutzwaffe weg. Der Arkebusier zu Fuß oder Handschütz führte nicht Gabel und Bandelier, er lud aus Kugeltasche und Pulverhorn. Pikeniere und Musketiere standen in demselben Fähnlein vereinigt, doch gab es schon lange vor dem großen Kriege Fähnlein, welche nur Feuerwaffen enthielten. Aus den Schützenfähnlein mit Handrohr, der leichtesten Infanterie, die man gern als Freikompagnien von den Regimentern forderte, entwickelten sich in der Mitte des Krieges – so viel uns bekannt, zuerst bei den Hessen – Jägerkompagnien, darin wohl nur Einzelne mit gezogenem Rohr. Die Grenadiere, welche Handgranaten werfen, werden

---

* Jacobi von Wallhausen, Kriegsmanual. 1616. S. 7 und Kupfer. Die Arkebuse des 16. Jahrhunderts war schwerer gewesen.

hier und da in geringer Anzahl gebildet, z.B. 1634 von den Schweden im belagerten Regensburg.

Beim Beginn des Krieges war der Pikenier als schwerer Infanterist traditionell noch der angesehene Mann, noch wurde er in den Musterregistern als Doppelsöldner aufgeführt, im Lauf des Krieges erwies er sich als schwerfällig für große Märsche, unbehilflich beim Angriff, fast unnütz, seit der Kavallerie das Einhauen und die letzte Entscheidung auf dem Schlachtfelde zugefallen war; so sank er allmählich in Verachtung, und das hübsche Urteil des lustigen Springinsfeld* drückt genau die Ansicht über seine Brauchbarkeit aus. »Ein Musketier ist zwar eine wohlgeplagte arme Kreatur, aber er lebt in herrlicher Glückseligkeit gegen einen elenden Pikenier. Es ist verdrießlich daran zu denken, was die guten Tröpfe für Ungemach ausstehen müssen; keiner kann's glauben, der's nicht selbst erfährt, und ich meine, wer einen Pikenier niedermacht, den er verschonen könnte, der ermordet einen Unschuldigen und kann solchen Totschlag nimmermehr verantworten; denn obgleich diese armen Schiebochsen« – mit diesem spöttischen Namen wurden sie genannt – »kreiert sind, ihre Brigaden vor dem Einhauen der Reiter im freien Felde zu schützen, so tun sie doch für sich selbst niemanden ein Leid, und dem geschieht ganz recht, der ja einem von ihnen in seinen langen Spieß rennt. In Summa, ich habe mein Lebtag viele scharfe Okkasionen gesehen, aber selten wahrgenommen, dass ein Pikenier jemanden umgebracht hätte.« Dem ungeachtet erhielten sich die Pikeniere bis gegen Ende des 17. Jahrhunderts. Die Musketiere aber, die große Masse des Fußvolkes, wurden durch Gustav Adolf behänder gemacht; er schaffte im schwedischen Heere die Gabel ab – die Kaiserlichen behielten sie reglementmäßig bis lange nach dem Kriege –, erleichterte

---

* Grimmelshausen, Seltzamer Springinsfeld, Kap. 12.

Gewehr und Kaliber zu Kugeln, von denen dreizehn aufs Pfund gingen, und führte statt des klappernden Bandeliers Papierpatronen und Tasche ein. Aber auch so waren die Musketiere, ohne Bajonett, langsam feuernd und nicht geübt in geschlossener Reihe zu kämpfen, wenig geeignet, große Entscheidungen herbeizuführen.

Dagegen wuchs der Einfluss der Kavallerie. In ihr lagen bei Beginn des Krieges noch zwei entgegengesetzte Prinzipien im Streit. Die alte Rittertradition hatte Methode und Bewaffnung gemischt mit dem Landsknechtswesen, welches auch auf die Pferde gestiegen war. Noch galt die schwere Reiterei für eine aristokratische Truppe, noch führte der Edelmann sein Schlachtross, die Ritterrüstung, die alte Ritterlanze und seinen Haufen Knechte, für welche er den Sold bezog, zu den Standarten der Kavallerieregimenter. Aber der Krieg machte auch diesen Resten alter Sitte allmählich ein Ende. Doch blieb der Ehrgeiz, als Freireiter mit eigener Ausrüstung und einem Knecht oder auch nur als »Einspänniger« einzutreten, und wer etwas auf sich hielt oder gute Beute gemacht hatte, drängte sich unter die Reiterstandarte. Bei den deutschen Heeren waren vier Gattungen der regulären Kavallerie, die *Lanziers*[*], bis auf die Reiterstiefeln in voller Rüstung (ohne Schild), mit Ritterlanze oder dem Rennspieß der Landsknechte, Degen, zwei schweren Sattelpistolen (den Fäustlingen), die *Kürassiere* mit gleicher Schutzrüstung, Pistolen und Degen; die *Arkebusiere*, später *Karabiniers*, halb gerüstet mit Sturmhaube, Halsring, schussfreiem Brustharnisch, mit zwei Pistolen und einem Handrohr an schmalem Bandelier; endlich die *Dragoner*, berittene Pikeniere oder Musketiere, welche fast ebenso wohl zu Pferde als zu Fuß fochten. Dazu kam irreguläre Kavallerie, Kroaten, Stradioten und die Husaren, welche fast hundert Jahre vorher, im

---

[*] Wallhausen (Kriegskunst zu Pferd, 1616) hält noch viel von ihnen.

Jahre 1546, in Deutschland Aufsehen gemacht hatten, als sie Herzog Moritz von Sachsen dem König Ferdinand aus Böhmen entlieh. Damals hatte ihr Aussehen nicht übel gefallen, sie hatten türkische Rüstung, Säbel und Tartsche getragen, waren aber als wilde Räuber im schlechtesten Geruch gewesen*; Gustav Adolf brachte nur Kürassiere und Dragoner nach Deutschland, auch die Kürassiere leichter gerüstet als die kaiserlichen, aber ihnen weit überlegen an Energie des Angriffs. Während des ganzen Krieges war es Tendenz der Reiterei, ihre schwere Armatur zu erleichtern; je mehr die Heere zu Kriegsbanden herabsanken, desto zwingender wurde das Bedürfnis größerer Beweglichkeit.

Im 16. Jahrhundert war das schwere Geschütz an Kaliber, Rohrlänge und Namen sehr mannigfaltig gewesen, die scharfe Metz, die Kartaune, Notschlange, Nachtigall, Sängerin Fallarme, das Falkonett, die Feldschlange, das Scharfentin (Serpentin) usw. mit Kugeln von hundert Pfund bis ein Pfund herab, außerdem Orgelgeschütze**,

---

* Pasquillus Novus der Husseer. (1546) 4. 9 Bl. – Rondelle oder Rundarsch (Rondache) ist ein kleiner runder Schild, Targe, Tartsche der eckige.

** Dies Geschütz bestand aus einer Anzahl kurzer Röhren, welche, parallel in Reihen (Registern) verbunden, eine nahezu kubische Masse bildeten, deren dem Feind zugekehrte Seite etwa sechs bis zehn Reihen von ebenso viel Mündungen im Quadrat geordnet wies. Dies System von Röhren ruhte auf einer Lafette und feuerte nach den Registern. Jedes einzelne Rohr aber wurde mit drei, vier und mehr Kugeln geladen, welche einzeln in Zwischenräumen aus dem Lauf flogen. Sollte das Feuern aufhören, so konnte der Mechanismus gehemmt werden. Fronsperger (Kriegsordnung Buch V, Bl. 84 d. Ausg. v. 1564) rühmt, dass so (nach einmaligem Laden) aus hundert Röhren des Geschützes tausend Schüsse geschehen könnten. – Ein Kartätschenschuss tat in den meisten Fällen bessern Dienst. Auch war die überkünstliche Maschine zu teuer und unbehilflich. – Nebenbei sei bemerkt, dass man schon vor dem Dreißigjährigen Kriege in Deutschland viel an den Schusswaffen künstelte. Auch damals hatte man schon Falkonette, welche von hinten geladen wurden. Wenn sie in den Zeughäusern bis auf unsere Zeit gedauert haben, so kommt das vielleicht daher, dass sie wenig vor dem Feind zu brauchen waren.

Mörser und Völler, Feuerbüchsen und Standbüchsen. Beim Beginn des Dreißigjährigen Krieges waren die Formen bereits vereinfacht, man goss ganze, halbe, Viertel- und Achtelkartaunen, mit 42-, 24-, 12- und 6-pfündigen Kugeln*, die ersten als Festungs- und Positionsgeschütze, die letzten als Feldgeschütze; daneben noch die unverhältnismäßig langen Schlangen und Falken. Zum Bogenwurf aber sogen. Kammerstücke, die Mörser, welche bald auch Haubitzen genannt wurden, und die kleineren Böller für Feuerkugeln, Stinktöpfe usw. Im Anfang des Krieges außerdem die Hagelstücke, welche gehacktes Eisen, Blei, Schrot, kleine Steine schossen**. Endlich von geschmiedeten Feuerwaffen für lötige Kugeln die Doppel-, einfachen und halben Haken. Immer aber war an den Stücken für Vollkugeln die Rohrlänge des Geschützes zu groß, das Pulver schlecht, der Schuss unsicher. Gustav Adolf führte kurze und leichtere Geschütze ein; seine ledernen Kanonen, kupferne Zylinder mit dichtem Hanf- und Lederüberzug, durch eiserne Reifen zusammengehalten, erhielten sich zwar nicht***; wahrscheinlich war ihre Dauerbarkeit zu gering; aber seine kurzen Vierpfünder, auch für Kartätschenschuss von bester Wirkung, von denen je zwei jedem Regiment beigegeben waren, überdauerten den Krieg. Dies Feldgeschütz feuerte nicht nur aus Position, sondern avancierte mit ziemlicher Beweg-

---

* Wallhausen, Archiley Kriegskunst. 1617. – Für die entsprechenden französischen Verhältnisse sind gute Angaben in *Études sur le passé et l'avenir de l'artillerie par le prince Napoléon Luis Bonaparte*, T. I.

** Auch sie wurden durch die Kartätschenschüsse der Feldgeschütze unnütz, sie selbst waren die vergrößerten Feuerbüchsen des 16. Jahrhunderts. Die Feuerbüchsen, einst eine beliebte Waffe, waren kurze Rohre von zwei Schuh Länge mit einer Seele von 1½–2 Zoll Durchmesser gewesen, von einem Mann zu tragen. Fronsperger a. a. O. Bl. 97.

*** In der Schlacht bei Breitenfeld waren die metallenen Geschütze der Schweden übermäßig erhitzt, da taten die Lederkanonen ihren letzten großen Dienst gegen die Kroaten. – Spezifikationen, wie und welcher Gestalt die blutige Schlacht vor Leipzig sich angefangen. 1631. 4. S. 5.

lichkeit auch während des Gefechts. Unbehilflich aber blieben die Bogenwürfe und Hohlgeschosse; die Letzteren, mit Stricken umsponnen, waren runden Kanonenschlägen ähnlicher als unsern Bomben und Granaten, und blieben von unsicherer Wirkung, weil man den Zünder schlecht verfertigte und die Zeit des Springens nicht abzumessen verstand. Das alte Bedürfnis der Germanen, auch das leblose gemütlich herzurichten, hatte schon in früherer Zeit den einzelnen Geschützen besondere Namen gegeben, der Brauch blieb, auch seit man Stücke desselben Kalibers in größerer Zahl goss; dann wurden die einzelnen Geschütze z.B. nach den Planeten, Monaten, Zeichen des Tierkreises benannt, auch wohl zusammen als lauttönendes Alphabet aufgefasst, in diesem Fall mit einzelnen Buchstaben bezeichnet. Auch dem Kaliber, das trotz aller Vereinfachung noch zu verschieden war, erfand man immer neue Namen. So wird der hübsche Vergleich der Geschütze mit Raubvögeln fortgesetzt, die 36-Pfünder heißen Adler, 24-Pfünder Falken, 12-Pfünder Geier, 6-Pfünder Habichte, 3-Pfünder Sperber, die 60-pfündigen Mörser aber Eulen[*]. Die Fortschritte der Artillerie und ihr Einfluss auf die Kriegsführung wurden nur dadurch beeinträchtigt, dass ausgelernte Geschützmeister in der letzten Hälfte des Krieges fehlten; der größte Teil der Geschützmannschaft waren kommandierte Infanteristen, der Verlust eines tüchtigen Artilleristen schwer zu ersetzen[**].

---

[*] Projekt zu einem Eidgenössischen Defensionale von 1630 im Neujahrsblatt der Feuerwerker-Gesellschaft in Zürich v. 1832. S. 60 – Hierbei sei erwähnt, dass der bildliche Ausdruck Kraut und Lot für Pulver und Blei, welcher seit dem 15. Jahrhundert nachzuweisen ist, noch immer einer Erklärung bedarf. Lot ist schon mhd. Gewicht, Blei, und Kraut (Krautkamm ist Pulverkammer) wurde im Mittelalter, ja bis in die neue Zeit zuweilen als gleichbedeutend mit »Zauber« gebraucht, z. B. in der noch lebenden Redensart: »Das müsste ja mit Kräutern zugehen.«

[**] Bei dem großen Übungsschießen in Straßburg 1590 wurden aus 12 neuen Halbschlangen durch je zwei Mann nach einer Scheibe von 14

Das Zahlenverhältnis der einzelnen Waffen änderte sich durch den Krieg. Beim Beginn war das Verhältnis der Reiterei zum Fußvolk etwa wie eins zu fünf, bald wie eins zu drei, in der letzten Periode war die Reiterei zuweilen stärker als die Fußtruppen. Diese auffallende Tatsache ist zugleich ein Zeugnis für die Verschlechterung der Truppen und der Kriegsführung. In den ausgesogenen Landschaften war die Erhaltung der Heere nur bei starker Reiterei möglich, welche weiter fouragieren und schneller das Terrain wechseln konnte. Und da sich zur Reiterei drängte, wer Selbstgefühl besaß oder Beute hoffte, so erhielt sich die Reiterei verhältnismäßig in besserem Zustand als das Fußvolk, welches zuletzt in dürftiger Nachlese verzehrte, was etwa die Reiter übrig gelassen hatten. Allerdings wurde auch die Kavallerie schlechter, der Mangel an guten Kriegspferden war zuletzt noch empfindlicher als der an Menschen, und die Wucht schwerer Reiterei nicht zu erhalten, während sich in der Bandenwirtschaft der letzten Jahre der Dienst der Streifkorps und Parteigänger zu großer Vollkommenheit ausbildete. Dem ungeachtet tat auch in den Treffen die Reiterei zuletzt das Beste: Denn ihr fiel wieder die Aufgabe zu, das Gefecht durch Draufgehen zur Entscheidung zu bringen. Die letzte Armee mit tüchtiger Infanterie und »holländischer Ordnung« war die der Bayern unter Mercy von 1643–1645.

Schuh Höhe (7 Schuh im Radius um den Nagel) 14 Tage lang von 6 Uhr früh bis 6 Uhr abends »ohne Unterbrechung« vierpfündige Kugeln auf 500 Schritt geschossen. Es wurden im Ganzen 1400 Schuss abgefeuert, davon trafen 391 die Scheibe; dem einzelnen Geschütz wurden also täglich etwa 8–9 Schuss zugemutet, darunter waren nur 2/7 Treffer. Dies Resultat scheint mit Selbstgefühl erfüllt zu haben. Vergl. Bernh. Schmidt, *Eigentliche Beschreibung deß löblichen Übungsschiessens mit groben Stucken*. Straßb. 1590. 4. – Aus den Berichten über Belagerungen im großen Kriege sieht man, dass bei den Heeren das Treffen häufig nicht besser glückte. Ein Büchsenmeister oder Konstabler, der das »Richten« verstand, war dem Heere so wertvoll wie einer Stadt.

Die Taktik der Armeen hatte sich seit hundert Jahren langsam umgeformt. Das alte Landsknechtheer war in drei großen quadratischen Haufen, Avantgarde, Gewalthaufen, Arrieregarde, zur Schlacht gezogen, unbekümmert um Landstraßen und Saatfelder; vor ihm liefen kommandierte Arbeiter, welche Gräben ausfüllen und Gebüsch niederschlagen mussten, um dem unförmlichen Haufen Bahn zu machen*. Zur Schlacht selbst stellten sich die tiefen viereckigen Massen des Fußvolkes nebeneinander, jeder Schlachthaufen bestand aus vielen Fähnlein, zuweilen aus mehreren Regimentern; die Reiterei stand in ähnlicher tiefer Aufstellung an den Flügeln. Regelmäßige Reserve fehlte, nur zuweilen ward einer der drei Haufen für die Entscheidung zurückgehalten; von auserwählter Mannschaft wurde ein »verlorener Haufen« gebildet für gefährlichen Dienst, zum Forcieren von Flussübergängen, der Besetzung eines entscheidenden Punktes, Umgehung des Feindes. Seit das Feuerrohr neben der Pike überhandgenommen, wurden die großen Schlachthaufen von Schützengliedern umgeben, Schützenflügel an sie angehängt, endlich besondere Schützenhaufen gebildet. Die Unbehilflichkeit dieser schweren Schlachtmassen führte schon in den niederländischen Kämpfen zu einem Zerlegen der Schlachtordnung in kleinere taktische Körper, welche in zwei oder drei Treffen standen. Aber nur langsam bildete sich die Treffenstellung und das System der Reserven aus. Noch war den kaiserlichen Heeren beim Beginn des Krieges vieles von der alten Methode geblieben. Immer noch wurden die Fähnlein der Infanterie zu tiefen Quadraten – den Bataillonen – zusammengefügt. Feste Stellungen suchen und die Schlacht in der Defensive aufnehmen, war gegenüber den wild anstürmenden Türken in ruhmlosen Feldzügen zu sehr Brauch ge-

---

* So hatte sie Sastrow am Ende des Schmalkaldischen Krieges gesehen, er beschreibt ihren Marsch sehr anschaulich.

worden. Allerdings konnte die Zähigkeit und die Wucht der tiefen Massen gewaltig sein, aber sie litten auch furchtbar, wenn es dem Feind gelang, mit seinem Geschütz in ihnen zu arbeiten, und sehr unbehilflich waren alle ihre Bewegungen. Gustav Adolf nahm die taktischen Neuerungen der Niederländer in geistvoller Weise auf; er stellte zur Schlacht die Infanterie sechs Mann, die Kavallerie vielleicht nur drei Mann tief, zerlegte die großen Massen in kleine Abteilungen, welche in fester Verbindung miteinander die Einheit der »schwedischen Brigade« bildeten; er verstärkte die Kavallerie, indem er Schützenkompagnien zwischen sie stellte, führte außer der Reserve- und Positionsartillerie leichte Regimentsgeschütze ein und gewöhnte seine Soldaten an schnelle offensive Bewegungen und rücksichtsloses Vorgehen. Seine Infanterie feuerte schneller als die kaiserliche, in der Schlacht bei Breitenfeld erschütterte zum ersten Mal nahes Pelotonfeuer die alten Wallonenregimenter Tillys; für seine Kavallerie stellte er zuerst die Lehre auf, durch welche hundert Jahre später Friedlich der Große seine Reiterei zur ersten der Welt machte, sich nicht mit Feuern aufzuhalten und in schnellster Gangart über den Feind herzufallen.

Während der Schlacht erkannten die Soldaten einander am Feldgeschrei und an besonderen Abzeichen, die Offiziere an den Feldbinden. Bei Breitenfeld trugen z.B. die Tillyschen weiße Bänder um Hut und Helm, weiße Schnüre um den Arm, die Schweden grüne Zweige. Die kaiserliche Feldfarbe war rot, Gustav Adolf verbot deshalb seinen Schweden Rot zu tragen[*]; die Feldbinden der schwedischen Offiziere in der Schlacht bei Lützen waren grün, die kursächsischen Feldbinden während des Krieges schwarz und gelb, später, seit Erwerbung der polnischen Krone, rot und weiß.

---

[*] Doch hatte er selbst eine Brigade, welche die rote hieß.

Die Soldaten standen in Fähnlein oder Kompagnien, der taktischen Einheit, und diese waren zu Regimentern, der administrativen Einheit, verbunden. Das deutsche Regiment Fußvolk sollte aus 3000 Mann in 10 Fähnlein zu 300 Mann bestehen, die Fähnlein erreichten selten die Normalstärke und verloren im Kriege mit reißender Schnelligkeit ihre Mannschaft. Regimenter von 1000 bis 300 Mann, Kompagnien von 70, 50, 30 sind nicht selten. Vom Kavallerieregiment forderte man eine Stärke von 500–1000 Mann, die Kompagniezahl war verschieden, ihre wirkliche Kriegsstärke noch wandelbarer*.

Titel und Amt der Offiziere hatten schon Ähnlichkeit mit der modernen deutschen Einrichtung. Oberst des Regiments hieß, wer das Regiment seinem Kriegsherrn geworben hatte, auch wenn er sonst Generalrang hatte; unter ihm stand der Oberstleutnant und Oberstwachtmeister. Wichtiger für den Zweck dieser Blätter sind die Offiziere der Fähnlein: der Hauptmann oder Rittmeister mit seinem Leutnant, der Fähnrich und der Feldweibel oder Wachtmeister, Unteroffiziere und Gefreite, zuletzt der Profos.

War der Hauptmann bei der Musterung seinem Fähnlein im Ringe als Oberhaupt und Vater vorgestellt, so bat er freundlich die lieben Kriegsleute, ihm treu und gehorsam zu sein, zählte ihre Pflichten auf, versprach in jeder Not zu ihnen zu halten und Leib und Leben und alles, was er in seinen Kleidern trüge, bei ihnen zu lassen, als

---

* Squadron *(quaternio)* bezeichnet im Anfang des Dreißigjährigen Krieges noch den Schlachthaufen der Reiterei, welcher ursprünglich aus vier Kompagnien zusammengesetzt war. Die Reiterkompagnie wird oft Kornet genannt, wie der Fähnrich und seine Fahne. – Das häufige Prädikat »reformierter« Oberstleutnant, Hauptmann usw. bedeutet einen Offizier, welchem seine Mannschaft so geschwunden ist, dass die etwa übrigen Leute bei einer Neubildung der Truppenteile – Reformation – andern Fahnen untergesteckt werden mussten. Er ist im Dienst, aber ohne festes Kommando.

redlicher Mann. Leider tat dem Hauptmann vor allem andern Treue in Geldsachen not, sowohl gegen den Oberst als gegen seine Leute: Dem Musterherrn tüchtige Leute zu werben, nicht mehr Söldner anzurechnen, als recht war, den Kriegsleuten aber den Sold völlig zu zahlen. Beides geschah häufig nicht; die Versuchung des Werbesystems war groß, und Gewissenhaftigkeit war in dem unsicheren Kriegsleben eine Tugend, welche leicht schwand; auch der Ehrliche geriet in gefährliche Klippen, wenn der Sold lange ausblieb oder unvollständig gezahlt wurde. Sonst sollte der Hauptmann ein ernster, wohlerfahrener Mann sein, billig und gütig im Gemüt, aber scharf in allen Rechtssachen. Die Woche hindurch sollte er nach altem Sprichwort sauer sehen und die Kriegsleute nicht eher anlachen als am Sonntag, wenn man im Felde predigte; dann saßen die Leute auf der Erde und standen auf, den Hut vor dem Hauptmann abzuziehen. Wer aber eine Sturmhaube trug, behielt sie auf. – Auf dem Marsche ritt der Hauptmann, vor dem Feinde aber sollte er zu Fuß eine Pike oder die Muskete seinem Fähnlein vortragen*.

Die Fahne des Fußvolks, das Heiligtum der Kompagnie, hatte kaum die Stangenlänge der unseren, aber ihr Seidenstoff reichte wie ein großes Segel fast bis zum Ende der Stange; es war schwerer Stoff, nach damaligem Zeitgeschmack mit aufgemalten allegorischen Bildern und kurzen lateinischen Sentenzen schön verziert. Die »Kornete« der Reiterei, zuweilen ausgezackt, waren kleiner und wurden an der Stange befestigt, wie unsere Fahnen. Nach der Fahnenfarbe wurden nicht selten die Regimenter benannt, z. B, bei den Kursachsen, wo der Fahnengrund immer zweifarbig war: das schwarz und gelbe, blau und weiße, rot und gelbe Regiment; dann hatte von den zehn Fahnen des Regiments jede besonderes Emblem

---

* Der Leutnant führte eine Partisane, die Unteroffiziere Hellebarden.

und Motto und verschiedene Verbindung derselben Regimentsfarben: geflammt, gestreift, in Rauten; doch die Haupt- oder Leibfahne wies zuweilen die Regimentsfarben nur im Saum. Die Kornete der Reiterei hatten einfarbigen Grund, auch die Reiter bezeichnete man nach der Fahnenfarbe und nicht nach einer Uniform, die sie nur selten trugen, z. B. zwei oranienfarbene Kornet Kürassiere, fünf stahlgrüne Kornet Arkebusiere. Auch die Schweden unterschieden ihre Brigaden, welche in Deutschland häufig Regimenter genannt wurden, nach der Fahnenfarbe, so außer dem (gelben) Leibregiment: das grüne, blaue, weiße, rote. Oft wurden die Farben der Fahne und des Regiments nach den Wappenfarben des Obersten gewählt, zumal, wenn er das Regiment geworben hatte[*]. – Allmählich aber wurde in allen Armeen Brauch, das Regiment nach dem Namen des Obersten zu nennen.

Im Ringe der geworbenen Kriegsleute wird das Fähnlein an die Stange gebracht und aufgerichtet, der Oberst übergibt dem Fähnrich die Fahne und bindet sie ihm ein »als eine Braut und leibliche Tochter, aus der rechten Hand in die linke Hand, wo Euch beide Arme abgeschossen oder gehauen werden, sollt ihr's in den Mund nehmen; ist keine Hilfe noch Rettung da, so verwickelt Euch drein, befehlt Euch Gott, um darin zu sterben und erstochen zu werden, als ein ehrlicher Mann.« Solange die Fahne fliegt und ein Stück an der Stange ist, sollen die Kriegsleute dem Fähnrich in den Tod folgen, bis alles über einen Haufen an der Walstatt liegt. Die Fahne soll über keinem Gescholtenen oder Missetäter fliegen; ist gegen den Fahneneid gefrevelt, so darf der Fähnrich die Fahne einschlagen und dem Frevler Fahne und Wacht verbieten

---

[*] Geijer, Gesch. Schwedens, III S. 200 erwähnt die Farben nach dem *Swedish intelligencer*, I. 28.

lassen; dann muss dieser beim Tross gehen unter Huren und Jungen, bis zum Ausgang der Sache. Der Fähnrich soll ohne Erlaubnis keine Nacht die Fahne verlassen; wenn er schläft, soll er sie bei seinem Lager haben, sich nie davon trennen; wird sie ihm durch Verrat oder schelmische Diener von der Stange gerissen, so soll der Fähnrich dem gemeinen Kriegsmann mit Leib und Leben verfallen nach ihrem Willen. Er soll ein großer, kräftiger, männlicher, tapferer und fröhlicher Gesell sein, der Erste beim Sturme, sonst freundlich mit jedermann, Fürsprecher und Friedenstifter; Strafen verhängt er nicht, dass sich kein Hass an ihn hänge. Im freien Feld bei fliegenden Fahnen werden Bestallung und Kriegsartikel vorgelesen; der Reiter darf sich ohne Erlaubnis nur so weit vom Zug oder Lager entfernen, als die Fahne gesehen werden kann; wer im Kampfe von der Fahne flieht, soll dafür sterben, wer den Fliehenden niedersticht, ist straflos[*]; wenn der Fahnenträger eine Festung oder Schanze verlässt, bevor er drei Stürme ohne Entsatz ausgehalten, verfällt er dem Kriegsgericht; das Regiment verliert die Fahne, wenn es aus Feigheit eine Festung vor der Zeit übergibt. Noch war's nicht lange her, dass das Spießrecht abgekommen war, das herbe Gericht der Landsknechte, wo vor dem Ringe der Gemeinen der Profos den Missetäter verklagte, und 40 erwählte Mann, Offiziere und Gemeine, das Urteil sprachen; auch damals schlugen beim Beginn des Gerichts die Fähnriche ihre Fahnen zusammen, steckten sie verkehrt, mit der eisernen Spitze, in die Erde und forderten ein Urteil, weil die Fahne nicht über einem Missetäter fliegen dürfe. Und war der Verbrecher zum Spießen oder als Schütze zum Arkebusieren verurteilt, dann bedankten sich die Fähnriche gegen den gemeinen Mann, schlugen die

---

[*] z.B. Kursächsische Reiterbestallung 1618; Schwedisches Kriegsrecht 1631.

Fähnlein wieder auf und ließen sie fliegen gegen Aufgang der Sonne, trösteten den armen Sünder und versprachen ihm auf halbem Wege entgegenzulaufen und ihn dadurch zu erledigen, dass sie ihn unter den Schutz der Fahne nahmen. Und wenn die Gasse gebildet war, traten sie an das Ende derselben mit dem Rücken gegen die Sonne, der Verbrecher aber musste die Kriegsleute segnen und um schnellen Tod bitten, dann gab ihm der Profos mit seinem Stab drei Schläge auf die rechte Achsel und stieß ihn in die Gasse. Wer aber unehrlich war, der wurde ehrlich, wenn die Fahne dreimal über ihn geschwenkt war, so der Steckenknecht, wenn er sich ordentlich gehalten und entlassen werden sollte. Der Fähnrich erhält alle drei Jahre Geld auf ein neues Fähnlein, oder ein neues Kleid[*] (80–100 Gulden); dafür musste der dem Fähnlein eine Verehrung geben, zwei Fass Bier oder Wein.

Die Fahne tragen war aber nicht nur ein wichtiges Amt, es war auch eine Kunst, welche Kraft, Gewandtheit und lange Übung erforderte. Denn das »Fahnenspiel« war schon vor dem Kriege in ein System gebracht; in den Kriegsjahren und unmittelbar nachher erhielt es weitere Ausbildung; deutscher, italienischer, französischer und spanischer Brauch verbanden sich; es gab Ober- und Unterhiebe, Prassaden, Stockaden, Kavaden, das vollkommene und das verkehrte Rosenbrechen und andere kunstvolle Schwenkungen; ob das Tuch ganz, ob halb fliegen, ob es über die Stange laufen oder sich wie Wasserwellen bewegen durfte, alles war vorgeschrieben. Und zu vielen Bewegungen der Fahne gehörten entsprechende Tritte und Bewegungen des Körpers. Im Zirkelschwung drehte der Fähnrich die Fahne um das Haupt, er schwang sie zur rechten und linken Hand, in seinem Rücken, ja nach vorn

---

[*] Adam Junghans von der Olnitz, Kriegsordnung zu Wasser und Landt. 3. Ausg. Cöln, 1598. S. 3b.

und hinten durch die Beine; er warf die Stange in die Höhe, schoss, während die Stange in der Luft schwebte, sein Pistol ab oder zog den Degen, fing die Fahne dann wieder auf, schlug das Tuch von hinten um sich, stand majestätisch halb vom Tuch verhüllt, steckte den Degen zierlich wieder ein und machte Reverenz, indem er beide Knie beugte. Diese Bewegungen waren aber nicht allein um der Schönheit willen da, durch sie wurden seit dem Kriege auch die Marschweisen und einzelne Signale kommandiert; deutscher Marsch, Burgundermarsch, alter Schweizermarsch, denn die Spielleute der Kompagnie blickten auf den Fähnrich, sein heroisches Wesen gab ihnen die Zeichen. Bis zum Anfang des vorigen Jahrhunderts war das Exerzieren mit der Fahne eine beliebte Turnübung der adeligen Jugend, noch Ludwig XIV. stiftete für den Dauphin einen besonderen Kinderorden vom Pavillon. Seitdem ist die werte Kunst fast verloren, die letzten Traditionen dauern in einigen entschlossenen Bewegungen des modernen Tambourmajors, das »Fahnenspiel« schwindet jetzt selbst im Zirkus der Kunstreiter, unter denen sich diese Technik der Landsknechtheere am längsten erhalten hat[*].

Das Amt des Reiterfähnrichs war weniger verantwortlich. Frisch in den Feind dringen und nach dem Angriff die Standarte in die Höhe halten, damit sich sein Volk um ihn sammle, das war seine Aufgabe. In den ungarischen Kriegen war zuweilen der Fähnrich im Range dem Leutnant vorgegangen, und bei einigen Regimentern, z.B. der Wallensteinischen Armee, hatte sich dieser Brauch erhalten.

---

[*] Wen es interessiert, die Fortschritte dieser untergehenden Kunst zu verfolgen, der vergleiche die kleinen Fahnenbüchlein vor und nach dem Kriege. Schon in dem ältesten (?) von Joh. Renner und Seb. Heußler (Nürnberg, 1615) ist der Brauch fremder Heere berücksichtigt, und schon damals gehörte das Fahnenspiel zu den Turnübungen der Höfe und Universitäten. Über die kunstvolle Technik findet sich in Andr. Klette, Kleine Fahnen-Schule (Nürnberg, 1679).

Der wichtigste Mann der Kompagnie nächst dem Hauptmann war der Feldweibel; er war der Drillmeister, der Sprecher für die Kriegsleute, und hatte die Aufstellung des Fähnleins in die Schlachthaufen der kaiserlichen Bataillone und schwedischen Brigaden zu besorgen, die Mannschaften zu ordnen, in die vordersten und hintersten Glieder und an die Ecken die Tüchtigsten und am besten Bewaffneten, hatte die Hellebarden und kurzen Wehren einzumischen, die Schützen anzuhängen und zu führen. Er war der weise Mann der Kompagnie, der Recht und Kriegsbrauch seiner Waffen genau kennen musste.

Da das »Volk«, welches aus nah und fern unter der Fahne zusammenlief, schwer zu bändigen, zum großen Teil unsicher und schlecht in Waffen geübt war, musste die Zahl der Unteroffiziere sehr groß sein. Gewiss bestand oft mehr als der dritte Teil der Mannschaft aus Chargierten. Wer irgend kriegstüchtig oder ein sicherer Mann war, wurde durch einen Unterbefehl, Vertrauensposten und höheren Sold ausgezeichnet. Unter den zahlreichen Funktionen und mannigfaltigen Namen der Subalternen sind einige besonders charakteristisch. Im Anfang des Krieges hatte noch jede Kompagnie nach altem Landsknechtgebrauch ihren »Führer«, der wenigstens ursprünglich von den Soldaten gewählt worden war. Es war der Tribun der Kompagnie, ihr Sprecher, welcher ihre Beschwerden und Anliegen dem Hauptmann vorzutragen, das Interesse des Volkes zu vertreten hatte. Es ist leicht begreiflich, dass ein solches Amt die Disziplin der Kompagnie nicht kräftigte, es wurde im Kriege beseitigt. Auch das undankbare Amt des Furiers war von größerer Bedeutung als jetzt. Er hatte Trotz und gefürchtete Wucht gegen die Vorwürfe der Soldaten zu setzen, welche über die schlechten Quartiere haderten, die er ihnen angewiesen. Wenn das Fähnlein in ein wüstes Dorf kam, warfen alle Rottenmeister ihre Messer in den Hut des Furiers, dann lief er von Haus zu Haus und steckte die Klingen, wie sie ihm zur Hand kamen, in den Pfosten, und jede Rotte (6–8 Mann) zog dem Messer ihres Meisters nach. Wenn Arme von Adel, Aspiranten für Offiziersstellen, eintraten, wurden sie zu den Gefreiten eingeschrieben, deren Zahl oft sehr groß war. Alte anspruchsvolle Landläufer zeichnete das militärische Küchenlatein durch die Titel »Ambesaten«, später »Landspassaten« aus, sie waren Ordonnanzen und Boten, im Sold bevorzugt, Stellvertreter und Gehilfen der Korporale. Im Allgemeinen war das Bestreben, jeder Charge einen Stellvertreter beizuordnen; wie der Leutnant dem Hauptmann, stand dem Fähnrich ein Korporal der Gefreiten als Unterfähnrich, dem Feldweibel die Gemeinweibel und für Wachtposten häufig auch bei der Infanterie ein Wachtmeister zur Seite, so den Unteroffizieren die Gefreiten, den Korporalen die Landspassaten, dem Profos der Rumormeister usw.

Die Heere bestanden mit wenigen Ausnahmen aus geworbenen Söldnern. Der Kriegsherr bevollmächtigte durch Patent einen versuchten Führer, für ihn ein Heer, ein Regiment, ein Fähnlein zu werben, dann wurden Werbeplätze gesucht, ein Musterplatz festgesetzt, auf dem sich die Geworbenen sammelten. Wer sich anwerben ließ, erhielt Lauf- oder Werbegeld, das beim Beginn des Krieges unbedeutend war und zuweilen von der Löhnung abgezogen wurde[*]. Im Lauf des Krieges stieg das Werbegeld und blieb dem Soldaten. Auf dem Musterplatz wurde noch im Anfang des Krieges mit jedem Söldner besonders über seine Löhnung verhandelt; der Soldat hatte außer dem Servis in seinem Quartier nichts als den Sold zu erhalten, der um 1600 für die gemeinen Fußsoldaten von

---

[*] Adam Junghans von der Olnitz, Kriegsordnung zu Wasser und Landt, T. 2.

5–16 Gulden auf den Monat betrug*. Sie mussten dafür beim Beginn des Krieges in der Regel Waffen, Kleidung und Kost selbst beschaffen, den Besatzungen wurde der Proviant durch die Quartiermeister gegen Vergütung geliefert. Während des großen Krieges aber kam das Handeln um den Sold ab, es ward von dem Kriegsherrn den Soldaten eine gleiche mäßige Löhnung sehr unregelmäßig gezahlt.

Bei den Kaiserlichen betrug der Sold (exklusive Verpflegung) für den Pikenier neun, den Musketier sechs Gulden, bei den Schweden war er noch niedriger, wurde aber im Anfang regelmäßiger gezahlt und für die Verpflegung bessere Sorge getragen. Die gesamte Verpflegung des Heeres wurde durch ein rohes Requisitionssystem den Landschaften aufgebürdet, auch auf befreundetem Territorium. Die Gehalte der Oberoffiziere waren sehr hoch und bildeten doch nur den kleinsten Teil ihrer Einnahme. Während der Dienstzeit wurde die Mannschaft zuweilen durch eine Kontrollbehörde, Musterherren oder Kommissarien des Kriegsfürsten, in die Rollen aufgeschrieben, um zu verhindern, dass nicht Obersten und Hauptleute für eine größere Anzahl Sold bezogen, als sie unter der Fahne beisammen hatten; dann wurden die Entlaufenen apart geschrieben, hinter jedem ein Galgen gemalt. Wer auf freier Musterung aufgenommen war, der wurde, wenn er untüchtig geworden oder eine gute Zeit

---

* Um 1600 war 1 Gulden gutes Reichsgeld = 40 Sgr. unseres Geldes, 1 preußischer Scheffel Roggen kostete damals durchschnittlich etwa 25 Sgr. gegen jetzt 50 Sgr. So hatten 16 Gulden Reichsgeld damals den Verkehrswert von 25 3/5 preuß. Scheffeln Roggen oder 42 Talern unseres Geldes. Noch in der Mitte des 16. Jahrhunderts hatte der gewöhnliche Monatssold des Landsknechts 4 Gulden Reichsgeld betragen, seitdem hieß der Betrag von 4 Gulden ein Sold. Das zunehmende Steigen der Preise und die Verschlechterung des Geldes bewirkten, dass für einfachen Sold niemand zu werben war und dass die Doppelsöldner 3–4 Sold erhielten. Wegen der Münzverwirrung sind alle Soldangaben aus den ersten Jahren des Krieges für uns wenig wert.

gedient hatte, ausgemustert, frei erkannt, abgedankt und mit einem Passbrief oder Freizettel versehen. Auch wer sich mit Urlaub von der Fahne entfernte, erhielt einen Passzettel. Für die Kleidung sorgte der Soldat nach altem Brauch selbst. Eine Uniformierung fand vor dem Kriege nur ausnahmsweise bei den Trabanten der Leibwache oder wohl auch bei bevorzugten Regimentern statt, z.B. bei den schwer gerüsteten Reitern, denen die Rüstung vom Kriegsherrn geliefert wurde, und zwar gegen Soldabzug oder so, dass der Oberst nach der Kampagne die Armatur zurücknahm. Doch tragen im Anfange des Krieges bereits einzelne, zumal kaiserliche Regimenter gleichfarbige Röcke, die dann vom Soldherrn beschafft wurden, und obgleich diese neue Einrichtung in der Kriegsnot nicht erhalten werden konnte, so wurde doch die Uniformierung Wunsch der Kriegsherren und wahrscheinlich auch Forderung der Soldaten. Nach dem Kriege wenigstens ist bei neu gebildeten Heerkörpern Gleichmäßigkeit der Tracht die Regel.

Die Kriegszucht der Deutschen war beim Beginn des Krieges im schlechtesten Ruf. Die deutschen Kriegsleute galten für eitle, turbulente, aufsässige Renommisten auch bei andern Nationen*. Nicht wenig verdarb der Dienst in halb wilden Ländern, wie damals Ungarn und Polen waren, und gegen einen barbarischen Feind, die Türken. Schon wenn der Sold der Einzelnen behandelt wurde, begann die Unzufriedenheit; dem Hauptmann, der die Prätensionen des angeworbenen Söldners nicht befriedigen wollte, warf der Gekränkte die Muskete zornig vor die Füße und entfernte sich mit seinem Laufgeld, es gab kein Mittel, ihn zu halten. War das Fähnlein vereidigt, so fand der Hauptmann nur zu häufig seinen Vorteil dann, das Plündern und die nächtliche Entfernung von der Fahne

---

* Junghans am Schluss; Wallhausen, Kriegskunst zu Fuß a. m. O., z. B. S. 20.

zu begünstigen, denn er erhielt seinen Anteil am Raube der Soldaten. »Die ärgsten Mausköpfe waren die besten Bienen.«

Tief verhasst waren stets die Zahlherren gewesen, weil sie in der Regel den Sold unvollständig und in schlechtem Gelde zum Regiment brachten; sie und andere Kommissarien des Landesherrn waren, wenn sie in das Lager kamen, sogar Misshandlungen ausgesetzt. Den höheren Befehlshabern wurde das Ärgste nachgesagt, vor allem, dass sie mehr Sold empfangen, als sie den Soldaten ausgezahlt. Noch schlimmer waren die Unterbefehlshaber daran. Nicht selten brach offene Meuterei aus, dann stellten die Empörer Oberst und Hauptleute ab und wählten sich Führer aus ihrer Mitte. Dergleichen geschah öfter in Ungarn. Ja, es ereignete sich noch während des Waffenstillstandes, der dem Westfälischen Frieden vorausging, dass in einem bayrischen Dragonerregiment ein Korporal der Garnison von Hilperstein sich zum Obersten des Regiments ernannte und mit seinem Anhang die Offiziere wegjagte; das Regiment wurde durch kommandierte Völker umringt, der neue Oberst mit 18 ansehnlichen Rebellen gelichtet, dem Regiment die Musketen genommen, es musste von Neuem schwören und wurde als Reiterregiment neu formiert*. Gewöhnlicher Grund der Meuterei war Ausbleiben des Soldes. Dann wurden in der höchsten Not Anleihen zu Wucherzinsen gemacht, um die Soldaten zu befriedigen. Im Jahre 1620, dem geld- und kopflosen böhmischen Sommer, meuterte das Regiment des Grafen Thurm. Der ehrliche alte Herr beruhigte durch eine Abschlagszahlung, die er bei den Marketendern entlieh, und weinte darauf bitterlich über die üble Regierung und vieles andere. Zu derselben Zeit meuterte das Regiment des Grafen Mansfeld. Dieser begann seine Zahlung, indem er

---

* Grimmelshausen, Seltzamer Springinsfeld, Kap. 20.

aus dem Zelt trat und mit eigener Hand zwei Soldaten niederhieb, viele schwer verwundete, worauf er sich zu Pferde setzte, unter die Meuterer sprengte und wieder mehrere erschoss. Er allein mit drei Hauptleuten brach den Trotz von 600 Mann, nachdem er 11 getötet, 26 schwer verwundet hatte. – Wenn für militärischen Befehl noch leidlicher Gehorsam gefunden wurde, während die Fahne flatterte, so kam doch aller Groll zu lautem Ausbruch, sooft die Fahne abgerissen und das Regiment abgedankt wurde. Dann verbargen sich der Profos, der Hurenweibel und die Steckenknechte; Hauptmann, Leutnant und die untern Befehlshaber mussten Schimpfreden und Herausforderungen ertragen und sich sagen lassen: »Ha, Kerl, du bist mein Befehlshaber gewesen, jetzt bist du nicht ein Haar besser als ich, ein Pfund deiner Haare gilt mir nicht mehr als ein Pfund Baumwolle; heraus, raufe dich mit mir!«* So hatten die Befehlshaber bei jeder Strafhandlung die spätere Rache des Missetäters und seiner Freunde zu fürchten. Und wie mit den Offizieren haderten die Entlassenen auch untereinander; dann standen auf einem Platz wohl an die hundert Parteien im Zweikampf, die leichtfertigsten Mordtaten und Totschläge wurden verübt, die sonst nicht erhört waren, solange die Christenheit steht. Denn es war Brauch, dass die Streitenden, während die Fahne wehte, einander die Hände gaben und gelobten, ihren Zwist am Ende der Dienstzeit auszufechten und bis dahin als Brüder in Liebe miteinander zu leben. Bei solcher Abdankung rotteten sich die Leichtfertigen in Haufen zusammen und begannen ein »Harnischwaschen« mit solchen Kameraden, denen die Offiziere während der Dienstzeit Gunst erwiesen hatten, d.h. sie beraubten dieselben, zogen ihnen die Kleider aus, schlugen sie auch wohl gar tot. Und all solcher Frevel wurde geduldet, die

---

* Wallhausen, Kriegskunst zu Fuß, S. 20.

machtlosen Oberbefehlshaber hatten sich gewöhnt, dergleichen als Kriegsbrauch ruhig anzusehen.

In den ungarischen Sommerfeldzügen hatten die Kriegsleute gelernt, nur während der Sommermonate bei der Fahne zu bleiben. Sie fanden ihre Rechnung dabei, nicht länger zu dienen, und meuterten, wenn ihnen solche Zumutung gestellt wurde; denn im Herbst und Winter zogen sie oft mit zwei, drei, vier Jungen als »Gartbrüder« durch das Land, eine furchtbare Plage für den Landmann im östlichen Deutschland. In den Grenzländern, Schlesien, Österreich, Böhmen, Steiermark, war sogar durch die Landesherren befohlen, jedem Soldaten, der auf der Garte umherstrich, einen Heller zu geben. So ertrotzten sie täglich einen halben Gulden und mehr, ihre Jungen mausten, wo sie konnten, sie waren berüchtigte Hühnerfänger. Wallhausen berechnet unter lebhaften Klagen, dass die Unterhaltung eines stehenden Heeres den Fürsten und Landschaften weniger kosten und ganz andere Erfolge vor dem Feinde sichern werde als der alte schlechte Brauch.

Mehr als einmal während des langen Krieges wurden die wilden Heere durch den kräftigen Willen eines Einzelnen zu straffer Disziplin zusammengezwungen, und jedes Mal wurden militärische Erfolge erreicht; nie aber hatte dergleichen Dauer. Die Disziplin des Wallensteinischen Heeres war in rein militärischen Angelegenheiten vortrefflich, dafür war gräulich, was der Befehlshaber gegen Bürger und Bauer erlaubte. Auch Gustav Adolfs Genie vermochte kaum länger als ein Jahr die straffe Zucht zu erhalten, welche bei seiner Landung in Pommern die protestantischen Geistlichen häufig und triumphierend verkündet hatten. Zwar die Kriegsknechte und Artikelsbriefe aller Kriegsfürsten enthalten eine Anzahl von gesetzlichen Bestimmungen über die Schonung, welche der Soldat auch in Feindesland gegen Menschen und ihre Habe beobachten soll. Frauen, Kranke, Greise sollen unter allen Umständen verschont, Mühlen, Pflüge nicht beschädigt werden. Aber nicht die Gesetze, sondern ihre Handhabung ist vorzugsweise charakteristisch für Beurteilung einer Zeit.

Die Strafen selbst waren streng. Bei den Schweden Soldabzug für das Hospital oder invalide Soldaten, das hölzerne Pferd, in Eisen gelegt, Gassenlaufen – dazu vermieteten sich harte Gesellen[*], indem sie das Verbrechen auf sich nahmen –, Verlust der Hand, arkebusiert, gehängt. Und für ganze Truppenteile: Verlust der Fahne, außerhalb des Lagers liegen und dasselbe reinigen, und Dezimierung. Beim Beginn des Krieges war den Heeren noch vieles von dem alten Landsknechtgebrauch erhalten, ihr »Malefizgericht«, worin nach deutschem Brauch die Gemeinen durch erwählte Schöffen selbst Recht sprachen. Schon vor dem Kriege war daneben das Standrecht eingeführt worden, ein summarisches Verfahren, bei welchem Schultheiß und Schöffen nicht saßen, und die Offiziere das Urteil in der Hand hatten. Während des Krieges organisierten sich die Militärgerichte in moderner Weise unter Vorsitz des Generalauditors, der Generalgewaltige oder Generalprofos besorgte die Exekutionen. Aber auch bei den Strafen empfindet sich das Heer im Gegensatz zum Bürger und Bauer. Der Soldat wird in Eisen gelegt, nicht in Stock und Gefängnis gesetzt, kein Kriegsmann soll an einem gewöhnlichen Landgalgen oder gemeinen Hochgericht gehängt werden, sondern am Baume oder Quartiergalgen, der in den Städten für die Soldaten auf dem Marktplatz errichtet ward; die alte Formel, womit der Delinquent dem Freimann übergeben wurde, lautete: »Er soll ihn führen zu einem grünen Baum und anknüpfen an seinem besten Hals, dass der Wind unter und über ihm zu-

---

[*] Schwedisches Kriegsrecht, § 105.

sammenschlägt, und soll ihn Tag und Sonne anscheinen drei Tage, dann soll er wieder abgelöst und begraben werden, wie Kriegsgebrauch ist.« Der meineidige Überläufer aber wurde an einem dürren Baume gehängt. Und wer mit dem Schwert gerichtet wird, den soll der Scharfrichter führen auf einen freien Platz, wo am meisten Volk ist, und mit dem Schwert seinen Leib in zwei Stücke schlagen, dass der Leib das größte und der Kopf das kleinste Teil bleibt. Auch der Profos und seine Gehilfen sind nicht in der Weise unehrlich wie der bürgerliche Scharfrichter; sogar der Steckenknecht, das gemiedene »Klauditchen« des Heeres, welcher häufig aus Übeltätern genommen wurde, denen man die Wahl ließ zwischen dem unehrlichen Amt oder der Strafe, konnte, wenn er sein Amt treulich versehen hatte, bei der Auflösung des Fähnleins ehrlich gemacht werden; dann erhielt er seinen Freizettel wie ein anderer, wackerer Soldat, und durfte ihm niemand etwas nachreden*.

Was die Heere des Dreißigjährigen Krieges sehr von den modernen unterscheidet und ihren Einmarsch in eine Landschaft dem Einbruch eines fremden Völkerstammes ähnlich machte, war der Umstand, dass der Soldat trotz der kurzen Dienstzeit im Felde seinen eigenen Haushalt führte und wie ein Handwerksmeister mit Weib und Jungen wirtschaftete. Nicht nur die höheren Offiziere und Hauptleute nahmen ihre Frauen mit ins Feld, auch der Reiter oder Fußknecht fand es angenehm, zuweilen sein angetrautes Weib, häufiger eine hübsche Dirne zu unterhalten. Weiber aus allen Ländern, gestäupte, gebrannte Dirnen zogen dem Kriegshaufen zu, putzten sich nach allen Kräften auf, suchten Zutritt, weil sie einen Mann, Freund oder Vetter im Lager hätten. Bei der Musterung und bei der Abdankung eines Regiments wurden ehrliche

---

* Adam Junghans a. m. O.

Mädchen unter den grausamsten Vorspiegelungen oft von ganzen Rotten entführt, und wenn das Geld verzehrt war, zuweilen ohne Kleider verlassen. Oder sie wurden von einem dem andern um eine Zeche Wein oder um ein paar Taler verkauft. Mit seiner Beischläferin wohnte der Soldat unter dem engen Strohdach des Lagers und im Quartier, das Weib buk, kochte und wusch für ihn, pflegte den Erkrankten, schenkte dem Zechenden ein, duldete seine Schläge und trug auf dem Marsche Kinder, Beutestücke oder Gerätschaften der flüchtigen Wirtschaft, die nicht auf den Bagagewagen geschafft werden konnten. Es ist bekannt, dass der Schwedenkönig bei seiner Ankunft in Deutschland keine Dirnen im Lager duldete. Nach seiner Rückkehr aus Franken scheint auch diese strenge Zucht aufgehört zu haben. So wurde das Heer von einem Haufen Weiber begleitet, in jeder Abstufung des Alters und der Ansprüche, von der Frau oder »Mätresse« des Obersten, einer großen Dame, die mit ihrem Hofstaat unter besonderer Bedeckung reiste und als einflussreiche Person vom Regiment eifrig besprochen wurde, bis zur Dirne eines armen Pikeniers, die, ihr Kind auf dem Rücken, mit wunden Füßen über das Blut der Schlachtfelder laufen musste, und bis herab zu der Vettel, die aufgegeben hatte, begehrenswert zu erscheinen, und durch die lange Gewöhnung an wilde Aufregungen beim Heer festgehalten wurde, wo sie sich durch die schmutzigsten Dienste erhielt. Wer die alten Kirchenakten der Pfarrdörfer durchblättert, der findet zuweilen den Namen einer entführten Dirne, die nach Jahresfrist in ihr Heimatsdorf zurückkehrte und sich strenger Kirchenbuße unterwarf, um unter dem verdorbenen Landvolk ihres Geburtsortes zu sterben. Die meisten verschlang der Krieg in der Ferne. Auch die Weiber des Lagers standen unter dem Kriegsrecht. Für grobe Vergehen wurden sie gestäupt und von den Steckenknechten aus dem Lager gestoßen. Der Soldat, mit dem sie lebten, war ihr harter Herr, für gutes Essen und Trinken wurden sie mächtig übel geschlagen, ehe sie ihr Amt recht gewöhnt wurden, und wenig wurde ihnen gehalten, was ihnen im Anfang versprochen war[*].

In Quartieren, wo viele Weiber zusammenlagen, war schwer Friede zu halten, da übertrug der Soldat seine Gewalt über das Weib dem Rumormeister und dem Weibel, der einen »Vergleicher« von Armlänge in der Hand führte, womit er sie strafte. Dennoch war vielen Soldaten der größte Stolz, eine hübsche Dirne zu haben, und mancher wandte sein Alles, Sold und Beute daran, sie zu schmücken und gut zu halten. In solchen Fällen übte sie souveräne Herrschaft über ihn, und wenn der Sold ausblieb und Mangel im Lager ausbrach, stachelte sie ihn zur Meuterei. Wenn aber der rohe Mann seine Dirne arger Vergehen beschuldigte, dann konnte er sie nach scheußlichem Lagerbrauch den Reiterjungen und Trossbuben preisgeben; dann wurde die Elende von der wilden Meute der Menschen und Lagerhunde in den nächsten Busch gehetzt[**]. –

Mit den Weibern zogen die Kinder. Bei den Schweden waren durch Gustav Adolf Feldschulen eingerichtet, in denen die Kleinen auch im Lager unterrichtet wurden. In diesen Wanderschulen herrschte militärische Disziplin, und ein französischer Agent erzählt von der wilden Brut des Krieges, dass sie ihren Vätern beim Kugelregen die Suppe in die Laufgräben trug und in den Lagerschulen nicht von der Bank wich, wenn auch einschlagende Kanonenkugeln drei und vier aus ihrer Mitte niederstreckten[***].

Der Kriegsmann, welcher nicht Lust oder Ansehen hatte, sich ein Weib zu bewahren, hielt auf einen oder mehrere Buben, ein abgefeimtes hartes Geschlecht von Tauge-

---

[*] Fronsperger, Kriegsbuch. Ausg. v. 1596, I. Bl. 88.
[**] Grimmelshausen, Landstörzerin Courage und im Simplicissimus.
[***] *Recueil de plusieurs pièces servans a l'histoire moderne. Cologne* 1663. p. 468.

nichtsen, die ihrem Herrn aufwarteten, das Pferd striegelten, zuweilen die Armatur trugen und den zottigen Hund fütterten, behände Spione, welche weit in der Nachbarschaft nach wohlhabenden Leuten und verborgenem Gelde umherstreiften. Auch diese Buben in jeder Abstufung von Ansprüchen und Nichtsnutzigkeit, vom Pagen, der hinter dem Feldherrn her ritt, bis zu dem kleinen Läufer des Subalternoffiziers, der in auffallender Kleidung, den kurzen Spieß mit Bändern verziert, vor seinem Herrn herlief, vom Reiterbuben des Kürassiers, der im geordneten Haufen seiner Genossen hinter dem Regiment seines Herrn ritt und sich in das Gewühl stürzte, den Verwundeten herauszuziehen oder ihm ein neues Pferd anzubieten, bis zum Vettelbuben eines ausgewetterten alten Musketiers, eines »Wolfs- und Eisenbeißers«, der die Hahnenfedern seines Hutes vielleicht vor zwanzig verschiedenen Fahnen geschwenkt hatte.

Bei Plünderung der Quartiere trieb es der Tross am ärgsten, auch in Freundes Land. Wenn die Weiber und Buben mit ihren Soldaten in einen Bauernhof drangen, fielen sie wie Geier über das Geflügel im Hofe, über Truhen und Kisten her, schlugen die Türen ein, schmähten, drohten und quälten, legten sich in die Betten, und was sie nicht verzehren und rauben konnten, zerschlugen sie; war ein Kupferkessel zu groß zum Mitnehmen, so traten sie ihn ein. Beim Ausbruch zwangen sie den Wirt anzuspannen und sie ins nächste Quartier zu fahren. Dann stopften sie den Wagen mit den Kleidern, Betten und dem Hausrat des Bauern voll und banden sich in den Rock und um den Leib, was nicht in Sack und Pack fortgebracht werden konnte. »Dann – so erzählt der zürnende Berichterstatter Wallhausen (*Defensio patriae* 1621. p. 172) – wenn die Wagen angeschirrt sind, fallen die Weiber, Kinder und Dirnen auf die Wagen wie ein Haufe Raben. Die Dirne, welche am ersten auf den Wagen kommt, nimmt den besten

Platz, dann kommt der Junge ihres Herrn und bringt sein Bündel, welches von gestohlenem Gut so voll ist, dass es kaum ein Pferd tragen kann. Darauf setzt sich schnell die Dirne. So drängt eine die andere. Wenn dann die Ehefrau eines Soldaten nicht mehr Platz findet und auch zu Fuß gehen soll, da heißt es: ›Ei, du schlechte Dirne, du willst dich fahren lassen, und ich bin so viele Jahre eine Soldatenfrau gewesen, ich habe so manchen Zug mitgemacht, und du Balg willst es mir zuvortun.‹ Da fallen die Dirnen und Weiber übereinander her, werfen mit Prügeln und Steinen und wenn der Tross sich eine Weile so zerbürstet hat, läuft die Soldatenfrau zu ihrem Mann, die Haare hängen ihr um den Kopf, sie schreit und ruft: ›Guck, Hans, da ist die und dessen Dirne, sitzt auf dem Wagen und will fahren, und ich soll zu Fuß gehen und bin dein Eheweib.‹ Da wischt denn der Soldat an die Dirne, will sie herunter- und seine Frau hinausheben, da kommt auch der Dirne Soldat hinzu, der sagt: ›Lass mir mein Mädchen in Frieden, sie ist mir so lieb als dir deine Ehefrau‹; da wischen auch die Soldaten hintereinander her, heraus mit dem Degen, hauen, stechen einander zu Tode oder zu Krüppeln. Das ist nichts Seltenes, denn wenn man auf dem Zuge ist, vergeht fast kein Tag, dass nicht drei, vier, zehn Soldaten um der Weiber willen Leben und gerade Glieder verlieren. Ist aber dieser Aktus vorbei und das Gesindlein aufgesessen, so sind die Wagen zuweilen so schwer beladen, dass die Pferde oder Ochsen sie nicht von der Stelle bringen können. Dann sitzen zehn, zwölf Weiber, ebenso viel Kinder und etwa sechs Jungen in den schweren Packen, wie die Raupen im Kohl. Und wenn die Pferde bergauf nicht mehr fortkönnen, da stiege nicht eines vom Wagen, denn stracks wären andere Jungen und Dirnen zur Stelle, die hinaufsprängen, und dann brächte sie kein Teufel herab, denn sie sagten: ei, der Wagen sei sowohl für sie als für die andern; den Bauer aber schelten sie mit erschrecklichen Flüchen, fahren hinter ihm und seinem Vieh mit Prügeln her, oft sind vier, sechs Jungen um den Wagen herum, alle weisend und schlagend. So habe ich Ochsen und Pferde tot in dem Geschirre niedersinken sehen. So muss der Untertan des Landesherrn die Dirnen und das Gut, das sie ihm gestohlen, selbst fahren.

Oft wollen die Dirnen nicht mit Ochsen fahren, dann müssen Pferde sechs Meilen weit mit großen Kosten der Landleute zur Stelle geschafft werden. Und kommen sie mit dem Geschirr ins nächste Quartier, so lassen sie die armen Leute nicht wieder nach Haus, schleppen sie fort in andere Herrschaften, zuletzt stehlen sie ihnen gar die Pferde und machen sich damit unsichtbar.« –

In den ersten Jahren des Krieges hatte ein deutsches Fußregiment etliche Tage durch das Land seines eigenen Kriegsherrn zu marschieren. Es fanden sich alsbald so viel Dirnen und Jungen zum Tross, als Soldaten waren, und der Tross stahl in acht Tagen den Untertanen des Kriegsherrn so viel Pferde, dass beinahe jeder Soldat beritten war. Der Oberst, ein tüchtiger Mann, riss oft die Soldaten selbst von den Pferden und zwang sie endlich durch die äußerste Strenge, ihre Pferde zurückzugeben. Es war aber unmöglich, den Dirnen das Reiten zu wehren; da war keine, die nicht ein gestohlenes Pferd gehabt hatte, und wenn sie nicht ritten, so spannten sie drei, vier zusammen vor einen Bauernkarren*. Dann reichte die Autorität ihres Weibels nicht aus, sie zu bändigen, und es war zuweilen eine »Komödie« für die Offiziere, zuzusehen, wie eine Dirne der andern vorfahren wollte, sie jagten beieinander vorbei und fuhren einander in die Wagen; 40–50 Wagen hingen in wirrem Knäuel, und stundenlange Arbeit war nötig, sie auseinander zu bringen, dazu scholl lautes Fluchen und Schwören, Haarraufen und Schlagen.

---

* Wallhausen, *Defensio patriae* p. 177

Die Weiber, Buben und Trossknechte standen zusammen unter der Aufsicht des Hurenweibels, eines alten, für den Felddienst untüchtigen Kriegsmannes, der sich ohne sonderliche Wahl durchzuhelfen suchte. Wer ein Bein, eine Hand oder ein Auge verlor, den erklärte der rohe Spott des Lagers für brauchbar zu diesem Amt. Wenn der Oberst oder Hauptmann ihn bei der Musterung den Kriegsleuten vorstellte, so ermahnte er die Soldaten, den Mann doch zu achten, weil er mit Ehren verdorben sei. Und der Hurenweibel verneigte sich und empfahl sich den Kriegsleuten, und bat sie, jeder möge sein Weib, Kind oder Jungen ermahnen, dass sie sich von ihm lenken ließen ohne Trotz und ohne seine Schelte übel zu nehmen*. Er war immerhin für den gemeinen Soldaten eine wichtige Person, und es war ratsam, sich gut mit ihm zu stellen, denn er behütete die Angehörigen und die Beute des Kriegsmannes; deshalb ward auch sein Zug, wenn er am Ende des Heeres marschierte, durch besondere Nachhut gedeckt. War ihm der Tross eines ganzen Regiments untergeben, so hatte er wohl gar einen Leutnant und Fähnrich; denn auf dem Marsche führte der Tross eine besondere Fahne und zog in militärischer Ordnung, Trossknechte, Buben und handfeste Weiber mit Spießen bewehrt, der Weibel selbst an der Spitze, die hübschesten Dirnen in seiner Nähe, sie vor Ungebühr der Buben zu schützen, hinter ihm der verdorbene Haufe mit Gepäck und Karren, mit Kindern und Hunden. Seine Pflicht war zu achten, dass die Bande in den Reihen blieb und sich nicht plündernd wie »Zigeuner und Tariern« in den Dörfern zerstreute. Bezog das Heer seinen Lagerplatz, so war er der Letzte, der einrückte; denn wenn die Dirnen und Buben vor den Kriegsleuten eindrangen, stahlen sie den angefahrenen

---

* Adam Junghans a. a. O.

Lagervorrat, Heu, Stroh, Holz*. Beim Aufbruch zog er vor das Tor, hielt jeden an, der zum Tross gehörte, und zwang ihn bei der Trossfahne zu bleiben; kam es zur Schlacht, so hatte er den Tross im Rücken des Heeres an gesicherter Stelle bewaffnet aufzustellen und hinter den zusammengefahrenen Wagen eine Verteidigung vorzubereiten. Öfter wurde bei solcher Gelegenheit der Tross von feindlicher Reiterei überfallen, dann war es Pflicht der Buben und Trossknechte, dem Einbruch zu widerstehen. Im Lager aber war es das Amt der Dirnen und Buben, die Gassen und Märkte, auch die »Mumplätze« zu fegen und zu säubern; es war ein harter Zwang, denn die unehrlichen Steckenknechte führten die Aufsicht, und die Dirne, welche sich der unsaubern Arbeit weigerte, konnte von den andern Weibern preisgegeben werden. Auch wo Faschinen zu binden, Gräben zu füllen, das Geschütz an unwegsamen Stellen auszugraben war, mussten Dirnen und Buben helfen.

Außerdem gehörten zum Tross der Heere vor allem die Marketender unter Schutz und Aufsicht des Profosen, wichtige, oft wohlhabende Leute, welche in ihrem bepackten Karren einen guten Teil der Beute ansammelten, die von den Soldaten vertan wurde. Die Sichersten waren bei den einzelnen Fähnlein eingeschworen, bewaffnet und im Fall eines Angriffes zur Verteidigung des Trosses verpflichtet. Ferner die »Kommissmetzger«, die »Sudelköche«, Handwerker, Handelsleute und Hausierer, Wagenführer und Trossknechte, zuweilen zusammengetriebene Schanzgräber, welche unter besonderen Fähnlein marschierten**.

---

* Fronsperger, Kriegsbuch. Ausg. g. 1596, III. 65 und Holzschnitt nebst Versen.

** Es ist bezeichnend, dass in diesem Kriege das Wort Bagage die noch jetzt dauernde Nebenbedeutung Gesindel, schlechtes Volk, erhielt. So in einer Flugschrift des Predigers zu Mittweida, Andreas Ortelius, Pagage, das unrechtmessige, unchristliche und unverantwortliche Rauben und Plündern. Dresden. 1640. 4°.

Nur einzeln entgleiten den wortreichen Schriftstellern jener Zeit Bemerkungen über diesen verachteten Teil des Heeres, doch fehlen nicht ganz Angaben, aus denen sich schließen lässt, welch großen Einfluss der Tross auf die Geschicke der Heere und der Landschaften hatte. Zunächst durch seinen ungeheuren Umfang. Am Ende des 16. Jahrhunderts rechnet Adam Junghans in einer belagerten Festung, wo der Tross auf die möglich kleinste Zahl beschränkt ist, auf 300 Fußknechte, 50 Dirnen und 40 Jungen, also Marketender, Pferdeknechte usw. dazu gerechnet, sicher etwas mehr als ein Dritteil der Soldaten. Aber im Felde war das Verhältnis schon beim Beginn des Krieges ein ganz anderes. Wallhausen zählt* auf ein Fußregiment deutscher Soldaten als unvermeidlich 4000 Dirnen, Jungen und andern Tross. Ein Regiment von 3000 Mann hatte zum wenigsten 300 Wagen und jeder Wagen war zum Brechen voll mit Weibern, Buben, Kindern, Dirnen und geplündertem Gut; wenn ein Fähnlein aus seinem Quartier aufbrechen sollte, weigerte es sich, wenn es nicht 30 und mehr Wagen erhielt. Als beim Beginn des Krieges ein Regiment hochdeutscher Kriegsleute 3000 Mann stark von dem Musterplatz abzog, wo es einige Zeit gelegen hatte, folgten ihm 2000 Weiber und Dirnen. Der ehrliche Oberst wollte den Tross abschaffen, er ließ einige Tage vergehen, und als man an einen Flussübergang kam, ließ er den Tross zurück und verbot den Schiffern, in den nächsten Tagen Leute überzusetzen. Die Dirnen aber erhoben am Ufer ein lautes Geschrei und Weinen, als die Schiffer nicht zurückkamen; da lief das ganze Regiment auf der andern Seite ebenso schreiend zusammen. Die Soldaten riefen in hellen Haufen: »Ho, Potz schlapperment, ich muss meine Dirne wieder haben, sie trägt meine Hemden, Kragen, Schuhe und Strümpfe.« Wollte der Oberst die Soldaten vorwärts bringen und

---

* *Defensio patriae* p. 161 und 173.

ein großes Unglück verhüten, so musste er die Dirnen und das andere Gesindlein doch mitziehen lassen. Da wählte er ein anderes Mittel, er ließ mit der Trommel umschlagen und ausrufen, jeder solle bei Leibesstrafe seine Dirne abschaffen, nur die Ehefrauen dürften bleiben. Da liefen die Soldaten mit ihren Dirnen nach allen Dörfern in der Runde zur Kirche, es gab nicht Geistliche genug zum Kopulieren, in zwei Tagen wurden 800 Dirnen zu Ehefrauen gemacht, darunter die elendsten Kreaturen.

Von da ab wuchs der Tross bis zum Ende des Krieges. Nur auf kurze Zeit vermochten große Heerführer, wie Tilly, Wallenstein, Gustav Adolf, dies größte Leiden der Heere zu beschränken. Noch im Jahre 1650, als der Tross der zurückgebliebenen Truppen sich in den Standquartieren bedeutend vermindert hatte, zählten die vier schwedischen Kompagnien, welche bei Köthen auf Grund der Nürnberger Artikel revoltierten und ihre Entlassung forderten, zusammen 690 Soldaten, 650 Weiber und 900 Kinder. 300 Männer der Kompagnien wurden auf Befehl ihres Oberstleutnants niedergemetzelt; der Frau eines alten Unteroffiziers, welche in der Schürze 900 Taler für das Leben ihres Mannes bot, wurde das Geld abgenommen und die Frau mit dem übrigen Tross unter Schlägen fortgejagt. Und 1648, am Ende des großen Krieges, berichtet der bayrische General Gronsfeld, dass bei der kaiserlichen und bayrischen Armee 40 000 Soldaten wären, welche Kriegsrationen bekämen, und 140 000 Personen, welche nichts bekämen; wovon dieser Tross leben solle, wenn er die Nahrung nicht erbeute, zumal es in der ganzen Gegend, wo das Heer lagere, keinen einzigen Ort gebe, wo der Soldat ein Stück Brot kaufen könne? So ist im Jahre 1648 der Tross des Heeres drei und ein halb Mal so stark als die Zahl der Kämpfenden. Diese Zahlen sprechen deutlicher als alle Ausführungen, welche grauenhafte Masse von Elend auch um die Fahnen herumlag.

Bevor der Einfluss dargestellt wird, welchen Heeresmassen von solcher Beschaffenheit auf das Leben des deutschen Volkes ausübten, möge man sich noch einmal erinnern, dass der Dreißigjährige Krieg dies Unwesen nicht geschaffen hat, sondern in der Hauptsache vorfand. Deshalb werden hier einige Betrachtungen mitgeteilt, welche Adam Junghans von der Olnitz in seinem jetzt seltenen, oben angeführten Büchlein zu der Zeit macht, in welcher die alte Tüchtigkeit des Landsknechtheeres in wüster Söldnerwirtschaft unterging. Sie stehen hier als Prolog zu dem furchtbaren Trauerspiel, welches 20 Jahre später begann.

»Ein jeder Oberst, Rittmeister oder Hauptmann weiß wohl, dass ihm keine Doktoren, Magister oder sonst gottesfürchtige Leute zulaufen, sondern ein Haufen böser Buben aus allerlei Nationen, und seltsames Volk, das Weib und Kind, Nahrung und alles verlässt und dem Kriege folgt; alles, was Vater und Mutter nicht folgen will, muss allda dem Kalbfell, so über die Trommel gespannt ist, folgen, bis man sie in eine Feldschlacht oder Stürmen bringt, wo etliche Tausende auf der Walstatt liegen, erschossen und erstochen; denn eines Landsknechts Leben hängt an einem Haar und seine Seele sitzt auf dem Hut oder Ärmel[*]. Zudem wächst allezeit bei Kriegshändeln dreierlei Kraut: das ist scharfes Regiment, 50 verbotene Artikel, und strenges Urteil, schleuniges Recht, das bringt manchen Mann um seinen besten Hals.

Es ist nicht damit getan, dass ein Kriegsmann stark, gerade, mannhaft, tyrannisch, blutgierig, gleich einem grimmen Löwen tut und sich für einen Eisenfresser ausgibt, als wollte er den Teufel allein fangen und verzehren, dass seine Mitgesellen nichts davon bekommen. Solche Hahnen-

---

[*] Am Hut oder Ärmel wurde vor der Schlacht das Feldzeichen der gemeinen Soldaten befestigt, grüner Busch, Binde u. dgl.

reißer bringen sich mutwillig durch ihren dummen Verstand um ihr Leben und andere guten Gesellen dazu. Ein anderer ist ein Schnarcher und Pocher, der da schnarcht wie ein ungestümer Gaul auf der Streu, und wenn es an ein Fechten geht und Kugeln um den Kopf pfeifen, da ist er ein Märtyrer und armer Sünder, und möchte vor Leid die Hosen verunreinigen, lässt auch wohl seine eigene Wehr aus der Hand fallen. Wenn sie vor dem Zapfen sitzen, oder in Marketenderhütten oder Wirtshäusern, da haben sie viel gesehen und wollen nichts tun als balgen, da ärgert sie eine Fliege an der Wand, die hat keinen Frieden vor ihnen, dann wollen sie mit ihrem großen Fluchen den Feind schlagen. Solche Bärenstecher werden am häufigsten angetroffen; selten findet man einen, der nicht lahme Fäuste, lahme Arme oder einen Wachtelstrich über einen Backen hat, und ist doch sein Lebtag nie recht vor den Feind gekommen. Vor solchen Gesellen mag sich ein Hauptmann wohl hüten, denn sie sind gemeiniglich Aufrührer und Meuterer. Ein verständiger Kriegsmann meidet Hadern und Balgen, wo er darf, damit er seine Haut ganz unversehrt vor den Feind bringt. Wird man vom Feinde beschädigt, das ist eine Ehre. Wer aber mutwillig um seine Gesundheit kommt, der muss Hohn und Spott hören und ist keinem Heer etwas nütz. Ein solcher Gast muss sein Lebtag ein Eier- und Käsebettler sein und bleiben, er läuft das Land auf und nieder, bettelt das Brot, verkauft es wieder, muss sich ernähren wie ein Wolf, und wenn der Bäuerin Ratten und Mäuse in der Mich ertrunken sind, erhält er die Käse, muss der Bauern unnütze Worte auflesen und mit andern armen Bettlern Innung halten bis an sein Ende. Ferner sind auch viele, die wollen Kriegsleute sein, Muttersöhne und Milchmäuler, wie die jungen Kälber, die von keinem Leiden wissen, sie kommen aus einer guten Küche her, haben hinter dem Ofen gesessen und Äpfel gebraten und in warmen Betten gelegen. Wenn sie dann in fremdes Land geführt werden, und ihnen allerlei seltsame Ordnung mit Speise und Trank und andern Dingen vorkommt, da sind sie wie weiche Eier, die durch die Finger fließen, oder wie Papier, wenn's im Wasser liegt. Und so geht's nicht allein Landsknechten zu Fuß, sondern denen vom Adel auch. Führt man sie dann zu Feld in wüste Länder, wo alles verzehrt und verheert ist, und sie Brotsack und Trinkflasche nicht stets am Halse hängen haben, so wollen sie verschmachten, verhungern und verdursten, dann essen und trinken sie ungewöhnliche Dinge, wovon allerlei Krankheit folgt. Solch Gesindlein bleibe zu Haus, warte des Ackerbaues oder sitze im Kramladen bei den Pfeffersäcken und behelfe sich, wie Vater und Mutter gelebt haben, fülle den Bauch alle Abende voll und gehe zu Bett, so wird man in keinem Krieg erschlagen. Denn man sagt, und es ist auch wahr, Kriegsleute müssen harte und feste Leute sein, Stahl und Eisen gleich, und gleich den wilden Tieren, die mancherlei Speise essen. Wie auch die Scherzrede geht: Ein Landsknecht muss Spitzen von Radnägeln verdauen können, ihnen muss nicht grauen, wenn sie Hunde- oder Katzenfleisch essen müssen, da es die Not erfordert, Pferdefleisch vom Anger ist ihnen ein gutes Wildbret, und Kraut, das weder gesalzen noch geschmalzen ist. Denn Hunger lehrt essen, wenn man in drei Wochen kein Brot gesehen hat. Das Getränk hat man umsonst: Wenn man kein Bachwasser bekommen kann, zecht man mit den Gänsen aus dem Pfuhl oder der Lehmpfütze. Und schlafen muss man unter einem Baum oder im Felde, da ist Raum genug, den Erdboden unterzulegen und den Himmel überzudecken, dort muss oft des Landsknechts Schlafkammer sein, und von solchem Bett werden ihm keine Federn in den Haaren hängen. Daher kommt auch der alte Streit der Hühner und Gänse mit den Landsknechten, weil jene stets in Federn schlafen, und die Landsknechte müssen oft in Stroh liegen. Und noch ein anderes Tier ist den Landsknechten zuwider, das sind die Katzen. Weil die Kriegsleute selbst gut mausen können, darum sind sie den Katzen feind und den Hunden günstig. Wie der alte Reim sagt: Ein Landsknecht soll stets bei sich haben eine schöne Hur, einen Hund und jungen Knaben, einen langen Spieß, einen kurzen Degen; frei sucht er den Herrn, der ihm Bescheid tut geben. Und drei Kriegszüge soll ein Landsknecht tun, ehe er ein ehrlicher Mann wird. Nach dem ersten Zuge soll er zu Hause kommen und zerrissene Kleider anhaben; nach dem zweiten Zuge soll er zu Hause kommen und soll eine Schramme auf einem Backen mitbringen und viel von Stürmen, Schlachten, Scharmützeln und Lärmen zu sagen wissen, und durch die Schramme beweisen, dass er ein Landsknechtzeichen bekommen habe. Und beim dritten Mal soll er auf einem hübschen Gaul wohlgeputzt nach Hause kommen und den Beutel voller Gold mitbringen, dass er ganze Kronen als Beutepfennig auszuteilen habe.

Wohl ist es ein wahres Wort, ein Kriegsmann muss Essen und Trinken haben, bezahle es der Küster oder Pfaff; denn ein Landsknecht hat weder Haus noch Hof, weder Kühe noch Kälber, und keinem trägt man die Kost zu. Darum muss er sich's holen, wo es ist, und ohne Geld kaufen, ob die Bauern süß oder sauer sehen. Denn bald müssen die Brüder Hunger leiden und böse Tage haben, ein anderes Mal haben sie Überfluss und vollauf, dass man die Schuhe an der Erde mit Wein und Bier putzt. Dann fressen ihre Hunde Gebratenes, die Dirnen und Jungen bekommen gute Ämter, sie werden Haushälter und Kellermeister über anderer Leute Gut. Wo der Wirt mit Weib und Kind verjagt ist, da haben Hühner, Gänse, fette Ochsen, Schweine und Schafe böse Zeit. Dann teilt man das Geld mit Hüten, misst Samt, Seidenzeug und Tuch mit langen Spießen aus, schlachtet eine Kuh um der Haut willen, schlägt Kisten und Kasten auf, und wenn alles geplündert und nichts mehr da ist, steckt man das Haus in Brand. Das ist das rechte Landsknechtfeuer, wenn 50 Dörfer und Flecken in Flammen stehen. Dann zieht man in ein anders Quartier und fängt's ebenso wieder an. Das macht Kriegsleute lustig und ist ein gutes, erwünschtes Leben, außer für den, der's bezahlen muss. Das lockt zum Felde manches Mutterkind, das nicht wieder nach Hause kommt und seine Freunde auf die Füße tritt. Denn das Sprichwort sagt: Zur Arbeit haben Landsknechte krumme Finger, lahme Hände, aber zur Mauserei und Beuteholen sind alle lahmen Hände gerade geworden. Das ist vor uns so gewesen und bleibt auch wohl so nach uns. Und die Landsknechte lernen dies Handwerk je länger je besser, und werden sorgfältig wie die drei Jungfrauen, die sich vier Wiegen machen ließen, eine zum Vorrat, wenn eine zwei Kinder bekäme. Wo die Kriegsleute hingeführt werden, nehmen sie die Schlüssel zu allen Gemächern mit, ihre Äxte und Beile, und wenn nicht genug Pferdeställe an einem Ort sind, es liegt nichts daran, sie stallen die Pferde in Kirchen, Klausen, Kapellen und herrliche Gemächer, Hat man kein dürres Holz zum Feuer, es schadet auch nichts, man verbrennt Stühle, Bänke, Pflüge und alles, was im Hause ist; nach grünem Holz darf keiner weit fahren, man haut nur die Obstbäume ab, die zunächst in dem Baumgarten stehen, denn es heißt: Wie wir leben, so halten wir haus, morgen ziehen wir wieder zum Land hinaus; drum, Herr Wirt, seid getrost, ihr habt ein wenig Gäste, ihr wärt sie gerne los, drum tragt frei auf das Beste, und schreibt's in den Rauch. Verbrennt das Haus, verbrennt die Kreide auch. Das ist des Landsknechts Brauch: Rechnen und reiten, und zahlen, wenn wir wiederkehren.

Die Franzosen, Welschen und Wallonen sind den Deutschen so feind wie den Hunden, aber die Spanier sind den Deutschen günstiger, nur dass sie unerhörte Frauenschwächer sind und zu Unzucht und gottlosem Wesen geneigt. Jedoch werden die Deutschen allwege von diesen Nationen gering geschätzt, und nicht anders genannt als die Vollsäufer, stolze Federhansen, hohe Pocher, Gotteslästerer, Hans Muffmaff mit dem Bettelsack, die gern Hasauf spielen. Und wenn man's bei Licht besieht, liegt die Wahrheit nicht weit davon. Denn der Hochdeutschen jetzt neu aufgekommener Brauch ist, wenn sie in den Krieg kommen oder einem Herrn zuziehen, so wenden sie all ihr Hab und Gut auf hoffärtige Pracht, als wollten sie zu einer Braut, zu Wohlleben oder Jungferieren reiten. Da kommen die Deutschen, welche man sonst die schwarzen Reiter nennt, daher geritten mit silbernen Dolchen zu sieben Pfund, in Samtkleidern, glatten Stiefeln, mit kurzen verbeinten* Buffröhren, mit großen weiten Ärmeln voller gebauschtem Zeug, sie schämen sich einen Küraß oder Rüstung zu führen, oder gar einen Speer oder ein anderes mörderisches Gewehr, wie vor Zeiten die Alten. Dazu kommt, dass sie nicht zusammenhalten. Wenn dann Hans Spanier kommt mit seinem Rennspieß und schussfester Rüstung, so müssen die Speckmuffen mit ihren kurzen Buffröhren ausreißen, oder Geld und Blut lassen.

Ferner ist auch das ein Übelstand an den Deutschen, dass sie so sehr nachahmen, wie Affen und Narren. Sobald einer unter Kriegsvolk kommt, muss er spanische oder andere ausländische Kleider haben. Können sie die fremde Sprache ein wenig plappern, so gesellen sie sich zu den Spaniern und Welschen. Da sich aber die Deutschen so gern mit fremden Nationen vermengen und alle ausländische Tracht und Kondition gefallen lassen, man soll das Ungeziefer nicht in den Pelz setzen, es kommt ohnedies herein. Es steht vor Augen, dass fremde Völker unsere Nachbarn geworden sind, und es steht zu

---

* mit Bein ausgelegten.

besorgen, sie werden uns in kurzen Jahren noch näher kommen. Aber die angrenzenden Herren, welche noch in Ruhe sitzen, schlagen's in den Wind, reden gar weise davon, trösten sich selbst und haben mit dem Munde alle Städte und Dörfer voll Kriegsvolk, Land und Leute zu verteidigen, allen Feinden Widerstand zu tun. Aber ich fürchte, dass man lieber im Winter hinter dem Ofen, des Sommers im Schatten sitzt, im Brett spielt oder auf der Zither schlägt und mit Jungfrau Grete tanzt, als dass man sein Haus mit guter Wehr und Kriegsrüstung versehe. Es steht auch wieder so: Obschon mancher gemeine Mann sich gern mit Schießen und anderen Waffen üben wollte, so geht das allgemeine Geschrei und die Klage durch alle Lande, dass dem gemeinen Landsassen von seiner Obrigkeit verboten sei, ein Rohr oder Büchse außerhalb seiner Tür zu tragen, oder gar abzuschießen und sich damit hören zu lassen. – Andere sagen wieder so, sie wollten bald die Mistgabel oder den Flegel hinwerfen und Kriegsleute werden, wenn es nur einmal losgehen wollte; was man nicht könne, wolle man lernen. Ach Gott, danach lasse sich kein Land verlangen! –

Deswegen und weil alle fremden Nationen nur *cruci cruci, mordio mordio* über Deutschland schreien und mit den Zähnen knirschen wie reißende Wölfe, und bitten und hoffen in deutschem Blut zu baden, so möge man Gott fleißig bitten, dass er seine Hand nicht abziehen wolle, sondern das Schifflein auf dem wilden Meer in seinen Schutz nehmen, mit seinen Flügeln bedecken, vor allem Ungestüm bewahren; denn wir sehen, wie das römische Reich von Tag zu Tag abgenommen hat, und noch für und für abnimmt. Solches Leiden kommt von nichts anderem her als von den Händeln der Geistlichen, worüber die ganze Welt klagt. Findet man einen rechtschaffenen Prädikanten, so sind zehn andere gegen ihn; da lobt ein jeder Krämer seine Ware, ein jeder will sein Schäflein wohl weiden und den rechten Weg zum Himmel führen, und weiß doch niemand als der Teufel und unser Herrgott, wo die falschen Hirten selbst hinfahren. Es schändet, lästert und verdammt einer den andern; wenn sie auf der Kanzel stehen, ist der Teufel ihr Präzeptor, der hilft ihnen regieren, dass ein Königreich mit dem andern uneins wird, ein Land aufrührerisch gegen das andere; der Nachbar kann sich nicht mehr mit dem Nachbar vertragen, ja man findet wohl an einem Tisch vier oder fünferlei Glauben sitzen, einer will auf diesen Berg, der andere auf jenen. Der ewige allmächtige Gott wolle die Herzen der lieben Hochdeutschen stärken, ihnen einen freien Mut geben und sie wieder auf die Beine bringen, dass sie dermaleinst aus der Asche wieder hervorkommen und ihren alten Beruf und ihr gutes Lob erneuern. Gott helfe dem Gerechten.«

So schrieb ein ehrlicher Subalternoffizier schon vor dem Jahr 1600.

Kapitel 2
Soldatenleben und Sitten

Fast alle Völker Europas sandten ihre schlechtesten Söhne in den langen Krieg. Nicht nur einzeln zogen fremde Söldner den Werbetrommeln zu, wie Krähen einer Walstatt; das ganze christliche Europa wurde in den Kampf hineingerissen; in Kompagnien und Regimentern zertraten die Fremden den deutschen Acker. Engländer und Schotten, Dänen, Schweden, Finnen fochten außer den Niederländern, die vom Volk noch als Landgenossen betrachtet wurden, auf Seite der Protestanten. Sogar die Lappländer fuhren mit ihren Rentieren an die deutschen Küsten, drei Kompagnien derselben brachten im Wintermonat 1630 auf ihren Schlitten Pelze für die schwedische Armee über das Eis. Aber noch bunter sah es in den kaiserlichen Heeren aus. Die romanischen Wallonen, irische Abenteurer, Spanier, Italiener, fast jeder slawische Stamm brach in das Land, am gräulichsten die leichte Reiterei: Kosaken (1620 polnische Hilfstruppen, sie wurden größtenteils vom Landvolk erschlagen), Stradioten (unter ihnen sicher auch Mohammedaner), und am meisten verhasst die Kroaten. Es ist bezeichnend für die Stellung des Kaisers beim Beginn des Krieges, dass er fast nur slawische und romanische Krieger und nur romanisches Geld gegen die Deutschen zu setzen hatte. Durch sie wurde die nationale Erhebung niedergeschlagen; auch die Truppen der Liga bestanden vielleicht zur Hälfte aus Fremden.

Fast jedes Heer war eine Musterkarte verschiedener Nationalitäten, fast in jedem ein Durcheinander vieler Sprachen und Dialekte. Und der Hass der Nationen ruhte selten, während die Fahne flatterte. Zumal im Lager mussten die Regimenter sorgfältig nach Beschaffenheit ihrer kameradschaftlichen Gefühle zusammengelegt werden, Deutsche und Welsche immer auseinander.

Der Feldmarschall oder Quartiermeister wählte den Platz des Lagers womöglich an fließendem Wasser, auf einer Stätte, die der Verteidigung günstig war*. Zunächst wurde der Raum für den Feldherrn und seinen Stab ausgemessen. Dort erhoben sich die großen verzierten Zelte auf verbotenem Grund, der durch eine Barriere und eingesteckte Spieße, oft durch Befestigungen von dem übrigen Lager getrennt war. In der Nähe blieb ein freier Platz mit der Hauptwache; weilte das Heer längere Zeit im Lager, so wurde dort der Feldgalgen als Warnungszeichen aufgerichtet. Jedem Regiment und Fähnlein wird mit Zweigen seine Stelle abgesteckt, dann rücken die Truppen ein, Glieder und Rotten werden geöffnet, die Fahnen jedes Regiments werden in Reihen nebeneinander in die Erde gesteckt, dahinter liegt in parallelen Linien die Lagerstätte des Fähnleins, je 50 Mann in einer Reihe, bei der Fahne der Fähnrich, in der Mitte der Leutnant, am Ende der Hauptmann, hinter beiden die Zelte der Oberoffiziere und Beamten, der Feldscher neben dem Fähnrich, der Kaplan in der Nähe des Hauptmanns. Die Offiziere wohnen in Zelten, welche oft konische Form haben und mit Stricken am Erdboden befestigt sind. Die Gemeinen bauen sich auf dem angewiesenen engen Raume ihre kleinen Hütten von Stroh und Brettern. Neben der Hütte steckt der Pikenier seinen Spieß in den Boden, die Piken, Kurzspieße, Hellebarden, Partisanen und Standarten zeigen

---

* Wallhausen, Kriegskunst zu Fuß; Fronsperger, Kriegsbuch a. m. O.

schon von weitem Rang und Waffe der Zeltbewohner. In den Hütten hausen die Soldaten häufig zu zweien oder vieren, bei ihnen Weiber, Dirnen, Buben und Hunde. So lagert Fähnlein neben Fähnlein, Regiment neben Regiment im großen Viereck oder im Kreise, das ganze Lager ist von breitem Raum umgeben, der zum Lärmplatz dient. Vor dem Dreißigjährigen Kriege war es gewöhnlich, um das Lager eine Wagenburg zu schlagen, dann wurden die Train- und Bagagewagen in doppelter oder mehrfacher Reihe aneinander gehoben und mit Ketten oder Klammern zum großen Viereck oder Kreis verbunden, die notwendigen Ausgänge freigelassen. Damals hatte die Reiterei zunächst an der inneren Seite der Wagen ihr Lager; für die Pferde waren neben den Hütten und Zelten der Reiter notdürftige Verschläge aufgerichtet. Dieser Brauch war veraltet, nur selten umschließen die Wagen das Lager, man ist bemüht, dasselbe durch Graben, Wall und die Feldgeschütze zu decken. An den Ausgängen sind Lagerwachen, außerhalb des Lagers werden Reitertrupps und eine Postenkette von Musketieren oder Schützen aufgestellt. Vor dem Zelt jedes Fähnrichs steckt die flatternde Fahne im Boden, daneben liegt eine Trommel der Kompagnie, ein Musketier hält Wache, die brennende Lunte in der Hand, die Muskete wagrecht auf die Gabel gestützt.

In solchem Lager hauste das wilde Volk in zügellosem Haushalt, auch in Freundesland eine unerträgliche Plage der Umgegend. Die Landschaften, Städte und Dörfer mussten Holz, Stroh, Lebensmittel und Futter herbeischaffen, auf allen Wegen rollten die Lastwagen herzu, wurden Herden Schlachtvieh eingetrieben. Schnell verschwanden die nächsten Dörfer vom Erdboden, alles Holzwerk und Dachstroh wurde von den Soldaten abgerissen und zum Bau der Hütten verwendet, nur die zertrümmerten Lehmwände blieben zurück. Die Soldaten und ihre Buben strichen plündernd und stehlend in der Umgegend umher, die Marketender fuhren mit ihren Karren ab und zu. Im Lager aber drängten sich die Kriegsleute vor ihren Hütten und auf den Plätzen zusammen; unterdessen kochten die Weiber, wuschen, besserten Kleider aus und haderten untereinander. Häufig war Tumult und Auflauf, ein Kampf mit blanken Waffen, eine blutige Untat, Schlägereien zwischen den verschiedenen Waffen oder Nationen. Alle Morgen rief die Trommel und der Ausrufer zum Gebet, auch bei den Kaiserlichen; am Sonntag früh hielt der Regimentsprediger seine Feldpredigt, dann saßen die Kriegsleute und ihr Tross andächtig auf der Erde, auch war verboten, während des Gottesdienstes in den Marketenderhütten zu liegen und Getränke zu schenken. Es ist bekannt, wie viel Gustav Adolf auf fromme Sitte und Gebet achtete, er ließ nach seiner Ankunft in Pommern im Lager zweimal täglich Betstunde halten; aber auch in seinen Kriegsartikeln war nötig, die Trunkenheit der Feldprediger zu bedräuen.

In dem freien Raume des Lagers vor der Hauptwache war der Spielplatz, mit Mänteln überdeckt, mit Tischen besetzt, um alle drängte sich die Gesellschaft der Spieler. Dort hatte das Kartenspiel der alten Landsknechte der schnelleren Entscheidung durch Würfel weichen müssen. Oft war das Würfelspiel im Lager verboten, durch Rumormeister und Profose verhindert worden, dann waren die Spieler heimlich hinter Hecken zusammengekommen und hatten ihr Kommissbrot, Waffen, Pferde, Kleider verspielt; so fand man geraten, diese Leidenschaft unter Aufsicht der Lagerwache zu stellen. Auf jedem Mantel oder Tisch rollten drei viereckige Würfel, in der Feldsprache »Schelmbeine« genannt; jeder Gesellschaft stand ein Schulderer vor, ihm gehörten Mantel, Tisch und Würfel, er hatte in streitigen Fällen das Richteramt und erhielt seinen Anteil am Gewinn, oft auch Schläge. Denn häufig waren Betrug und falsche Würfel; manche Würfel hatten zwei Fünfen oder Sechsen, manche zwei Es oder Daus, andere waren mit Quecksilber und Blei gefüllt, mit zerschnittenen Haaren, Schwamm, Spreu und Kohlen; es gab Würfel von Hirschhorn, welche oben leicht, unten schwer waren, Niederländer, die man schleifend rollen musste, Oberländer, welche »aus der bayrischen Höhe« geworfen werden mussten, wenn sie gut fallen sollten. Und oft wurde die lautlose Arbeit durch Flüche, Gezänk und blitzende Rappiere unterbrochen. Und zwischen den aufgeregten Gesellen schlichen lauernde Handelsleute, oft Juden, bereit, die gesetzten Ketten, Ringe und Beutestücke zu schätzen und aufzukaufen*.

Hinter den Zelten der Oberoffiziere und des Regimentsprofosen, durch eine breite Straße von ihnen getrennt, standen die Buden und Hütten der Marketender in parallelen Querreihen. Marketender, Metzger und gemeine Garköche bildeten eine wichtige Gemeinschaft. Der Preis ihrer Waren, der Speisen oder Getränke, ward vom Profos gegen eine Abgabe in Geld, oder eine Naturallieferung – er erhielt z.B. von jedem Stück Rindvieh die Zunge – bestimmt. Auf jedes Fass, welches ausgezapft wurde, schrieb er mit Kreide den Preis, um den ausgeschenkt werden musste. Diese Verbindung und die durch Gefälligkeiten zu erkaufende Gunst des Gewaltigen erhielt die Lieferanten des Heeres in verhältnismäßig sicherer Stellung und half ihnen zu immerhin unregelmäßiger Bezahlung ihrer langen Kerbhölzer, die sie für Offiziere wie Gemeine zurechtschnitten. Oft hielt der Marketender lustige Dirnen für Offiziere und Soldaten. In guten Zeiten kamen von weit her Kaufleute mit teuren Stoffen, Juwelen, Gold- und Silberarbeiten und Delikatessen in das Lager. Namentlich beim Beginn des Krieges war der Luxus

---

* Simplicissimus I. 22.

und der Tross der Offiziere zum bösen Beispiel für das Heer ausschweifend; jeder Hauptmann wollte einen französischen Koch halten, und die teuersten Weine wurden von ihnen massenhaft verbraucht.

Die militärischen Zeichen des Lagers gab beim Fußvolk der Trommelschläger, bei der Kavallerie der Trompeter; die Trommel war sehr groß, die Schläger oft halbwüchsige Buben, zuweilen die Narren der Kompagnie[*]. – Aber beim Beginn des Krieges hatten die deutschen Heere wunderlicher Weise für viele Fälle denselben einförmigen Schlag, und jeder Befehl, welchen der Feldherr dem Lager zu geben hatte, musste noch durch einen Herold, der hinter dem Trompeter durch das Lager ritt, ausgerufen werden. Der Herold trug bei solchen Gelegenheiten über seinem Kleide einen »Levitenrock« von bunter Seide, vorn und hinten mit dem Wappen des Kriegsherrn bestickt. Dies Ausrufen, welches den Abend vorher dem ganzen Lager die Arbeit des nächsten Tages verkündete, war schnellen und geheimen Operationen sehr hinderlich; es verschlechterte auch die Disziplin, denn es sicherte den Lungerern und Räubern des Lagers die Nacht, wenn sie auf Beute hinausschlichen.

War gute Zeit gewesen, eine Schlacht gewonnen, eine reiche Stadt geplündert, eine wohlhabende Landschaft in Kontribution gesetzt, dann war alles vollauf, Speisen und Getränke billig; es kam ausnahmsweise noch in den letzten Jahren des Krieges vor, dass man im bayrischen Heere einmal eine Kuh um eine Pfeife Tabak kaufen konnte[**]. Dann saß in den Marketenderbuden Kopf an Kopf eine gedrängte Schar singender, prahlender, schwatzender Helden, dann hatten die Handelsleute gute Zeit, der Soldat

---

[*] Närrische Trommelschläger wünscht das Fähnlein zu haben. Wallhausen, Kriegskunst zu Fuß. S. 28.
[**] Grimmelshausen, Seltzamer Springinsfeld.

staffierte sich neu aus – er kaufte teure Federn auf seinen Hut, Scharlachhosen mit goldenen Gallonen, bunte Röcke und runde Maulesel für seine Dirne, dann prangte er in Zobel und Marder, Stallknechte ritten ganz in Samt gekleidet. Die Kroaten der kaiserlichen Armee in Pommern hatten im Winter 1630–31 die Gürtel mit Gold überfüllt und ganze Platten von Gold und Silber geschlagen vor der Brust[*]. Paul Stockmann, Pfarrer in Lützen, erzählt[**], dass in der kaiserlichen Armee vor der Lützener Schlacht ein Reiter sein Pferd mit etlichen Schock goldener Sterne, ein anderer mit 300 silbernen Monden bekleidet hatte, dass Soldatendirnen die schönsten Kirchengewänder und Messornate trugen; einige Stradioten ritten in geraubten Priesterröcken zum Jubel ihrer Kameraden. In solcher Zeit tranken die Zecher einander teuern Wein aus Altarkelchen zu und ließen aus dem erbeuteten Golde lange Ketten machen, von denen sie nach altem Reiterbrauch einzelne Glieder ablösten, wenn sie eine Zeche zu bezahlen hatten. Aber je länger der Krieg dauerte, desto seltener wurde solche goldene Zeit. Häufiger als Überfluss war Mangel und Armseligkeit. Die Verwüstung der Landschaften rächte sich furchtbar an den Heeren selbst, das bleiche Gespenst des Hungers, Vorbote der Pest, schlich durch die Lagergassen und hob die knöcherne Hand gegen jede Strohhütte. Dann hörte die Zufuhr aus der Umgegend auf, die Preise der Lebensmittel wurden unerschwinglich, der Laib Brot wurde z.B. 1640 bei der schwedischen Armee in der Nähe von Gotha mit einem Dukaten bezahlt. Dann wurde der Aufenthalt im Feldlager auch für den abgehärteten Soldaten unerträglich. Überall hohläugige, bleiche Gesichter, in jeder Hüttenreihe Kranke und Sterbende, Gassen und Umgebung des Lagers verpestet durch

---

[*] *Arma Suecica*. 1632. 4. p. 121.
[**] *Lamentatio secunda Lützensium*. 1633. 4.

die verwesenden Leiber der gefallenen Tiere. Dann war ringsum eine Wüste von unbebauten Äckern und geschwärzten Dorftrümmern, und das Lager selbst eine grause Totenstatt; der Tross des Heeres, Dirnen und Knaben, verlor sich plötzlich in den Totengruben, nur die grimmigsten Hunde erhielten sich von ekler Nahrung, die andern wurden geschlachtet und verzehrt*. In solcher Zeit schmolzen die Heere schnell dahin, und keine Kunst der harten Führer vermochte das Verderben abzuwenden.

Das abenteuerliche Leben des Kriegsmanns, so sehr auf leidenschaftlichen Genuss des Augenblicks gestellt, unsicher nicht bloß vor dem Feind, steigerte nicht nur die Lasterhaftigkeit der Mehrzahl in das Ungeheure, es entwickelte auch Eigentümliches und Seltsames in Unart, Sitte und Bräuchen.

Ein breiter Strom von Aberglauben flutet durch die Seelen der Völker von der Urzeit bis zur Gegenwart. Lange Zeit wälzte er sich fast unbeachtet unter der dünnen Decke, welche Bildung und Wissen über ihn legt, und nur leise tönt dem Gebildeten sein Rauschen ins Ohr. Zuweilen erweitert die kranke Laune einer Zeit einzelne Richtungen zu einem weiten trüben Sumpfe, erstaunt sehen wir dann die entstellten Trümmer uralter Kulturzustände obenauf schwimmen. Dann scheint wieder lebendig und mächtig, was lange abgelebt und vergessen war. Auch das Soldatenleben des Dreißigjährigen Krieges hat eine Fülle von eigentümlichem Aberglauben lebendig gemacht, der zum Teil noch heut dauert; es lohnt bei dieser charakteristischen Erscheinung zu verweilen.

Der Glaube, dass man den Leib gegen das Geschoss der Feinde verfesten, und wieder, dass man die eigenen Waffen durch Zauber jedem Feinde tödlich machen könne, ist älter als das geschichtliche Leben der germanischen Völ-

---

* Faszikel im Pfarrarchiv zu Seebergen bei Gotha.

ker. Aber schon in den frühesten Zeiten hängt etwas Unheimliches an solcher Kunst, sie wird leicht dem Gefeiten selbst zum Verhängnis. Die Unverwundbarkeit ist nicht unbedingt, und gegen den Zauber der treffenden Waffe gibt es einen Gegenzauber, der stärker sein mag. Schon Achill hatte eine Ferse, die nicht gefeit war; der nordische Gott Baldur konnte durch keine Waffe verletzt werden, aber der Mistelzweig, den ein Blinder bewegte, tötete ihn; Siegfried hatte eine offene Stelle zwischen den Schultern, dieselbe Stelle, welche auch den Soldaten des Dreißigjährigen Krieges für offen galt*. In zahlreichen nordischen Sagen wird von Waffenzauber berichtet. Das Schwert, die edelste Waffe des Helden, wurde gern als lebendiges Wesen aufgefasst, als tötende Schlange oder vertilgender Brand; wenn es zersprang, so »starb« es dem nordischen Dichter; Schwerter, welche Zweige geschmiedet hatten, konnten nicht bezaubert werden, wohl aber war in ihnen ein tötender Zauber verborgen; so musste das Schwert Hagens, des Vaters von Hilde, eines Menschen Tod sein, wenn es aus der Scheide gezogen wurde; in Griff und Klinge der Schwerter wurden Zauberrunen geritzt. Und auch der Glaube blühte schon in der nordischen Heidenzeit, dass die beste Waffe gegen hiebfeste Kämpfer und Zauberer die Kolbe oder Holzkeule sei**. Zuverlässig galten schon im deutschen Heidentum solche Zaubermittel für finstere Nachthilfe, von Vermessenen eifrig begehrt, von wackeren Kriegsmännern gemieden, eine verhängnisvolle Gabe für die Helden der epischen Dichtung.

Den deutschen Christen wurde der Teufel die dunkle Macht, welche solchen verderblichen Schutz gewährte. Aber daneben fehlte auch die harmlosere Hoffnung nicht,

---

* Victorischlüssel. 1631. 4. Bl. 3. Die Flugschrift wurde wieder aufgelegt als Königl. schwedischer Victorischlüssel. 1632.
** K. Weinhold, Altnordisches Leben. S. 204.

dass es dem Gebet zum Christengott und seinen Heiligen ebenfalls gelingen könne, die Unverwundbarkeit zu sichern. Denn weit anders als jetzt betrachtete man im Mittelalter die zu einer Formel verbundenen Worte und ihre Zeichen, die Schrift. In der Rede lebte eine geheime Kraft, durch welche der Mensch auf die Außenwelt zu wirken vermochte. Das Gefüge der Worte in der gesprochenen Formel war nicht nur ein Schall, der von Mund zu Ohr drang, es wohnte in ihm auch eine vielleicht furchtbare und unwiderstehliche Wirkung. Schon weise Sprichworte, kluge Lebensregeln übten besonderen Einfluss auf das Leben dessen, der sie gebrauchte; man konnte sie kaufen und wieder an andere abgeben. Auch Gott und seine Heiligen konnte man durch bestimmte Gebete veranlassen zu erhören, ein Spruch war kräftiger als der andere. Solche Gebete und starke Sprüche fand das Mittelalter für zahllose Fälle, für viele Heilige; die Kirche war nur zu geneigt, auch auf diese heidnische Auffassung der germanischen Seele einzugehen. Außer den großen und allgemein bekannten Gebeten und Beschwörungen gab es viele geheime, die von Geistlichen und Laien in bestimmten Lebensverhältnissen eifrig gesucht und gebraucht wurden. Es war also kein befremdlicher Aberglaube, wenn die Kirche des Mittelalters ihre Gebete und Segenssprüche gegen den Tod in der Schlacht gerade so richtete, wie einst die deutsche Heidenzeit, und ganz in der Empfindungsweise jener Zeiten ist es, dass diesen Gebeten und Segen auch von guten Christen sichere Wirkung zugeschrieben wurde. Solcher Schlachtsegen sind uns mehrere erhalten, auch solche, durch welche sich deutsche Kaiser festzumachen glaubten.

Die Einführung der Feuerwaffen gab diesem Aberglauben neues Ansehen und weite Ausbreitung. Blitz und Knall des Gewehres und die fernhin treffende Kugel imponierten der Fantasie umso mehr, je weniger die unvollkommene Waffe das Treffen sicherte. Tückisch und unberechenbar war der Lauf des tödlichen Geschosses, immer ungenügender wurden die Schutzwaffen, welche die neue Methode der Kriegführung ohnedies lästig machte. Zwar beschäftigte sich die Literatur der Reformationszeit nur selten mit dieser Art von Zauber, sie wird erst um die Mitte des Jahrhunderts redselig, wo es gilt, die Zustände des Volkes zu schildern. In den Heeren aber war der Zauberglaube allgemein und verbreitet, fahrende Schüler und Zigeuner galten für die eifrigsten Verkäufer seiner Geheimnisse*, eine Generation der Landsknechte teilte ihn der nächsten mit; in Italien und den Heeren Karls V. mischten sich romanischer und deutscher Aberglaube, und fast jede Technik der Kunst festzumachen ist aus der Zeit Fronspergs und Schärtlins nachzuweisen.

Schon Luther, der die Gedanken seines Volkes besser kannte als irgendein anderer Zeitgenosse, stellt die Kunst, fest zu werden und zu machen, in ihren Hauptzügen mehr als einmal dar; er weiß von solchen, welche die Waffen durch bestimmte Worte und Zeichen beschwören, sodass sie an keinem Orte verletzt werden können; er selbst sah einen Jüngling, der sich ein Schwert auf die Brust setzte und so heftig gegen sich drückte, dass sich das Heft bis zur Spitze herumbog, und doch drang die Spitze nicht in seine Haut. Andere aber konnten solche gesegneten Waffen wieder des Segens entledigen durch einen Zirkel und Zeichen, die sie in den Sand machten. »So nahm einer dem andern die Kraft seines Messers.« Andere hatten Briefe, worin viel heilige Worte und Zeichen standen; wer sie bei sich trug, konnte nicht getötet werden. Bald war es ein Brief, den Papst Leo dem Kaiser Carolus in den Krieg geschickt haben sollte, bald das St. Johannisevangelium,

---

* Zimmermann, Bezaar, Handschrift der H. Bibl. zu Gotha, chart. fol. nr. 566.

oder sonst etwas. Manche befahlen sich dem St. Georg, andere dem St. Christophel, andere gar dem Teufel, auch solche kannte er, welche Ross und Reiter zu segnen und zu bannen vermochten*. Er hatte auch einen Landsknecht gekannt, der durch den Teufel unüberwindlich gemacht, zuletzt doch erstochen wurde und vorher Tag und Stelle seines Todes angab. Und Bernhard von Milo, Landvogt zu Wittenberg, sandte Luthern schon einen geschriebenen Wundsegen zur Begutachtung, es war ein langer zusammengerollter Zettel mit wunderlichen Zeichen.

Als der Augsburger Bürgermeister Samuel Zimmermann der Ältere in einem Folioband unter dem Titel: *Bezaar, wider alle Stich, Straich und Schüß, voller großen Geheimnussen*, die Erfahrungen seines Lebens etwa bis 1591 sammelte, erwähnt er zwar nur die schützenden Künste, welche er nicht für belialisch hält, es ist aber aus seinem Manuskript zu ersehen, dass ihm auch zahlreiche Teufelskünste bekannt waren, die er zu verschweigen beabsichtigt. So war im Jahre 1550 ein wohlbekannter Raufbold zu Augsburg, der oft prahlte, er wolle lieber mit zweien oder dreien fechten als eine gute Mahlzeit halten, so fest, dass kein Degenstich in ihn drang; er wurde zuletzt durch einen Hellebardenschlag auf den Hinterkopf getötet. Ein anderer Bekannter Zimmermanns, der gefroren war, erhielt einen furchtbaren Dolchstich, es war keine Wunde zu sehen, aber er starb doch kurz darauf an innern Folgen des Stiches. Im Jahre 1558 war ein Schütz im Regiment des Grafen Lichtenstein, demnach jedem Scharmützel feindliche Kugeln aus seinen Kleidern und vom bloßen Leibe schüttelte; oft hatte er sie und die durchgebrannten Löcher seiner Kleider gezeigt. Er wurde zuletzt von welschen Bauern erschlagen.

---

* Die Hauptstelle für den Aberglauben aus Luthers Zeit ist in: *Der zehen Gebot gutes ain Schöne nutzliche Erklerung, durch Doctor Martinum Luther Augustiner*. 1520. 4. A. 3; ferner in: *Ob Kriegsleut auch im seligen Standt sein können*. 1527. 4.

Die Italiener und Spanier, welche 1568 in die Niederlande zogen, führten ganze Pakete und Bücher voll Zauberei, Segen und Beschwörungen mit sich, ohne Erfolg[*]. Fast bei allen Toten und Gefangenen der brandenburgischen Hilfstruppen, welche 1587 durch Burggraf Fabian von Dohna den Hugenotten zugeführt waren, fanden die Franzosen Talismane und magische Zettel um den Hals gebunden[**]. Als der Jesuit Georg Scheerer in der Hofkapelle zu Wien 1594 vor Erzherzog Matthias und dessen Kriegsobersten predigte, fand er für nötig, gegen die angehängten abergläubischen Wundsegen für Hauen und Stechen, Schießen und Brennen zu eifern[***].

Es ist deshalb unrichtig, wenn spätere Schriftsteller erzählen, dass die Kunst festzumachen im Anfang des 17. Jahrhunderts zu Passau von einem Studenten (fahrenden Schüler), wie Grimmelshausen angibt, oder wie andere wollen, von Kaspar Neithardt von Hersbruck, dem Nachrichter, in die deutschen Heere gebracht worden sei. Denn als Erzherzog Leopold, Bischof zu Passau, die ruchlosen und schlecht disziplinierten Banden werben ließ, welche durch ihre Grausamkeit im Elsass und Böhmen Schrecken verbreiteten, nahmen seine Söldner nur die alten Traditionen auf, die im deutschen Heidentum wurzelten und durch das ganze Mittelalter fortgeschleppt worden waren. Ja sogar der Name »Passauer Kunst«, welcher seit jener Zeit gewöhnlich wird, mag auf einem Missverständnis des Volkes beruhen; denn im 16. Jahrhundert hießen alle, welche einen Zauber bei sich trugen, um unverwundbar zu sein, bei den gelehrten Soldaten Pessulanten oder Charakteristiker, und wer die Kunst verstand, sol-

---

[*] J. Dodinus, *De magorum demonomania*. I. 3.
[**] Mart. Delrio, *Disquiosit. magic.* VI. 1. Ursellis 1606. p. 129. Thurneisser versah die Kriegsleute der Mark mit solchen Amuletten.
[***] Er gab die drei Predigten heraus unter dem Titel: Eine bewerte Kunst und Wundsegen. Ingolstadt 1585. 4.

chen Zauber zu lösen, ein Solvant. Es ist möglich, dass die erste Bezeichnung vom Volk in »Passauer« verwandelt worden ist*.

Schon im ersten Jahre des Dreißigjährigen Krieges wird die Kunst festzumachen lebhaft besprochen. Eine gute Nachricht darüber steht in: Wahrhafter Bericht von der Belagerung und mit gestürmter Hand Eroberung der Stadt Pilsen in Behem. 4. (1619.) Die Stelle lautet in unserer Schreibweise wie folgt:

»Ein Waghals unter den Mansfeldischen, Hans Fabel genannt, nahm einstmals ein Stutzglas Bier, ging auf den Stadtgraben zu und brachte den Belagerten eins. Dem haben sie es mit Kraut und Lot gesegnet, aber er trank sein Stutzglas Bier aus, bedankte sich gegen sie, kam in den Laufgraben und nahm fünf Kugeln aus dem Busen. Dieses Pilmiskind**, ob es gleich so sehr fest gewesen, ist doch krank geworden und vor der Eroberung der Stadt gestorben. Es ist diese zauberische Kunst (Passauer Kunst) ganz gemein gewesen, ich hab's mit Verwundern gesehen. Man hätte eher von einem Felsen als von einem solchen Bezauberten etwas geschossen. Ich glaube, der Teufel steckt ihnen in der Haut. Ja, ein guter Gesell bezaubert oft den andern, wenn es auch der Bezauberte nicht weiß, noch viel weniger begehrte. Ein kleiner Junge von 14 oder 15 Jahren ist auf den Arm geschossen worden, als er die Trommel geschlagen, dem ist die Kugel vom Arm auf die linke Brust abgesprungen und nicht eingedrungen, was viele gesehen haben. Aber es nimmt ein böses Alter bei denen, die es gebrauchen; ich habe ihrer viel gekannt, die es gebraucht, die sind schrecklich um ihr Leben gekommen. Denn eine Gaukelei kämpft wider die andere. Eben-

---

* Zimmermann, a. a. O. am Ende in einem interessanten Verzeichnis von militärischen Kunstausdrücken.

** Bilwizkind, so viel als Teufelskind; Bilwiz ist ein alter Name für Zauberer oder Kobold.

so gut, als man einen kann gefroren machen, kann man seinen Wundsegen öffnen. Ihre teuflischen Zauberbrote sind express wider das erste und andere Gebot Gottes. Fleißig gebetet und sich auf Gott verlassen, das gibt andere Mittel. Wenn einer vor dem Feind ist und nicht bleibt, so ist es Gottes Wille. Wird er getroffen, so führen ihn die Engel in den Himmel, die Bezauberten holt der schwarze Kaspar*.«

Zahlreich waren die Mittel, sich und andere fest oder gefroren zu machen. Auch bei diesem Aberglauben walteten tyrannisch die Moden. Sehr alt sind die Nothemden, Siegs- und St. Georgshemden**. Sie wurden für die Landsknechte auf verschiedene Weise gefertigt. In der Christnacht sollten nach älterer Sitte unzweifelhafte Jungfrauen das leinene Garn im Namen des Teufels spinnen, weben und nähen; auf die Brust wurden zwei Häupter gestickt, das rechte bärtig, das linke wie König Beelzebubs Kopf, mit einer Krone, vielleicht dunkle Erinnerungen an die heiligen Häupter Donars und Wuotans***. Nach späterem Brauch musste das Nothemd von Mädchen unter sieben Jahren gesponnen sein, es wurde mit besonderen Kreuznähten genäht und musste verstohlen auf den Altar gebracht werden, bis drei Messen darüber gelesen waren. Ein solches Nothemd wurde am Schlachttage unter dem Kleid angelegt. Erhielt der Träger doch eine Wunde, so war fremdes Garn unter das zauberkräftige gemischt worden.

Gern suchte der Abergläubische die Wunderkraft der christlichen Kirche für sich zu benutzen, wenn auch ge-

---

* Die Versuchung liegt nahe, diese Stelle in eine ältere heidnische Formel umzuwandeln: Wer mit ehrlichen Waffen auf der Walstatt fällt, den führen die Schlachtjungfrauen nach Walhall; die mit dem Zauber der Todesgötter kämpfen, nimmt sich die Helja. – Der Name »schwarzer Kasper« für Teufel findet sich schon im 16. Jahrhundert.
** Für die Heidenzgeit und das Mittelalter vergl. man bei diesen und andern Bräuchen Grimms Mythologie.
*** Henning Groß, Magica. Eisleben 1600. 4. Bl. 99b.

setzwidrig und mit bösem Gewissen. Man ließ das Evangelium St. Johannis subtil und geschmeidig auf zartes Papier schreiben, brachte es heimlich unter die Altardecke einer katholischen Kirche, wartete, bis der Priester drei Messen darüber gelesen hatte, steckte es in einen Federkiel oder eine ausgehöhlte Haselnuss, verkittete die Öffnung mit spanischem Lack oder Wachs, oder ließ solche Kapseln in Gold oder Silber fassen und hing sie an den Hals. Andere empfingen beim Abendmahl die Hostie unter stiller Anrufung des Teufels, nahmen die Oblate wieder aus dem Mund, lösten an einer Stelle des Leibes die Haut vom Fleische, steckten die Oblate hinein und ließen sie so verheilen. Die Wildesten freilich ergaben sich dem Teufel mit Haut und Haar; solche Gesellen konnten nicht nur andere Menschen festmachen, sondern sogar essbare Dinge, Butter, Käse, Obst, sodass die schärfsten Messer nicht einzuschneiden vermochten[*].

Auch bei den geschriebenen Zetteln, welche Wundsegen enthielten, wechselten Form und Name.

Aus dem frühen Mittelalter stammte Papst Leonis Segen, er enthielt gute christliche Worte und Verheißungen. Ferner der Segen des Ritters von Flandern, so genannt, weil ein Ritter, der ihn einst bei sich getragen, nicht hatte enthauptet werden können; das Blatt war mit unbekannten Charakteren und Buchstaben beschrieben, dazwischen Kreuzzeichen. Dann der Benedisten- oder Notsegen, der im Augenblick der Gefahr Rohr und Schwert der Feinde band[**].

Ebenso waren die Passauer Zettel des 17. Jahrhunderts auf Postpapier, Jungfernpergament, Hostien geschrieben mit Fledermausblut, mit besonderer Feder; die Aufschrift waren seltsame Charaktere, Drudenfüße, Zirkel, Kreuze,

---

[*] Victorischlüssel a. a. O.
[**] Zimmerman a. a. O.

Buchstaben fremder Sprache; nach Grimmelshausen[*] stand der Reim darauf: Teufel, hilf mir, Leib und Seele geb' ich dir. Sie bannten den Schuss und taten das Rohr des Feindes zu, wenn sie unter den linken Arm gebunden wurden. Ja, sie wurden gegessen. Aber die Ansichten über ihre Wirksamkeit waren schwankend. Sie sollten nur auf 24 Stunden schützen; nach andern wirkte ihr Zauber erst nach den ersten 24 Stunden, wer vorher erschossen wurde, gehörte dem Teufel. Auch andere Zaubermittel werden zum Schutz herbeigezogen, alles Hässliche und Unheimliche wird gesammelt, und vieles, was im alten Götterglauben furchtbar gewesen war, wirkte noch jetzt mit der alten Kraft. Ein Stück von dem Strick oder der Kette, woran ein Mensch erhängt war, machte fest; ebenso der Bart eines Bockes, Augen des Wolfes, Kopf der Fledermaus und Ähnliches in einen Beutel von schwarzer Katerhaut eingewickelt und am Leibe getragen[**]. Fest machte die Gämskugel, eine verhärtete Masse aus dem Magen der Gämse, ferner die Haube, welche jemand bei der Geburt auf die Welt gebracht hatte, u. a. m.; auch wer sein Lebtag keine Nieren gegessen, war sicher vor Schuss und Pestilenz; man glaubte in Augsburg, dass ein berühmter Ritter und wohl geübter Kriegsoberster (Sebastian Schärtlin) sich dadurch vor dem Feinde bewahrt habe[***].

Auch alte Hexenkräuter, Wegewart, Verbena, St. Johanniskraut, Vogelkraut, Siegwurz, Allermannsharnisch wurden

---

[*] Wunderbarliches Vogelnest. II. T., Satyrischer Pilgram. II. T. – Grimmelshausen bespricht die Kunst festzumachen zwar gläubig, aber obenhin, als etwas längst Bekanntes, er ist in seinen Angaben nicht immer zuverlässig. Ihn interessierte mehr der Aberglaube, welcher um 1660 in besonderer Aufnahme war: die Kunst sich unsichtbar zu machen, und das Alräunchen. Am Ende des Jahrhunderts grassierte die Wünschelrute, dann wurden die Poltergeister mächtig.

[**] Klein, Kriegsinstitution. S. 58. Es ist der »Medizinbeutel« der Indianer, vielleicht durch die spanischen Regimenter eingeschleppt.

[***] Zimmermann, Goth. Msc. Bl. 97.

zu Wundsegen gebraucht und das kräftigste von allen, die geheimnisvolle Bollwurz. Sie musste mit dem besten neu geschliffenen Stahl ausgegraben und durfte nie mit der bloßen Hand, am wenigsten mit der linken angegriffen werden, sie wurde wie ein agnus dei getragen. Sie war rund, fand sich nur auf der Walstatt großer Männerschlachten und war, wie Zimmermann sagt, um der verstorbenen Seelen willen geheiligt. Und außer ihr eine feuerfarbige Blume, welche die Kabbalisten Efdamanila nannten; sie schützte nicht allein den Mann, der sie trug, vor Schuss, Hieb und Feuer: Wenn sie bei der ersten feindlichen Kugel in belagerter Stadt über die Mauer gehängt wurde, so band sie das feindliche Stück wenigstens auf einen Monat.

Auch Amulettmünzen waren früh im Brauch; im Jahr 1555 wurde in dem Gefecht bei Marienburg zwischen den Prinzen Oranien und Nevers ein kleines Kind durch einen Schuss an den Hals getroffen, ein silberner Schaupfennig bog sich zusammen, das Kind blieb unverletzt; damals schrieb man so großen Erfolg noch einem Amulettzettel zu, den es neben der Schaumünze am Halse trug. Aber zu derselben Zeit gossen bereits »Sideristen«, die in astronomischer Kunst erfahren waren, festmachende Schaupfennige von Silber und feinem Gold nach »himmlischer Influenz«; sie wurden am Halse getragen. Thurneisser verbreitete auch diese Art Amulette im nördlichen Deutschland*. Noch nach dem Dreißigjährigen Kriege brachte ein Zufall die Mansfelder St. Georgentaler in Aufnahme, besonders die von 1611 und 1613, mit der Inschrift: »Bei Gott ist Rat und Tat.«

In dem Rufe fest zu sein standen nicht nur gemeine Soldaten, auch viele hohe Befehlshaber; zwar nicht Pappenheim, der fast bei jeder Affäre eine Wunde erhielt,

---

* Abbildungen derselben in: Moehsen, Beiträge zur Geschichte der Wissenschaft in der Mark Brandenburg. Berlin, 1783.

wohl aber Holk – den zuletzt der Teufel persönlich in die Hölle holte –, Tilly, an dem der entsetzte Wundarzt nach der Schlacht bei Breitenfeld nur Quetschungen zu verbinden hatte, Wallenstein und sein Verwandter Terzka; selbst Gustav Adolfs Schwert galt für gefeit. Auch Ahas Willenger, nach Fadingers Tode Anführer der aufständischen österreichischen Bauern, war so gefroren, dass ihn eine Kanonenkugel sieben Schritt zurückriss, ohne in seine Haut zu dringen, endlich tötete ihn ein Offizier der Pappenheimer*. Alle Fürsten des Hauses Savoyen hielt man noch nach dem Dreißigjährigen Krieg für fest. Feldmarschall Schauenburg hat es am Prinzen Thomas versuchen lassen, als er ihn in einer italienischen Festung belagerte. Dem besten Schützen hat die Büchsenkugel versagt. Man wusste nicht, ob die Männer des hohen Hauses besondere Gnade haben, weil sie aus dem Geschlecht des königlichen Propheten David stammen, oder ob daselbst die Kunst erblich war sich festzumachen**. Dasselbe glaubte man von den Hohenzollern noch am Ende des vorigen Jahrhunderts; dass Friedrich der Große seinem Heer für unverwundbar galt, war in der Ordnung, aber auch Friedrich Wilhelm II war im Feldzug von 1792 nach der Ansicht alter Unteroffiziere nur durch silberne Kartätschenkugeln des Feindes zu treffen***.

Es gab kaum jemand, welcher den Glauben an die geheimnisvolle Kunst nicht teilte. Der berühmte französische Feldherr Messire Jacques de Puysegur musste im Jahre 1662 in den französischen Bürgerkriegen einen Gegner, qui avait un caractère, weil er ihn mit der Waffe nicht töten konnte, durch Nackenschläge mit einem Hebebaum umbringen lassen und über das Abenteuer seinem König

---

* Belli, *Laurea Austriaca* zum Jahr 1626.
** Simplicissimus, Continuatio 13.
*** F. C. Laukhards Leben. III. S. 167.

berichten*. Schon bei der Blockierung von Magdeburg im Jahre 1629 wurde die Klage über solche Mittel so allgemein, dass die Kriegführenden darüber verhandelten**. Selbst Gustav Adolf verbot in § 1 seiner Kriegsartikel eifrig Götzendienst, Hexerei oder Zauberei der Waffen als eine Sünde gegen Gott.

Aber die dunkeln Mächte, welche sich der Kriegsmann zu Helfern warb, waren treulos, Sie schützten nicht gegen jedes. Schon das war unbequem, dass sie nicht vor der Hand des Scharfrichters bewahrten; Zimmermann berichtet mehrere Fälle, wo die zu weit gehenden Hoffnungen eines Gefrorenen und seiner Anhänger auf der Richtstätte getäuscht wurden***. Einzelne Teile des Körpers, der Nacken und der Rücken zwischen den Schultern, die Armhöhle, die Kniekehlen galten für nicht hart oder fest. Auch war der Leib nur gefeit gegen die gewöhnlichen Metalle, Blei und Eisen. Den Gefrorenen tötete die einfachste Bauernwaffe, die Holzkeule, ferner Kugeln von edlem Metall, zumal ererbtes Silber. So konnte ein österreichischer Gouverneur von Greifswald, auf den die Schweden mehr als 20 Kugeln abgeschossen hatten, nur durch den geerbten silbernen Knopf, den ein Soldat in der Tasche trug, erschossen werden. So ward eine Hexe in Schleswig, die in einen Werwolf verwandelt war, durch Eibsilber getötet****. Auch durch andere Mischungen beim Kugelgießen sowie durch geheime Waffenweihe vermochte man den Zauber zu öffnen. Von den alten Zaubermitteln der Heidenzeit mochten sich manche erhalten haben. Es gab Notschwerter und Notbüchsen. Die Schärfe des Stahls ward mit Roggenbrot, das in der Osternacht gesäuert und gebacken war, kreuzweise überstrichen, auf Klingen und Rohr wurden Zeichen ge-

---

* *Les mémoires de Puysegur*, Amsterdam, 1690. I. p. 16.
** Die andere Belagerung der Stadt Magdeburg. 1630. 4. zum 19. August.
*** Goth. Msc. Bl. 81.
**** Müllenhoff, Sagen. S. 231. – Temme, Pommersche Sagen. Nr. 244.

ätzt; man verstand Kugeln zu gießen, welche töteten, ohne die Haut zu verletzen, andere, welche Blut haben mussten, solche, welche jede Festigkeit öffneten, und präparierte diese durch Beimischung von pulverisierten Weizenkörnern, Spießglanz, Donnerkeilen, durch Ablöschen in Giften. Auch diese Künste galten für unnatürlich und gefährlich. Daneben suchte man eifrig nach »natürlichen« Kunststücken, welche ein ehrlicher Kriegsmann mit Vorteil gebrauchen könnte. Man glaubte durch Beimischung von gepulvertem Hundsgebein Büchsenpulver zu verfertigen, welches keinen Knall gab. Man richtete Pulver zu, womit man das Geschossene nicht beschädigte, aber auf Stunden betäubte, anderes, das nicht anbrannte, auch wenn man glühenden Stahl hineinsteckte. Durch Beimischung von Borax und Quecksilber wusste man Sprengpulver zu schaffen, womit man die Stücke des Feindes, die man beim Ausfall nicht zu vernageln Zeit hatte, zersprengte. Man suchte das Geheimnis, einem Menschen auch ohne Zauberei doppelte Stärke zu geben, usw.

Eine eigentümliche, ebenfalls sehr alte Art des Zaubers war das Festbannen der Feinde durch geheimnisvolle Sprüche, die im Augenblick der Not rezitiert wurden. Der Wissende vermochte ganze Haufen Reiter und Fußvolk zu stellen, d.h. unbeweglich zu machen, ebenso durch andern Spruch den Zauber wieder aufzulösen, und dieser Aberglaube hat in dem Romanusbüchlein (o. O. u. I.) noch in unserm Jahrhundert seine abgeschmackten Formeln in die katholischen Heere gebracht. Wer die Beschwörungen dieses Büchleins durchblättert, findet in einem Wust von Unsinn, unter vorgeschriebenen Kreuzzeichen, Anrufung von Heiligen und Bibelstellen, auch einige poetische Formeln, die wahrscheinlich durch fünfzig Generationen fortgepflanzt worden sind. Ein anderes Zauberkunststück war Reiter ins Feld zu machen, d.h. zur Rettung in eigener Gefahr den täuschenden Schein hervorzubringen, als ob in der

Entfernung Kriegsvolk heranziehe. Durch ähnliche Spukbilder hatten, wie Gregor von Tours erzählt, schon um 568 die Awaren den Frankenkönig Sigibert im Treffen besiegt. Ja, in größter Not war es möglich, sich und das eigene Heer zu verwandeln. So war Herzog Hans Adolf von Plön nicht nur kugelfest und wohl bewandert in der Kunst unsichtbar zu machen, er vermochte auch einmal in den Türkenkriegen sich und seine Leute so täuschend in Bäume zu verwandeln, dass die Feinde an diese Bäume traten und dem Herzog und seinen Leuten die Stiefel benässten*. Solche Beschwörungen sind Trümmer geheimer heidnischer Wissenschaft, welche in manchen Sagen und Märchen bis zur Gegenwart fortklingt. Dergleichen Überlieferungen mag es noch viele gegeben haben, sie waren sicher am Lagerfeuer und in der Marketenderhütte beliebter Gegenstand geheimnisvoller Unterhaltung.

Der unheimlichste Mann des Regiments war der finstere Profos; es war natürlich, dass vorzugsweise er für einen Wissenden galt. Schon 1618 wusste der Henker von Pilsen mit einem Gehilfen alle Tage drei treffende Kugeln gegen das Mansfeldische Lager zu schießen; er wurde nach Eroberung der Stadt an einem besonderen Galgen gehängt. Noch größere Zauberkünste verstand der Profos der Hatzfeldischen Armee von 1636, er wurde, weil er gefroren war, von den Schweden mit einer Axt erschlagen. Es lag sehr im Interesse dieser Gewaltigen, den Glauben an ihre Unverwundbarkeit bei den rachelustigen Soldaten zu erhalten.

Wir dürfen zu solchem Glauben auch das Bestreben rechnen, aus dem Lauf der Gestirne den Ausgang der Kriegsaffären und das eigene Schicksal zu lesen. Die Prognostika häuften sich während des Krieges, unermüdlich wurden aus Konstellationen, Sternschnuppenfall, Kome-

---

* Müllenhoff, Sagen aus Schleswig-Holstein. S. 78. Dasselbe von einem kaiserlichen Obersten in Vechta, bei Kuhn, Sagen aus Westfalen. S. 19.

ten und atmosphärischen Erscheinungen die Schrecken der nächsten Jahre prophezeit, und durch eine grässlichere Wirklichkeit widerlegt. Die Nativitätstellerei war allgemein. Auch das zweite Gesicht besaßen einzelne Individuen, sie empfanden vorher, wem die nächste Zukunft Verhängnis bringen werde. Als 1636 die sächsisch-kaiserliche Armee vor Magdeburg lag, war ein kranker »Mathematikus« im Lager, der seinen Freunden vorhergesagt hatte, dass ihm der 26. Juni Verderben bringen werde. Er lag im geschlossenen Zelt, da ritt ein Leutnant heran, knüpfte die Zeltschnüre auf, drang ein und bat den Kranken, er möge ihm die Nativität stellen. Nach langer Weigerung prophezeite ihm der Kranke, er werde noch in dieser Stunde aufgehängt werden. Der Leutnant, empört darüber, dass einem Kavalier solches gesagt werden dürfe, zog seinen Degen und erstach den Kranken. Es entstand ein Auflauf, der Mörder schwang sich auf sein Pferd und wäre entkommen; da wollte der Zufall, dass der Kurfürst von Sachsen neben dem General Hatzfeld mit großem Gefolge durch die Lagergasse hereinritt. Der Kurfürst rief: Das wäre schlechte Disziplin im kaiserlichen Lager, wenn auch ein Kranker im Bett nicht vor Mördern seines Lebens sicher sein sollte. Der Leutnant wurde aufgeknüpft[*].

Wer für den Besitzer solcher Geheimnisse galt, der ward von seinen Kameraden gefürchtet, aber nicht geehrt[**]; »denn wenn sie nicht furchtsame, feige Tröpfe wären, würden sie nicht solche Mittel gebrauchen«. Schon im 16. Jahrhundert ließen einzelne Obersten jeden Gefangenen henken, bei welchem ausgeschnittene oder mit Eisen gefütterte Kugeln gefunden wurden[***], »welche um einer Seele willen geheiligt waren«. Im Dreißigjährigen

---

[*] Simplicissimus I. 2. 24.
[**] Grimmelshausen, Wunderbarliches Vogelnest.
[***] Zimmermann, Goth. Msc. a. a. O.

Kriege bat ein Feigling seinen Kameraden um einen Passauer Zettel. Dieser schrieb auf einen Streifen Papier dreimal: »Wehr dich, Hundsfott!«, wickelte das Papier zusammen und ließ es dem Furchtsamen in die Kleider nähen. Seit dem Tage bildete sich jener ein, er sei fest, und ging bei allen Okkasionen wie ein hörnerner Siegfried unter Waffen, ist auch stets unverwundet davongekommen*.

Aber der Krieger hatte nicht nur um die Gunst der Schicksalsgötter, noch mehr um den Beifall seiner Kameraden zu werben. Wer aufmerksam in jene Zeit hineinsieht, der verliert zwar nicht das Grausen über die Zahllosen und raffinierten Scheußlichkeiten, welche verübt werden; aber er erkennt auch, dass aus der tiefen Barbarei und Verwüstung der Seelen immer noch einzelne mildere Tugenden aufleuchten und zuweilen eine gesunde unzerstörbare Tüchtigkeit zu Tage kommt. Der Söldner fühlte, kurze Zeit ausgenommen, keine Begeisterung für die Partei, welcher er gerade diente, selbst der Glaube verlor in den wilden Gemütern viel von seiner Fähigkeit zu erwärmen. Aber den Besseren blieb die eigene Soldatenehre und eine lebhafte Empfindung für die Ehre der Fahne, der sie geschworen hatten, jedem aber der Stolz, dass er als Krieger ein Herr der zerrütteten Welt sei, oft der einzige geistige Besitz, der ihn vom Räuber und Mörder unterschied. Nicht selten wechselte der Krieger seine Fahne, freiwillig oder gezwungen, aber auch im letztern Falle war er dem neuen Kriegsherrn zuweilen treu und zuverlässig. Die Achtung der Kameraden erwarb er nur, wenn er ein ehrlicher Soldat und kein »Hundsfott« war; schnell bildete sich ein eigentümlicher Kodex der Soldatenehre aus, der eine, wenn auch sehr verkümmerte Sittlichkeit rettete. Von der guten Laune, welche das Gefühl einer souveränen Herrschaft über Bürger und Bauer gab, sind uns

---

* Grimmelshausen a. a. O.

nur wenige Reste geblieben. Die zahlreichen Soldatenlieder, welche in den Lagern selbst entstanden, sind bis auf dürftige Trümmer verklungen[*]. Aber sprichwörtliche Redensarten drücken oft genug dieselbe Stimmung aus, welche Schillers Reiterlied idealisiert: »Der scharfe Säbel ist mein Acker, und Beutemachen ist mein Pflug.« »Die Erde ist mein Bett, der Himmel meine Decke, der Mantel mein Haus, der Wein mein ewiges Leben[**].« »Sobald ein Soldat wird geboren, sind ihm drei Bauern auserkoren: Der erste, der ihn ernährt, der andere, der ihm ein schönes Weib beschert, der dritte, der für ihn zur Hölle fährt[***].«

Dass die Sinnlichkeit in der Regel zügellos und ohne Scham war, wird man voraussetzen, die Völlerei, das alte deutsche Laster, beherrschte Offiziere und Gemeine. Das Tabakrauchen und -kauen, oder, wie man damals sagte, Tabaktrinken, -essen und -schnupfen verbreitete sich schnell in allen Heeren, und die Wachtstuben wurden dem Nichtraucher ein beschwerlicher Aufenthalt. Dieser Brauch, im Anfang des Krieges durch die Holländer und englische Hilfstruppen zu den deutschen Soldaten gekommen, war am Ende des Krieges so gewöhnlich, dass in jedem Bauernhaus eine Pfeife zu finden war, dass die Lehrjungen und von zehn Tagelöhnern neun während der Arbeit rauchten[****].

Auch die deutsche Sprache verwilderte in den Heeren, bald war es den Gemeinen modisch, italienische und fran-

---

[*] Es ist charakteristisch, dass eines der besten (Simplicissimus I. 2. 23) die »Müllerflöhe« besingt, damals eine allgemeine Plage der Heere.
[**] Philander von Sittewald, Gesicht vom Soldatenleben.
[***] Grimmelshausen, Seltzamer Springinsfeld.
[****] Grimmelshausen, Satyrischer Pilgram II. und in dem Gedicht: Lustige Historia, Woher das Taback-Trincken kompt, Etwas nach dem Niderländischen, durch *Ascanium d'Oliva*. 1634. – Im Jahre 1696 verbot das Tabaks-Kollegium der Zwölfer zu Breslau, eine noch jetzt bestehende würdige Gesellschaft, in seinem Stiftungsbriefe, das Tabak-Schmauchen oder -Rauchen als Tabak-Saufen oder -Trinken zu bezeichnen.

zösische Wörter einzumischen; sogar die Ungarn, Kroaten und Tschechen bereicherten den Sprachschatz, sie ließen uns außer ihrer »Karbatsche« und Ähnlichem auch volltönende Flüche. Den frommen Theologen waren die Soldatenflüche ein besonderer Greuel; sooft ein Soldatenmund sich öffnete, flogen die »Potz« und »Pieu« – rücksichtsvolle Entstellungen des göttlichen Namens – unaufhaltsam heraus. Mit großer Betrübnis hat Moscherosch einige der ärgerlichsten Fluchreden verzeichnet: »Potzhunderttausend Sack voll Enten«, »dass dich der Donner und der Hagel miteinander erschlage«, »fort, ihr Hundertsappermentsbluthunde«, »sauf, dass dir das höllische Feuer in den Hals fahre«. – Aber nicht nur solche Verbrämungen kräftiger Rede füllten die Unterhaltung, auch das Rotwelsch wurde Gemeingut der Heere. Zwar nicht zuerst in dem großen Kriege, schon lange vorher hatten die entlassenen Landsknechte als »Gartbrüder« und Mitglieder der Bettlerinnung Künste und Sprache der Fahrenden gelernt, schon vor dem Kriege hieß ihnen das Huhn »Stier«, die Ente »deutscher Herr«, die Gans ein »Strohbutz«; »einen Strohbutz verhören« bedeutete eine Gans fangen. Jetzt aber wurde die »Feldsprache« nicht nur ein bequemes Hilfsmittel für den geheimen Verkehr mit dem schlechten Gesindel, welches den Heeren folgte, mit Räubern von Handwerk, jüdischen Händlern und Zigeunern, es gab auch ein Ansehen am Lagerfeuer, die geheimnisvollen Wörter umherzuwälzen. Einzelne Ausdrücke der Feldsprache sind damals ins Volk übergegangen, andere wurden durch verlaufene Studenten in die Trinkstuben der Universitäten getragen[*].

---

[*] Dionys Klein, Kriegsinstitution. 1588. 8. gibt S. 288 eine Probe von dem Rotwelsch der Landsknechte. Welch Leninger (Landsknecht) die Hautzen und Häutzin (Bauer und Bäuerin) zum besten anstoßen (schätzen) kann und weiß sie mit gevopten (unwahren) oder ghockten (gelogenen) Barlen (Worten) zu vermanen (bedrängen), item verlunscht (versteht) sich recht auf das Reckhediß (Instrument zum Hühnerfangen) und ist rund und fertig zum Robora zopfen oder genfen (zugreifen

Bei den täglichen Händeln bildete sich das »Kartell« für Duelle mit vielen Ehrenpunkten auch unter den gemeinen Soldaten aus. Zweikämpfe waren streng verboten, Gustav Adolf strafte sie selbst an höhern Offizieren mit dem Tode; aber kein Gesetz vermochte sie zu unterdrücken. Wenn die Streitenden vor dem großen Kriege mit dem Ausfechten der Ehrensache gewartet hatten, bis das Fähnlein abgerissen war, so hörte bald auch diese Rücksicht auf, höchstens begab man sich an eine entlegene Stelle außerhalb des Lagers und Quartiers. Der Herausforderer warf nach altem Brauch seinen Handschuh hin, nach dem Zweikampf wurde derselbe von dem Geforderten oder dessen Helfern zurückgegeben, zum Zeichen, dass der Handel abgemacht sei. Die Duellanten fochten allein, oder mit zwei oder drei Sekundanten, auch ein Unparteiischer ward gewählt; vor dem Kampf gelobten einander die Parteien mit Hand und Mund, nicht vor, nicht in, nicht nach dem Kampfe den fechtenden Kameraden zu helfen noch sie zu rächen, die Duellanten gaben einander die Hände und verziehen im Voraus jeder dem andern seinen Tod. Man focht zu Pferde oder zu Fuß, mit Feuerwehr, Pistole oder Degen, beim Gefecht galt auch Ringen oder Niederwerfen, das Stechen galt für undeutsch, zumal der Stich in den Rücken war von zweifelhafter Anständigkeit. Wer Händel suchte, hatte die Aufgabe, vorher geschickt den Gegner zu schrauben[*].

Dem Feind gegenüber herrschte milder Kriegsgebrauch und einige Courtoisie. Da es so gewöhnlich war, die Partei zu wechseln, bildete sich bei den Soldaten ein

---

ober stehlen), der soll tags ein Hellerrichter oder Stettinger (Gulden) zum Solde haben. Aber wie vielen geschieht es, dass sie sich übern Braithart oder Glentz alchen (über das weite Feld flüchten) müssen, wie denn auch deren viel mit dem Pfeil erschossen werden, daran man die Kühe bindet (gehenkt werden).

[*] Simplicissimus I, 3. 9., und Philander von Sittewald, Soldatenleben a. m. O.

Korporationsgefühl aus, welches auch den Feind umfasste. Die Heere kannten einander ziemlich genau, nicht nur Charakter der Oberoffiziere, auch ältere Soldaten waren den Truppen am Rhein und Lech bekannt wie den Lagern an der Elbe und Oder; jeden Tag konnte man erwarten, in den feindlichen Reihen einen alten Kameraden zu sehen oder zum Zeitgenossen einen früheren Gegner zu erhalten. In der Regel wurde der verlangte Pardon, das Quartier gegeben, oft angeboten. Nur wer gegen Kriegsbrauch gekämpft hatte, oder im Verdacht stand Teufelskünste zu brauchen, musste, auch wenn er bat, erschlagen werden. Zwischen dem honetten Sieger und Besiegten ward Kartell geschlossen, der Sieger versprach zu schützen, der Gefangene nicht zu fliehen. Dem Besiegten ward die Waffe, Feldbinde und Hutfeder abgenommen; alles, was er in den Kleidern barg, gehörte dem Sieger, doch wer »holländisches Quartier« bekam, der behielt, was sein Gürtel umschloss; der anständige Gefangene präsentierte selbst, was er in den Taschen hatte. Der Verzweifelte konnte das Quartier aufkündigen, dann wurde er getötet, wenn er nicht schnell zu entfliehen wusste. Beim Transport wurden gemeine Gefangene je zwei mit einem Arm zusammengebunden und die Nesteln aus den Hosen genommen, dass sie mit der freien Hand die Beinkleider halten mussten. Die Gefangenen konnten gegen Ranzion ausgelöst werden, und dies Lösegeld wurde durch einen Tarif bei den einzelnen Heeren festgesetzt. In der letzten Hälfte des Krieges, wo die Soldaten seltener wurden, steckte man die gemeinen Gefangenen summarisch in das Regiment, oft ohne ihnen Wahl zu lassen. Solche Soldaten galten natürlich für unsicher, sie benutzten gern die erste Gelegenheit, zu der früheren Fahne zu desertieren, wo sie Dirne, Buben, Beute und rückständigen Sold gelassen hatten. Distinguierte Gefangene wurden zuweilen vom Obersten des Regiments den gemeinen Soldaten abgekauft; sie wurden im feindlichen Quartier mit Aufmerksamkeit behandelt, fand doch fast jeder Bekannte oder gar Verwandte darin.

Beute war der unsichere Gewinn, um den der Soldat sein Leben einsetzte, auf sie zu hoffen die traurige Poesie, welche ihn in verzweifelter Lage standhaft erhielt. Der Sold war bescheiden, die Zahlung unsicher, die Beute verhieß Wein, Spiel, eine schmucke Dirne, ein goldverbrämtes Kleid mit einem Federbusch, ein oder zwei Pferde, die Aussicht auf größere Bedeutung in der Kompagnie und auf Avancement. Eitelkeit, Genusssucht und Ehrgeiz entwickelten diese Sehnsucht zu einer gefährlichen Krankheit der Heere.

Mehr als einmal wurde der Erfolg einer Schlacht dadurch vernichtet, dass die Soldaten sich zu früh der Plünderung überließen. Nicht selten gelang es Einzelnen, große Beute zu machen, das Gewonnene wurde fast immer in wüster Schwelgerei vertan, nach dem Soldatensprichwort: »Was mit Trommeln erobert wird, geht mit Pfeifen verloren.« Der Ruf solcher Glücksfälle ging durch alle Heere. Zuweilen bekam den glücklichen Findern ihr Gewinn schlecht[*]. In der Armee des Tilly hatte ein gemeiner Soldat nach der Eroberung von Magdeburg eine große Beute, man sprach von dreißigtausend Dukaten, gewonnen und sogleich wieder im Würfelspiel verloren. Tilly ließ ihn henken, nachdem er zu ihm gesagt: »Du hättest mit diesem Gelde dein Lebtag wie ein Herr leben können; da du dir aber selbst nicht zu nützen verstehst, so kann ich nicht einsehen, was du meinem Kaiser nützen sollst.« Noch am Ende des Krieges hatte einer von Königsmarks Truppe in der Kleinseite von Prag eine ähnliche Summe erbeutet und auf einem Sitz wieder verspielt. Königsmark wollte ihn ebenfalls expedieren, der Soldat ret-

---

[*] Grimmelshausen, Seltzamer Springinsfeld. 11.

tete sich durch die unerschrockene Antwort: »Es wäre unbillig, wenn Ew. Exzellenz mich um dieses Verlustes willen aufhängen ließen, da ich Hoffnung habe, in der Altstadt noch größere Beute zu erhalten.« Diese Antwort galt für ein gutes Omen. – Bei der bayrischen Armada wurde im Holtzischen Fußregiment ein Soldat durch gleichen Glücksfall berühmt. Er war längere Zeit Musketier gewesen, kurz vor dem Frieden war er zur Pike heruntergekommen und übel bekleidet, das Hemd hing ihm hinten und vorn zu den zerrissenen Hosen heraus. Dieser Gesell hatte im Treffen bei Herbsthausen ein Fass mit französischen Dublonen erbeutet, so groß, dass er es kaum forttragen konnte. Darauf entfernte er sich heimlich vom Regiment, staffierte sich wie ein Prinz heraus, kaufte eine Kutsche und sechs schöne Pferde, hielt mehrere Kutscher, Lakaien, Pagen und einen Kammerdiener in schöner Livree, und nannte sich selbst mit düsterem Humor Oberst Lumpus. So reiste er nach München und lebte dort herrlich in einer Herberge. Zufällig kehrte General Holtz in derselben Heiberge ein, hörte durch den Wirt viel von Reichtum und Qualitäten des Obersten Lumpus, und konnte sich doch nicht erinnern, jemals unter den Kavalieren des römischen Reiches oder unter den Soldaten von Fortune diesen Namen gehört zu haben. Deshalb trug er dem Wirt auf, den Fremden zum Abendessen einzuladen. Oberst Lumpus nahm die Einladung an, ließ beim Konfekt in einer Schüssel 500 neue französische Pistolen und eine Kette von 100 Dukaten Wert auftragen und sagte dabei zum General: »Mit diesem Traktament wollen Ew. Exzellenz vorlieb nehmen und meiner dabei bestens gedenken.« Der von Holtz sträubte sich ein wenig, aber der freigebige Oberst drängte mit den Worten: »Bald wird die Zeit kommen, wo Ew. Exzellenz selbst erkennen werden, dass ich diese Verehrung zu tun obligiert war. Die Schenkung ist nicht übel angelegt, denn ich hoffe alsdann von Ew. Exzellenz eine Gnade zu erhalten, die keinen Pfennig kosten soll.« Darauf akzeptierte der von Holtz nach damaliger Sitte Kette und Geld mit courtoisen Promessen, solches vorkommendenfalls zu remeritieren. Der General reiste ab, der falsche Oberst lebte fort; wenn er bei einer Wache vorüberfuhr, trat die Soldateska ihm zu Ehren ins Gewehr, dann warf er ihr ein Dutzend Taler zu. Sechs Wochen darauf war sein Geld zu Ende. Da verkaufte er Kutsche und Pferde, darauf Kleider und Weißzeug und vertrank alles. Die Diener entliefen ihm, zuletzt hatte er nichts mehr als ein schlechtes Kleid und keinen Pfennig darin. Da schenkte ihm der Wirt, der viel an ihm gewonnen, 50 Taler Reisegeld, der Oberst aber verweilte, bis auch das verzehrt war, wieder gab ihm der Wirt zehn Taler als Zehrgeld, der beharrliche Schweiger aber antwortete, wenn es Zehrgeld sein solle, wolle er es lieber bei ihm als bei einem andern verzehren. Als auch das vertan war, opferte der Wirt noch fünf Taler und verbot seinem Gesinde, dem Verschwender etwas dafür zu geben. Jetzt endlich quittierte er das Wirtshaus und ging in das nächste, wo er auch die fünf Taler vertrank. Darauf trollte er nach Heilbronn zu seinem Regiment. Dort wurde er sogleich in Eisen geschlossen und mit dem Galgen bedroht, weil er so viele Wochen vom Regiment entwichen war. Da ließ er sich zu seinem General führen, stellte sich ihm vor und erinnerte ihn an den Abend in der Herberge. Dem scharfen Verweis des Generals gab er die Antwort: Er hätte sein Lebtag nichts so sehr gewünscht, als zu wissen, wie einem großen Herrn zumute sei, dazu habe er seine Beute benutzt.

In den ungarischen Kriegen war Gesetz gewesen, die Beute gemeinsam zu verteilen, bald kam das ab. Doch fand der glückliche Gewinner ratsam, den Offizieren seiner Kompagnie einen Anteil zu gönnen. Dies gemeinsame Interesse am Gewinn, sowie die Notwendigkeit, sich durch

Requisition in entfernten Gegenden zu erhalten, entwickelten den Parteigängerdienst zu großer Vollkommenheit. Zunächst unter den Truppen, welche gewöhnlich den Dienst der Streifkorps verrichteten, wie Holt und Isolani bei den Kaiserlichen. Aber auch Einzelne versuchten bei den Regimentern ihr Glück auf eigene Hand. So wurden die »Freireuter«, welche sich, ohne regelmäßigen Dienst zu tun und – wie es scheint – ohne Sold zu erhalten, in die Regimenter gedrängt hatten, eine besondere arge Plage der Landschaften, und selbst der erbarmungslose Bauer kam ihretwegen in »Gemüts-Kommotion«, er erklärte sie wiederholt für vogelfrei und befahl sie von den Regimentern zu jagen und niederzustechen, wo es auch sei[*]. Außerdem aber wählten auch die einzelnen Kompagnieführer die gewandtesten Leute zu dem gewinnreichen Geschäft. Das »Parteimachen« – der Auszug zu einer geheimen Expedition – musste in ungerader Zahl geschehen, wenn es Glück bringen sollte. Solche Parteien schlichen sich tief in das Land hinein, das Haus eines reichen Mannes zu plündern, eine kleine Stadt zu überfallen, Waren- oder Geldtransporte aufzufangen, Vieh und Lebensmittel heranzuführen. Mit feindlichen Besatzungen in der Nähe ward zuweilen ein Abkommen getroffen, was im gemeinsamen Bereich zu schonen sei. Jede Art von List ward bei solchen Zügen geübt, man wusste den Knall des schweren Geschützes hervorzubringen, indem man Handgewehre mit doppelter Ladung durch eine leere Tonne schoss, man benutzte Schuhe mit verkehrten Sohlen, ließ den Pferden die Hufeisen verkehrt anschlagen, den gestohlenen Kühen wurden Schuhe übergezogen, den Schweinen im Futter ein Schwamm eingegeben, an welchem ein Bindfaden befestigt war. Die Soldaten verkleideten sich in Bauern, in Frauen, und bezahlten

---

[*] Patent Bauers vom 6. Oktober 1637, mitgeteilt in: I. von Bohlen, Georg Behr, ein pommerisches Lebensbild (1859 als Manuskript gedruckt).

unter den Bürgern und Landleuten in der Umgegend Spione. Ihre Boten liefen mit Kundschafterzetteln, die in der Lagersprache »Feldtauben« hießen, hin und her, sie trugen ihre Briefe als Kügelchen zusammengerollt im Ohr, banden sie in das Haar zottiger Hunde, drückten sie in eine Erdscholle oder nähten sie mit grüner Seide zwischen die Blätter eines Eichenzweiges, um sie in der Not ohne Verdacht wegzuwerfen. Die Zettel waren in Rotwelsch oder Kauderwelsch geschrieben, mit fremden Lettern, wenn verlaufene Studenten bei der Kompagnie waren, vielleicht gar französisch mit griechischen Buchstaben; man übte sich zu solchem Zweck in einfacher Geheimschrift, indem man die Buchstaben der Wörter verstellte, oder verabredete, dass in jedem Wort nur der mittlere Buchstabe gelten sollte, usw.[*] Leicht war der Übergang von solchem Parteigängerdienst zum unehrenhaften Lungern des Marodeurs und Freibeuters. In der ersten Hälfte des Krieges war ein neu geworbenes Regiment des Grafen Merode[**] durch angestrengte Märsche und schlechte Verpflegung so heruntergekommen, dass es kaum seine Fahnenwache besetzen konnte, es löste sich auf dem Marsche fast ganz in Nachzügler auf, die an den Zäunen und Hecken lagen, mit defekten Waffen und ohne Ordnung um die Armee herumschlichen. Seit der Zeit wurden die Nachzügler, welche der Soldatenwitz vorher Saufänger und Immenschneider (Drohnen) genannt hatte, als »Merodebrüder« bezeichnet. Nach verlorenen Schlachten, bei schlechter Verpflegung wuchs ihre Zahl ins Ungeheure. Leicht verwundete Reiter, die ihre Pferde verloren hatten, gesellten sich zu ihnen, und es war der damaligen Kriegszucht unmöglich sie zu bannen. Sie stahlen Soldatenpferde von der Weide und aus den

---

[*] Moscherosch, Soldatenleben, und Grimmelshausen, Simplicissimus an mehreren Orten.
[**] Simplicissimus I. 4. 13.

Quartieren, minierten bei Nacht die Zelte und zwackten hervor, was sich greifen ließ, sie lauerten an Engpässen auf die Felleisen, welche die letzten Weiber des Trosses auf Pferden und Wagen mit sich führten.

Die Zuchtlosesten verließen dann wohl ganz den Pfad ihres Heeres, lebten als Schnapphähne, Heckenbrüder, Waldfischer auf eigene Faust, bald im Kampfe, bald im Bunde mit verwilderten Landleuten, welche ein ähnliches Gewerbe trieben. Leicht war der Verkauf des gestohlenen Gutes, die jüdischen Hehler und Käufer fragten nur, was die Ware gewesen sei, ob kaiserlich, ob schwedisch, ob hessisch, um beim Verkauf den frühern Eigentümer zu meiden. Vergeblich waren nach dem Ende des Krieges die Bemühungen der Landesherren, die großen Räuberbanden zu vernichten, sie haben in einer gewissen Kontinuität bis zum Anfang des Jahrhunderts gedauert.

So sah die Kriegsfurie aus, welche durch dreißig Jahre in Deutschland tobte. Ein Menschenalter von Blut, Mord und Brand, radikale Vernichtung der beweglichen Habe, Zerstörung der unbeweglichen, geistiges und materielles Verderben der Nation. Der Feldherr schrieb unerschwingliche Kontributionen aus und barg einen Teil davon in seiner Tasche, der Oberst und Hauptmann brandschatzte die Städte und Dörfer, in denen seine Truppen lagerten; erbarmungslos ward das Unerschwingliche zugemutet, dann begann ein Handeln und Feilschen, auf der einen Seite wilde Drohungen, auf der andern demütige Bitten, im besten Falle ward zuletzt ein Abkommen getroffen und durch große Geschenke an die Oberoffiziere besiegelt; und selten ward das Abkommen gehalten, oft in der rohesten Weise gebrochen. Die Fürsten schickten ihr Silbergeschirr und die Pferde ihres Marstalls als Geschenke an die Generale, die Städte Geldsummen und Fässer Wein an die Hauptleute, die Dörfer Reitpferde und goldene Tressen an Kornett und Wachtmeister, solange von solchen Bestechungsmitteln noch etwas vorhanden war. Lagerte das Heer in einer Landschaft, so suchten sich angesehene Gutsbesitzer, Stifter und Dörfer durch eine *salva guardia* zu schützen. Sie wurde teuer bezahlt, musste gut behandelt und ernährt werden, und übte doch arge Ungebühr. Lag ein Ort zwischen zwei Heeren, so musste er von beiden Parteien die *salva guardia* erbitten, dann lebten wohl die Feinde auf Kosten ihrer Wirte im Kartell und friedlichen Einvernehmen. Aber nur selten waren Einzelne oder Ortschaften so glücklich, diesen ungenügenden Schutz zu bewahren; denn das Heer musste leben. Schnell wurden die Pressuren zu einem System ausgebildet, die Plünderung, Zerstörung und Quälerei zu einem höllischen Raffinement. Wenn der Soldatentrupp im Dorf oder der Landstadt einrückte, sprangen die Soldaten wie Teufel in die einzelnen Häuser, die größte Düngerstätte lockte am meisten, denn dort war der größte Wohlstand zu erwarten. Die Qualen, welche den Einwohnern zugefügt wurden, hatten meist den Zweck, das versteckte Gut aus ihnen herauszulocken; auch sie wurden durch besondere Namen unterschieden, so der schwedische Trunk, das Rädeln. Die Plünderer schraubten die Steine von den Pistolen, zwängten an ihre Stelle den Daumen der Bauern; sie rieben die Fußsohlen mit Salz und ließen sie von Ziegen ablecken; sie banden die Hände auf den Rücken, zogen mit durchlöcherter Ahle ein Rosshaar durch die Zunge und bewegten dies leise auf und ab; sie banden ein Seil mit Knöpfen um die Stirn und drehten es hinten mit einem Knebel zusammen; sie schnürten zwei Finger aneinander und fuhren mit einem Ladestock auf und ab, bis Haut und Fleisch auf den Knochen verbrannten; sie drängten ihre Opfer in den Backofen und zündeten Stroh hinter ihnen an, dann mussten die Gequälten durch die Flamme kriechen. Überall fand sich Gesindel, das sich zu ihnen schlug und die eigenen Nachbarn verriet. Und das waren die abscheulichsten Qualen noch nicht. Was sie den Frauen und Mädchen, Greisinnen und Kindern zufügten, bleibe verschwiegen. Es gab für ein Weib in offenen Städten und auf dem Lande damals keine Rettung als die zweifelhafte einer schnellen Flucht in eine unsichere Ferne. Die sich nicht vorher retten konnten – und nur wenige vermochten das – verfielen dem Kriege.

So hausten die Heere im Volke, jedes Bett entehrend, jedes Haus beraubend, jede Flur verwüstend, bis der allgemeine Ruin ihnen selbst Verderben brachte. Und dies dreißigjährige Verderben vollendete sich in einer gewissen Steigerung. Die Jahre 1635–1641 sind es, welche die letzte Kraft der Nation vernichten; von da bis zum Frieden liegt eine tödliche Ermattung auf dem Lande; sie teilt sich den Heeren mit, und gern möchte man erkennen, dass bitteres eigenes Elend auch bei den Soldaten einige Rücksicht auf die Existenz der Bürger und Bauern hervorgerufen habe. Wenigstens kam in die Raubsucht mehr Methode. Die gewandtsten Räuber wurden die Oberbefehlshaber. Als der schwedische General Wrangel die erste Nachricht von dem geschlossenen Frieden erhielt, trieb der Wilde den Eilboten mit Scheltworten von sich, warf seinen Generalshut grimmig auf den Boden und trat ihn mit Füßen: Er war noch nicht reich genug; und Graf Königsmark, einst ein armer deutscher Edelknabe, einer der ärgsten Raubvögel, welche durch Deutschland flogen, führte so viele Wagenladungen von Gold und Kostbarkeiten nach Schweden, dass er seiner Familie ein jährliches Einkommen von 130 000 Talern hinterließ, eine Rente, die im Verhältnis der Preise 325 000 Talern unseres Geldes entspricht. Selbst da der Krieg beendet war, wurde noch einmal das übrig gebliebene Volk bis zur Verzweiflung angestrengt, die Unterhaltungskosten und Friedensgelder für die stillstehenden Truppen zu zahlen. Dann zerrannen die Heere unter der Bevölkerung.

Kapitel 3
Die Dörfer und ihre Geistlichen

Oft hat mir der Soldat
Und zornige Kroat
Das Schwert ans Herz gesetzet
Und mich gar sehr zerfetzet,
Doch konnt' ich noch nicht sterben,
Kein Unfall mich verderben.

Mistlaken etlich Maß
Goss man, als in ein Fass,
Mir in den Leib zur Stunden,
Vier Kerels mich festbunden;
Doch konnt' ich noch nicht sterben,
Kein Unfall mich verderben.

Ins Wasser ich auch musst',
Da hatt' ich schlechte Lust,
Man warf mich nein gebunden,
Gott hat mich losgewunden,
Dass ich nicht durft' ersaufen:
Bin wunderlich entlaufen.

Ich war ein Exulant
Dort im Thüringer Land,
Notleben mich ernährte,
Bis Gott die Pfarr bescherte
Zum Heubach, und der Friede
Erfolgt durch Gottes Güte.

> Hier hab' ich Christi Knecht
> Die Kirch' bestellet recht,
> Das Wort darin gelehret,
> Die Bösen abgewehret,
> Die Sünder absolvieret,
> Und treulich informieret.
>
> Aus: »Vier christliche Lieder von Martin Bötzinger.«
> (1663.8.)

Wer die Verwüstung des deutschen Volkes im jammervollen Kriege zu schildern vermöchte, der würde uns selbst und unseren Nachbarn auch auffallende Eigentümlichkeiten des modernen deutschen Wesens verständlich machen: die merkwürdige Mischung von grüner Jugend und alter Weisheit, von springendem Enthusiasmus und unentschlossener Bedächtigkeit, vor allem, weshalb wir unter den Nationen Europas noch jetzt nach manchem vergebens ringen, was unsere Nachbarn, nicht edler geartet, nicht stärker organisiert, nicht höher begabt, schon längst als eine sichere Habe besitzen.

Nur unbedeutenden Beitrag zu solchem Verständnis kann das Folgende liefern. An einzelnen Beispielen soll die Zerstörung der Dorfgemeinden und der Städte verständlich gemacht und dabei gezeigt werden, welche Kräfte neben den verderbenden tätig waren, das übrig Bleibende zusammenzuhalten und die letzte Vernichtung der Nation abzuwehren. Dabei werden die Verhältnisse einer bestimmten Landschaft zugrunde gelegt, welche durch das Kriegsunglück zwar hart betroffen wurde, aber nicht mehr als die meisten andern Länder Deutschlands, ja nicht so sehr als z.B. die Mark Brandenburg und mehrere Territorien des niedersächsischen und schwäbischen Kreises. Es ist die thüringische und fränkische Seite des Waldgebirges, welches in der Mitte Deutschlands als uralte Grenzscheide zwischen dem Norden und Süden gilt, vorzugsweise die jetzigen Herzogtümer Gotha und Meiningen. Die folgenden Einzelheiten sind aus Kirchenbüchern, Gemeindeakten, mehreres aus den voluminösen Kirchen- und Schulgeschichten, welche geistige Sammler im vorigen Jahrhundert herausgaben, entnommen.

Deutschland galt um das Jahr 1618 für ein reiches Land. Selbst der Bauer hatte in dem langen Frieden einige Wohlhäbigkeit erlangt. Die Zahl der Dörfer in Thüringen und Franken war etwas größer als jetzt. Auch die Dörfer waren nicht ganz ohne Schutzwehr; breiter Graben, Zaun oder Wand von Lehm und Stein umgrenzten oft die Stätte des Dorfes, dann war verboten, Türen durchzubrechen, an den Hauptstraßen hingen Tore, welche zur Nacht geschlossen wurden. In der Regel war der Kirchhof mit besonderer Mauer geschützt, er bildete mehr als einmal die Zitadelle und letzte Zuflucht der Bewohner. Dorf und Flur wurden durch Nacht- und Tagwächter beschritten. Die Häuser waren zwar nur von Holz und Lehm in ungefälliger Form, oft in engen Dorfstraßen zusammengedrängt, aber sie waren nicht arm an Hausrat und Behagen. Schon standen alte Obstbaumpflanzungen um die Dörfer und viele Quellen ergossen ihr klares Wasser in steinerne Tröge. Auf den Düngerstätten der eingefriedeten Höfe tummelten sich große Scharen von kleinem Geflügel, auf den Stoppeläckern lagen mächtige Gänseherden, und in den Ställen standen die Gespanne der Pferde weit zahlreicher als jetzt, wahrscheinlich ein großer starkknochiger Schlag, verbauerte Nachkommen der alten Ritterrosse, sie, die stolzeste Freude des Hofbesitzers, daneben die »Klepper«, eine uralte kleine Landrasse. Große Gemeindeherden von Schafen und Rindern grasten auf den steinigen Höhenzügen und in den fetten Riedgräsern. Die Wolle stand gut im Preise und an vielen Orten wurde auf seine Zucht gehalten, die deutschen Tuche waren berühmt und Tuchwaren der beste Exportartikel. Diese nationale Wolle, das Resultat einer tausendjährigen Kultur, ist den Deutschen im Kriege verloren gegangen. Die Dorfflur lag – wo nicht die altfränkische Flurteilung in lange Bänder sich erhalten hatte – in drei Felder geteilt, deren Hufen viel gespalten und Beet für Beet sorgfältig versteint waren. Der Acker war nicht ohne höhere Kultur. Ein feinmehliger weißer Weizen wurde in das Winterfeld gesäet, Waid wurde im Norden des Rennstiegs immer noch eifrig und mit großem Vorteil gebaut. Obgleich schon vor dem Kriege der fremde Indigo dem einheimischen Farbestoff Konkurrenz machte, konnte der jährliche Gewinn Thüringens durch den Waid doch noch auf drei Tonnen Goldes angeschlagen werden; diese Summe kam zumeist in das Territorium Erfurt und das Herzogtum Gotha; außerdem brachte Anis und Saflor gutes Geld, auch der Kardenbau war altheimisch, und von Ölsaaten wurde Rübsen, wie am Rheine Raps, in die Brache gesäet. Der Flachs ward sorgfältig durch die Wasserröste zubereitet, und die bunten Blüten des Mohnes und die schwanken Rispen der Hirse erhoben sich inmitten der Ährenfelder. An den Abhängen von warmer Lage aber waren in Thüringen und Franken damals überall Rebengärten, und diese alte Kultur, welche jetzt in denselben Landschaften fast untergegangen ist, muss in günstigen Jahren doch einen trinkbaren Wein hervorgebracht haben, sogar noch auf den Vorbergen des Waldgebirges, denn es werden in den Chroniken einzelne Weinjahre als vortrefflich gerühmt. Auch Hopfen ward fleißig gebaut und zu gutem Biere benutzt. Schon säete man von Futtergewächsen den Spörgel und die Pferdebohne. Die Wiesen, hochgeschätzt, häufig eingezäunt, wurden sorgfältiger behandelt als 200 Jahre später; die Maulwurfshaufen zerwerfen und die Abzugsgräben, ja sogar Bewässerungsgräben ziehen und erhalten, war gewöhnlich. Schon war Erfurt Mittelpunkt eines großen Samenhandels und höherer Gartenkultur, auch von Blumen und feinen Obstsorten. Im Ganzen war, wenn man verschiedene Zeiten miteinander vergleichen darf, die landwirtschaftliche Kultur um 1618 nicht geringer als etwa um 1818. Es wird sich ergeben, dass auch in andern Beziehungen erst unser Jahrhundert ausgeglichen hat, was seit 1618 verloren wurde. –

Die Lasten, welche auf dem Bauernstande lagen, Servituten und Abgaben, waren nicht gering, am größten auf den adligen Gütern; aber es gab nicht wenig freie Bauerdörfer im Lande, und das Regiment der Landesherren war weniger hart als im südlichen Franken oder in Hessen. Viele geistliche Güter waren zerschlagen worden, viele Domänen und nicht wenige adlige Güter wurden von den Pächtern bewirtschaftet, die Zeitpacht wurde ein beliebtes Mittel die Bodenrente zu steigern. Das alles kam dem Bauer zugute. Freilich der Wildschaden war ein drückendes Leiden, und auf den Gütern des verarmten Adels war von der alten Hörigkeit noch vieles geblieben. Aber die große Mehrzahl der Landleute war durch die neuen, römisch gebildeten Juristen zu Eigentümern ihrer Güter erklärt worden: Wohl der größte Segen, welchen das römische Recht im 16. Jahrhundert den Deutschen gebracht hat. Es ist ein Irrtum, wenn man die Bureaukratie und Schreiberherrschaft als Erzeugnis der neuen Zeit betrachtet, es wurde schon damals viel regiert, und die Dörfer hatten dem herzoglichen Amtsboten, der ihnen die Briefe brachte, schon oft ein kleines Zehrgeld zu zahlen. Schon wurde durch sorgliche Beamte bestimmt, wie viel Feuereimer jeder Ortsnachbar anzuschaffen habe, wie viel Tauben er halten dürfe, dass die Obstbäume geraupt, die Gräben gereinigt und jährlich eine Anzahl junger Bäume gesetzt werden müsse*. Die Gemeinderechnungen wur-

---

* z.B. in: Des Raths zu Leipzig Vornewerte Ordnung im Artikel wegen der Dorfschaften. 1586, einer Erbschaft des wirtschaftlichen Kurfürsten August.

den seit fast 100 Jahren ordentlich geführt und von den Landesregierungen beaufsichtigt; auch auf Ortszeugnisse und Heimatscheine ward schon gehalten, und die Gemeinden empfahlen einander nachbarlich in gewählten Ausdrücken ihre Angehörigen, welche aus einem Dorfe nach dem andern zogen. Auch der Handelsverkehr war nicht gering. Durch Thüringen führte fast parallel mit den Bergen eine große Handelsstraße von der Elbe zum Rhein und Main, und am Abfall des Gebirges gegen die Werra lag der große Heerpfad, welcher den Norden Deutschlands mit dem Süden verband. Die Vekturanz auf den kunstlosen Straßen erforderte zahlreichen Vorspann und brachte den Dörfern Verdienst und Kunde aus der fernen Welt, auch manche Gelegenheit Geld auszugeben.

Seit der Reformation waren wenigstens in allen Kirchdörfern Schulen, die Lehrer oft Theologen; auch Schullehrerinnen für die Mädchen fanden sich zuweilen. Es wurde ein kleines Schulgeld bezahlt und ein Teil der Dorfbewohner war in die Geheimnisse des Lesens und Schreibens eingeweiht. Der Gegensatz zwar zwischen dem Landmanne und dem Städter war damals größer als jetzt, der »dumme Bauer« war in den Stuben der Handwerker noch immer ein Lieblingsgegenstand unholder Scherze; als charakteristische Eigenschaften wurden ihm Rohheit, Einfalt, unredliche Pfiffigkeit, Trunkliebe und Freude am Prügeln nachgerühmt. Aber wie abgeschlossen und arm an wechselnden Eindrücken sein Leben auch damals war, man würde sehr Unrecht tun, wenn man ihn für wesentlich schwächer und untüchtiger hielte als er jetzt ist. Im Gegenteil war sein Selbstgefühl nicht geringer und oft besser berechtigt. Wohl war seine Unkenntnis fremder Verhältnisse größer; denn es gab für ihn noch keine regelmäßigen Zeitungen und Lokalblätter, und er selbst war in der Regel nicht weiter gewandert als bis zur nächsten Stadt, wo er seine Produkte verkaufte, etwa einmal über die Berge, wenn er Kühe trieb, als Thüringer nach Erfurt auf den Waidmarkt, als Franke vielleicht ins Katholische nach Bamberg mit seinem Hopfen. Auch war er in Tracht, in Sprache und Liedern nicht modisch, wie die Städter, er gebrauchte gern alte derbe Worte, welche der Bürger für unflätig hielt, er schwor und fluchte altertümlich und sein Begrüßungszeremoniell war anders verschränkt als in den Städten, aber nicht weniger genau. Doch deshalb war sein Leben nicht arm an Gemüt, an Sitte, selbst nicht an Poesie. Noch hatte der verklingende deutsche Volksgesang einiges Leben und der Landmann war der eifrigste Bewahrer desselben, noch waren die Feste des Bauern, sein Familienleben, seine Rechtsverhältnisse, seine Käufe und Verkäufe reich an alten farbenreichen Bräuchen, an Sprüchen und ehrbarer Repräsentation. Auch die echte deutsche Freude an hübscher Handwerksarbeit, das Behagen an sauberen und kunstvollen Erbstücken teilte der Landmann damals mit dem Bürger. Sein Hausgerät war stattlicher als jetzt. Zierliche Spinnräder, welche noch für eine neue Erfindung galten, sauber ausgeschnittene Tische, geschnitzte Stühle und Wandschränke haben sich einzeln – selten in Thüringen, öfter in Franken – bis auf unsere Zeit erhalten und werden jetzt mit den irdenen Apostelkrügen und ähnlichem Trinkgeschirr von Kunstsammlern angekauft. Groß muss der Schatz der Bauerfrauen an Betten, Kleidern, Wäsche, an Ketten, Schaumünzen und anderem Schmuck gewesen sein, und nicht weniger begehrungswürdig waren die zahlreichen Würste und Schinken im Rauchfang. Auch viel bares Geld lag versteckt in den Winkeln der Truhe oder sorglich in Töpfen und Kesseln vergraben, denn das Aufsammeln der blanken Stücke war eine alte Bauernfreude, es war seit Menschengedenken Friede gewesen und Waid und Hopfen brachten gutes Geld. Das Leben des Bauern war reichlich ohne viele Bedürfnisse, er kaufte in der Stadt die Nesteln für seine Kleider, den silbernen Schmuck für Weib und Töchter, Würze für seinen sauern Wein und was von Metallwaren und Gerät in Hof und Küche nötig war. Die Kleider von Wolle und Leinwand webten und schnitten die Frauen im Hause oder der Nachbar im Dorfe. Der Landmann nahm seine Mütze tief ab vor dem Landesherrn oder vor dem gelehrten Juristen, denn er liebte bereits die gefährliche Aufregung der Prozesse; aber er wälzte wohl auch ihnen gegenüber mit geheimem Stolz die Erinnerung an eine kupferne Ofenblase oder ein paar alte Scherben in sich herum, die er gefüllt mit schweren Joachimstalern im Milchkeller oder unter seinem Ehebett versteckt hatte.

So lebte der Bauer in Mitteldeutschland noch nach dem Jahre 1618. Er hörte des Sonntags in der Schenke von wildem Kriegsgetümmel hinten in Böhmen, wo die Länder des Kaisers lagen, um den er sich wenig kümmerte. Er kaufte wohl von einem verschmitzten Händler ein fliegendes Blatt, oder ein Spottlied auf den verlorenen König von Böhmen; er gab einem zerschlagenen Flüchtling von Prag oder Budweis, der bettelnd an seine Tür kam, von seinem Brot und Käse und hörte die Schauergeschichten desselben mit Kopfschütteln. Der Amtsbote brachte ein Schreiben des Landesherrn in das Dorf, aus dem er sah, dass auch ihm zugemutet wurde, für neu geworbene Soldaten Geld und Getreide nach der Stadt zu liefern, er ärgerte sich und eilte seinen Schatz noch tiefer zu vergraben. Doch bald wurde ihm deutlich, dass eine schlechte Zeit auch gegen ihn heranziehe, denn das Geld, welches er in der Stadt empfing, wurde sehr rot, und alle Waren wurden teurer; auch er wurde in die heillose Verwirrung hineingezogen, welche seit 1620 durch das massenhafte Ausprägen wertlosen Geldes über das Land kam. Er behielt Getreide und Fleisch zu Hause und zog gar nicht mehr nach der Stadt. Aber er bekam doch Händel mit Städtern und seinen Nachbarn, weil auch er das neue

Geld bei seinen Zahlungen loswerden wollte und nur gutes altes als Bezahlung annehmen. Sein Herz war voll böser Ahnungen. So ging es bis zum Jahre 1623. Da sah er das Unheil noch von anderer Seite heranziehen. Die Diebstähle und Einbrüche mehrten sich, fremdes Gesindel wurde oft auf den Landstraßen gesehen, Trompeter sprengten mit schlimmen Nachrichten nach den Städten, angeworbenes Kriegsvolk zog prahlerisch und frech vor seinen Hof, forderte Unterhalt, stahl Würste und nahm Hühner im Schnappsack mit. Defensioner, die neu errichtete Landmiliz, trabten in das Dorf, forderten wieder Zehrung, drängten sich zu ihm in Quartier und belästigten ihn mehr als die Spitzbuben, welche sie von seinen Viehställen abhalten sollten.

Endlich begannen – für Thüringen seit 1623 – die Durchmärsche fremder Truppen, und die großen Leiden des Krieges senkten sich auf ihn. Fremdes Kriegsvolk von abenteuerlichem Aussehen, durch Blut und Schlachten verwildert, marschierte in sein Dorf, legte sich ihm in Haus und Bett, misshandelte ihn und die Seinen, forderte Zehrung, Kontribution, außerdem Geschenke, und zerschlug, verwüstete und plünderte doch noch, was ihm vor Augen kam. So ging es fort, seit 1626 mit jedem Jahre schlimmer, Banden folgten auf Banden, mehr als ein Heer setzte sich um ihn herum in Winterquartieren fest, die Lieferungen und Quälereien schienen endlos. Mit Entsetzen sah der Bauer, dass die fremden Soldaten mit einer Spülkraft, die er der Zauberei zuschrieb, aufzufinden wussten, was er tief in der Erde versteckt hatte. Wenn er ihnen aber zu schlau gewesen war, so wurde sein Los noch schlechter, dann wurde er selbst ergriffen und durch Qualen, welche niederzuschreiben peinlich ist, gezwungen, den Versteck seiner Schätze anzugeben. Von dem Schicksal seiner Frau und seiner Töchter schweigen wir, das Gräuliche wurde so gewöhnlich, dass eine Ausnahme befremdlich war. Und noch andere Leiden folgten. Seine Töchter, seine Magd, sein kleiner Knabe wurden nicht nur viehisch gemisshandelt, sie waren auch in dringender Gefahr, durch Überredung oder Gewalt fortgeführt zu werden. Denn jedem Heerhaufen folgte der rohe unselige Tross von Dirnen und Knaben. Aber die Wirtschaft des Landmanns ward noch in anderer Weise verwüstet. Sein Knecht hatte vielleicht einige Jahre die Schläge der fremden Soldaten ertragen, zuletzt lief er selbst unter die, welche schlugen; die Gespanne wurden vom Pfluge gerissen, die Herden von der Weide geholt und dadurch die Bestellung der Felder oft unmöglich gemacht.

Und doch, wie jammervoll und hilflos seine Lage war, in der ersten Hälfte des Krieges, bis zum Tode Gustav Adolfs, war doch das Schrecklichste noch verhältnismäßig erträglich. Denn noch war selbst in Plünderung und Zerstörung ein gewisses System, einige Mannszucht hielt wenigstens die regelmäßigen Heerhaufen zusammen, und ein und das andere Jahr verlief ohne große Truppenzüge. Es ist uns möglich, in dieser ersten Zeit zu erkennen, wie viel einzelnen Gemeinden zugemutet wurde; denn schon saßen in dieser Zeit die Landesbehörden fest in ihren Schreibstuben, und nach den Durchmärschen wurden von den betroffenen Gemeinden gewöhnlich Liquidationen über ihre Leistungen eingefordert, deren Beträge ihnen freilich nicht wieder erstattet wurden. Wer solche Liquidationen in den Gemeindearchiven durchblättert, der wird die Namen berüchtigter Heerführer, die er aus der Geschichte oder aus Schillers Wallenstein kennt, in sehr realer Verbindung mit den Geschicken eines thüringischen Dorfes finden.

Die Wirkungen, welche ein solches Leben voll Unsicherheit und Qual auf die Seelen der Landleute ausübte, waren sehr traurig. Die Furcht, eine bebende, klägliche Furcht umzog entnervend die Herzen. Immer war ihr Gemüt voll von Aberglauben gewesen, jetzt wurde mit rührender Leichtgläubigkeit alles aufgesucht, was als Eingreifen überirdischer Gewalten gedeutet werden konnte. Man sah am Himmel die schrecklichsten Gesichter, man fand die Anzeigen furchtbaren Unheils in zahlreichen Missgeburten, Gespenster erschienen, unheimliche Laute klangen vom Himmel und auf der Erde. In Ummerstadt z.B., Herzogtum Hildburghausen, leuchteten weiße Kreuze am Himmel, als die Feinde einrückten. Als sie in die Kammerkanzlei eindrangen, trat ihnen ein weiß gekleideter Geist entgegen und winkte ihnen zurück, und niemand konnte sich von der Stelle rühren. Nach ihrem Abzuge hörte man acht Tage lang im Chor der ausgebrannten Kirche ein starkes Schnauben und Seufzen. – Zu Gumpershausen machte eine Magd großes Aufsehen im ganzen Lande. Sie erfreute sich der Besuche eines kleinen Engels, der sich bald in rotem, bald in blauem Hemdlein vor ihr aufs Bett oder den Tisch setzte, Wehe schrie, vor Gotteslästerung und Fluchen warnte und schreckliches Blutvergießen verhieß, wenn die Menschheit nicht das Lästern, die Hoffart und die gestärkten und geblauten Krägen – damals eine neue Mode – abschaffen würde. Wie man aus den eifrigen Protokollen ersieht, welche die geistlichen Herren verschiedener Würden über die halb Blödsinnige aufnahmen, verursachte ihnen nur der eine Umstand Bedenken, weshalb das Englein nicht sie selbst besuchte, sondern eine einfältige Magd.

Neben dem Schrecken zogen Trotz und wilde Verzweiflung in die Seelen. Die sittliche Verwahrlosung nahm im Landvolke furchtbar überhand. Weiber entliefen den Männern, Kinder den Eltern; die Gewohnheiten, Laster und Krankheiten der durchziehenden Heere blieben zurück, selbst wenn die Räuber aus dem verwüsteten und halb zerstörten Dorfe abzogen. Das Branntweintrinken, das seit dem Bauernkrieg in das Volk gekommen war, wurde ein gewöhnliches Laster. Die Achtung vor fremdem Eigentum verschwand. Im Anfang des Krieges waren die Nachbardörfer einander noch hilfreich gesinnt. Wenn die Soldaten in dem einen Dorfe Vieh forttrieben und dasselbe bei der nächsten Nachtrast wieder verkauften, so gaben die Käufer den neuen Erwerb oft den frühern Eigentümern um den Einkaufspreis zurück. Das taten in Franken selbst katholische und protestantische Ortschaften einander zuliebe. Allmählich aber begann der Landmann zu stehlen und zu rauben wie der Soldat. Bewaffnete Haufen rotteten sich zusammen, zogen über die Landesgrenze in andere Dörfer und entführten, was sie bedurften. Sie lauerten den Nachzüglern der Regimenter in dichtem Walde oder in Gebirgspässen auf und nahmen oft nach hartem Kampf an dem Leben der Bezwungenen eine rohe Rache, ja sie überboten die Virtuosität der Soldaten in Erfindung von Todesqualen, und es wird wenige Waldhügel geben, in deren Schatten nicht gräuliche Untat von solchen verübt ist, welche dort früher als friedliche Holzfäller und Steinbrecher ihr kunstloses Lied gesungen hatten. Es entstand allmählich ein grimmiger Korpshass zwischen Soldaten und Bauern, der bis an das Ende des Krieges dauerte und mehr als etwas anderes die Dörfer Deutschlands verdorben hat. – Auch zwischen den Landschaften und einzelnen Örtern entbrannten Fehden. Hier sei aus der düstern Zeit nur eine harmlose berichtet.

So hatten die Bürger von Eisfeld noch mehrere Jahre nach dem Kriege heftige Feindschaft mit dem Kloster Banz wegen zwei wohltönenden Glocken ihrer alten Stadtkirche, des »Banzer« und der »Messe«. Ein schwedischer Oberst hatte die beiden Glocken aus Banz abgeführt und dem Städtchen verkauft. Und zweimal, wenn katholische Völker in Eisfeld lagen, waren die Mönche mit Wagen und Seilen hingezogen, ihre Glocken wiederzuholen; aber das erste Mal bekamen die Mönche mit einem gewissenhaften Kroaten der Einquartierung Händel, weil sie eine Turmuhr obenein mitnehmen wollten. Der Kroat drang mit dem Säbel auf die frommen Männer ein, und er und seine Kameraden liefen auf den Turm und läuteten heftig mit den Glocken, sodass die Mönche von Banz für unmöglich fanden, die Glocken herunterzuholen und an ihrer Statt nur die Turmuhr mitnahmen. Das zweite Mal ging's ihnen nicht besser; endlich nach dem Frieden wurde ihnen als Ersatz eine andere kleine Glocke angeboten. Als sie aber auf dieser den Spruch sahen: »Erhalt' uns Herr bei deinem Wort«, gingen sie kopfschüttelnd wieder nach Hause. Endlich verglich Herzog Ernst der Fromme die Sache, nahm als Dank die kleine Glocke für sich selbst und hing sie in Gotha auf dem Friedenstein auf.

Nach Kräften suchten sich die Dörfer vor der Raubgier der Soldaten zu wahren. Solange noch Geld aufzubringen war, machten sie Versuche, durch Zahlung einer Geldsumme an die vorausgesandten Offiziere die Einquartierung abzukaufen, und mancher Schurke benutzte solche Furcht und erhob in der Maske eines anmeldenden Furiers hohe Steuern von den getäuschten Dorfsassen. Auf die Kirchtürme und hohen Punkte der Flur wurden Wachen gestellt, die ein Zeichen gaben, wenn Truppen in der Ferne sichtbar wurden. Dann brachte der Landmann, was er retten konnte, die Frauen und Kinder und leicht bewegliche Habe, eilig in einen entfernten Versteck. Solche Verstecke wurden mit großem Scharfsinn ausgesucht, durch Nachhilfe noch unzugänglicher gemacht, und wochen-, ja monatelang fristeten dort die Flüchtlinge ihr angstvolles Dasein. Im schwarzen Moor zwischen Gräben, Binsen und Erlengebüsch, in dunkler Waldesschlucht, in alten Lehmgruben und in verfallenem Mauerwerk suchten sie die letzte Rettung. Noch jetzt zeigt an manchen Orten der Landmann mit Teilnahme auf solche Stellen. Zu Aspach in einem alten Turm ist 16 Fuß über dem Boden ein großes Gewölbe mit eiserner Tür, dorthin flüchteten die Aspacher, sooft kleine Banden auf das Dorf marschierten; für längere Flucht aber hatten sie ein Feld von mehreren Ackern, das mit Hainbuchen dicht umwachsen war, darum pflanzten sie Dorngebüsch, welches auf dem fruchtbaren Boden hoch wie Bäume wurde und dicht wie eine Mauer stand. In diesem Verhack, zu dem man nur auf dem Bauche kriechend gelangen konnte, hat sich die Gemeinde oft verborgen. Nach dem Kriege wurden die Dornen ausgereutet und der Boden in Hopfen-, dann in Krautländer verwandelt. Noch heißt ein Teil dieses Grundes »der Schutzdorn«. – Waren die Soldaten abgezogen, dann kehrten die Flüchtlinge in ihre Häuser zurück und besserten notdürftig aus, was verwüstet war. Nicht selten freilich fanden sie nur eine rauchende Brandstätte.

Auch nicht alle, welche geflohen waren, kamen zurück. Die Wohlhabenderen suchten sich und ihre Habe in den Städten zu bergen, wo doch die Kriegszucht ein wenig straffer und die Gefahr geringer war. Viele auch flüchteten in ein anderes Land und wenn dort Feinde drohten, wieder in ein anderes. Die meisten hat sicher das Elend dort nicht weniger hart geschlagen. – Aber auch die im Lande blieben, kehrten nicht alle zur heimischen Flur. Das wilde Leben im Versteck und Walde, die rohe Freude an Gewalttat und Beute machte die Trotzigsten zu Räubern. Mit rostigen Waffen versehen, die sie vielleicht getöteten Marodeuren abgenommen hatten, führten sie unter den Fichten der Berge ein gesetzloses Leben, als Gefährten des Wolfes und der Krähe, als Wilddiebe und Wegelagerer.

So verminderte sich die Bevölkerung des flachen Landes mit reißender Schnelligkeit. Schon zur Zeit des Schwedenkönigs waren mehrere Dörfer ganz verlassen, und um die geschwärzten Balken und das Stroh der zerrissenen Dächer schlichen die Tiere des Waldes und etwa die zerlumpte Leidensgestalt eines alten Mütterleins oder eines Krüppels. Von da nahm das Unheil in solcher Steigerung zu, dass sich nichts in der neueren Geschichte damit vergleichen lässt. Zu den zerstörenden Dämonen des Schwertes kamen andere, nicht weniger furchtbare und noch gefräßigere. Das Land war wenig bebaut worden und hatte eine schlechte Ernte gegeben. Eine unerhörte Teuerung entstand, Hungersnot folgte, und in den Jahren 1635 und 1636 ergriff eine Seuche, so schrecklich, wie sie seit fast hundert Jahren in Deutschland nicht gewütet hatte, die kraftlosen Leiber. Sie breitete ihr Leichentuch langsam über das ganze deutsche Land, über den Soldaten wie über den Bauer; die Heere fielen auseinander unter ihrem sengenden Hauch, viele Örter verloren die Hälfte ihrer Bewohner, in manchen Dörfern Frankens und Thüringens blieben nur Einzelne übrig. Was noch von Kraft in einer Ecke des Landes gedauert hatte, jetzt wurde es zerbrochen. – Der Krieg aber wütete von dieser Schreckenszeit ab noch zwölf lange Jahre. Auch er war schwächer geworden, die Heerhaufen kleiner, die Operationen aus Mangel an Lebensmitteln und Tieren unsteter und planloser; aber wo die Kriegsfurie aufflackerte, fraß sie erbarmungslos weg, was sich noch von Leben zeigte. Das Volk erreichte die letzte Tiefe des Unglücks, ein dumpfes apathisches Brüten wurde allgemein. Von den Landleuten ist aus dieser letzten Zeit wenig zu berichten. Sie vegetieren verwildert und hoffnungslos, aber nur geringe Nachrichten sind in Dorfurkunden, Pfarrbüchern und kleinern Chroniken zu finden. Man hatte in den Dörfern das Schreiben, ja fast die laute Klage verlernt. Wo ein Heer verwüstet hatte und der Hunger wütete, fraßen Menschen und Hunde von demselben Leichnam, Kinder wurden aufgefangen und geschlachtet. Dass jetzt eine Zeit gekommen war, wo solche, die zwanzig Jahre des Leidens ausgehalten hatten, selbst Hand an sich legten, das lesen wir aus den Berichten der Gesandten, welche jahrelang vergeblich an dem großen Frieden arbeiteten.

Man mag fragen, wie bei solchen Verlusten und so gründlichem Verderb der Überlebenden überhaupt noch ein deutsches Volk geblieben ist, das nach geschlossenem Frieden wieder Land bauen, Steuern zahlen und nach einem dürftigen Vegetieren von hundert Jahren wieder Energie, Begeisterung und ein neues Leben in Kunst und Wissenschaft zu erzeugen vermochte. Allerdings ist wahrscheinlich, dass sich das Landvolk ganz in schwärmende Banden aufgelöst hätte, und dass die Städte niemals imstande gewesen wären, ein neues Volksleben hervorzubringen, wenn nicht drei Gewalten den deutschen Landmann vor der gänzlichen Zerstreuung bewahrt hätten: seine Liebe zu dem väterlichen Acker, die Bemühungen seiner Obrigkeit und vor allem der Eifer seines Seelsorgers, des Dorfpfarrers. Des Bauern Liebe zur eigenen Flur, noch jetzt ein starkes Gefühl, welches gegen die wohltätigsten Ackergesetze feindlich arbeitet, war im 17. Jahrhundert noch um vieles mächtiger. Denn der Bauer kannte außerhalb der eigenen Dorfflur sehr wenig von der Welt, und die Schranken, welche ihn von einem andern Lebensberuf und anderer Herren Land trennten, waren schwer zu übersteigen. So lief er mit Zähigkeit immer wieder aus seinem Versteck nach dem zerstörten Hofe und versucht immer wieder die zerstampften Ähren zusammenzulesen, oder in das niedergetretene Land den wenigen Samen zu streuen, den er sich gerettet hatte. Wenn sein letztes Zugtier geraubt war, spannte er sich selbst an den Pflug. Er hütete sich wohl, seinem Hause ein wohnliches Aussehen zu geben, er gewöhnte sich in Schmutz und Ruinen zu hausen und verbarg das flackernde Feuer des Herdes vor den raubgierigen Blicken, welche vielleicht durch die Nacht nach einem warmen Neste suchten. Die kärgliche Speise versteckte er an Orte, vor welchen selbst dem ruchlosen Feinde graute, in Gräber, in Särge, unter Totenköpfe. So hauste er unter dem Zwange der Gewohnheit, der allgewaltigen, wie gering auch die

Hoffnung war, dass seine Arbeit ihm selbst zugute kommen werde. Hielt ein Gutsherr tapfer auf seinem Dorfe aus, so begleitete er in den Zeiten der Ruhe bis an die Zähne bewaffnet seine letzten Zugtiere auf den Acker, bereit, mit ansprengenden Räubern um die Tiere zu kämpfen.

Kaum geringeres Interesse als der Bauer selbst hatten sein Landesherr und dessen Beamte, die Dörfer zu erhalten. Je geringer die Zahl der Steuerzahlenden wurde, desto höher stieg der Einzelne im Wert. Von der Residenzstadt aus kümmerten sich die Regierungen durch ihre Amtleute, Vögte und Schösser während des ganzen Krieges um das Schicksal der Dörfer, ja der Einzelnen. Die Aktenschreiberei wurde nur in der ärgsten Zeit unterbrochen und immer wieder angefangen. Zeugnisse, Berichte, Eingaben und Reskripte liefen bei all dem Elend hin und her*, Eingaben und Kostenliquidationen wurden unermüdlich eingefordert, und manch armer Schulmeister verrichtete gehorsam seinen Dienst als Gemeindeschreiber, während der Schnee durch die ausgeschlagenen Fenster in seine Schulstube hineinwehte, die Gemeindekasse zerbrochen auf der Straße lag und die Dorfgemeinde, deren Rechnungen er schrieb, bewaffnet in den Wald gezogen war, mit finstern ungesetzlichen Anschlägen, welche der Landesregierung niemals berichtet wurden. So unnütz dies Schreiberwesen in vielen Fällen war, es zog doch zahllose Fäden, durch welche der Einzelne an die Ordnung seines Staates gebunden wurde. Und dass der Mechanismus der Verwaltung sich erhielt, war in den Pausen und am Ende des Krieges von größter Bedeutung.

---

* Der Schösser Johann Martin zu Heldburg berichtet z.B. den 13. September 1640 zugunsten des hilflosen Pfarrers und trägt auf dessen Versetzung an, weil in dessen Pfarrdorfe nur noch eine Witwe nebst noch einer Weibsperson sich aufhalte, und er selbst, der Schüssel, könne von den jährlichen Amtsgefallen seines Bezirkes, die sich sonst auf einige hundert Taler belaufen, jetzt nicht einen Groschen herausbringen.

Das beste Verdienst aber um die Erhaltung des deutschen Volkes hatten die Landgeistlichen und ihr heiliges Amt. Zuverlässig war ihr Einfluss in den katholischen Landschaften nicht geringer als in den protestantischen, wenn uns auch wenig Nachrichten darüber geblieben sind, denn die katholischen Dorfpfarrer waren damals ebenso dem Schreiben abhold als die evangelischen schreibelustig. Doch an der Bildung ihrer Zeit hatten die protestantischen Pfarrer einen weit größeren Anteil. Die deutsche gelehrte Bildung war durch die Reformatoren wesentlich theologisch geworden, und die Dorfgeistlichen repräsentierten diese Intelligenz gegenüber dem adligen Gutsherrn und den Bauern. Sie waren in der Regel in den alten Sprachen gut bewandert, geübt Latein zu schreiben und elegische Verse zu machen. Sie waren starke Disputierer, wohlerfahren in dogmatischen Streitigkeiten, voll eifrigen Zorns gegen Schwenkfeldianer, Theophrastianer, Rosenkreuzer und Weigelianer, hartnäckig, rechthaberisch, und ihre Lehre war stärker im Hass gegen die Ketzer als in der Liebe gegen ihre Mitmenschen. Ihr Einfluss auf das Gewissen der Laien hatte sie hochmütig und herrschsüchtig gemacht, und die begabteren unter ihnen kümmerten sich mehr um Politik, als für ihre Tugend gut war. Wenn man einen Stand verantwortlich machen darf für Unvollkommenheiten der Zeitbildung, welche er nicht geschaffen hat, sondern nur repräsentiert, so hatte die lutherische Geistlichkeit eine schwere und verhängnisvolle Schuld an der Verödung des Gemütes, der unpraktischen Kraftlosigkeit, dem trockenen, langweiligen Formalismus, welche damals im deutschen Leben sehr oft zutage kamen. So waren die Geistlichen als Stand weder bequem noch besonders liebenswert, und selbst ihre Moralität war engherzig und inhuman. Aber all dies Unrecht sühnten sie in den Zeiten der Armut, der Trübsal und Verfolgung, Und unter ihnen am meisten die armen Dorfpfarrer. Sie waren den größten Gefahren ausgesetzt, den kaiserlichen Soldaten am meisten verhasst, durch ihr Amt gezwungen, sich dem Feinde bemerkbar zu machen; die Rohheiten, welche sie, ihre Frauen und Töchter zu erdulden hatten, trafen tödlich ihr Ansehen in der eigenen Gemeinde. Ihr Leben wurde durch die Beiträge ihrer Beichtkinder erhalten, sie waren nicht geübt und wenig geeignet, sich durch körperliche Arbeit die Tage zu fristen; unter jeder Verringerung des Wohlstandes, der Sittlichkeit, der Menschenzahl ihres Dorfes hatten sie am meisten zu leiden. Man muss einer sehr großen Mehrzahl von ihnen das Zeugnis geben, dass sie alle diese Gefahren als echte Streiter Christi ertrugen. Die meisten hielten bei ihren Gemeinden aus bis fast zum letzten Mann. Ihre Kirche wurde verwüstet und ausgebrannt, Kelch und Kruzifix gestohlen, der Altar durch eklen Unrat beschmutzt, die Glocken vom Turm geworfen und weggeführt. Da hielten sie den Gottesdienst in einer Scheuer, auf freiem Felde, im grünen Waldversteck. Wenn die Gemeinde zusammenschmolz, dass der Gesang der Zuhörer aufhörte und kein Kantor mehr die Bußlieder intonierte, da riefen sie den Rest ihrer Beichtkinder noch zur Betstunde zusammen. Sie waren stark und eifrig im Trösten und Strafen, denn je größer das Elend war, desto mehr Grund zur Unzufriedenheit fanden sie auch in ihrer Gemeinde. Häufig waren sie die ersten, welche von der Verwilderung der Dorfbewohner zu leiden hatten; Diebstahl und frecher Mutwille wurden am liebsten gegen solche geübt, deren zürnender Blick und feierliche Klage am meisten imponiert hatten. Ihre Schicksale sind daher vorzugsweise charakteristisch für jene eisernen Jahre, und wir sind glücklicherweise in der Lage, gerade von ihnen zahlreiche Aufzeichnungen zu besitzen, oft in Kirchenbüchern, denen sie ihr Leid klagten, während kein Mensch sie hören wollte. Aus solchen Notizen thüringischer und fränkischer Pfarrgeistlichen seien hier nur wenige Beispiele mitgeteilt.

Magister Michael Ludwig war seit 1633 Pfarrer zu Sonnenfeld. Dort predigte er im Walde unter freiem Himmel seiner Gemeinde, ließ sie mit der Trommel statt mit der Glocke zusammenrufen, und Bewaffnete mussten Wache stehen, während er predigte; acht Jahre hielt er so aus, bis seine Gemeinde ganz verschwand. Da rief ein schwedischer Oberst den tapfern Mann als Prediger zum Regiment, er wurde später Präsident des Feldkonsistoriums bei Torstenson und Superintendent zu Wismar. – Georg Faber, Prediger zu Gellershausen, hielt mit drei, vier Zuhörern Betstunden bei steter Lebensgefahr, stand jeden Morgen um drei Uhr auf, studierte und lernte seine Predigten von Wort zu Wort auswendig, schrieb dabei noch gelehrte Abhandlungen über biblische Bücher.

In den benachbarten Landstädtchen hatten die Geistlichen nicht weniger zu ertragen. In Eisfeld z.B. war seit 1635 Rektor Johann Otto, ein junger Mann, der erst geheiratet hatte; er hat acht Jahre in der allerschlimmsten Zeit mit noch einem Lehrer die ganze Schule halten müssen und dabei das Kantorat gratis versehen. Was seine Einnahme gewesen, kann man aus Notizen sehen, die der tüchtige Mann in seinen Euklid geschrieben hat: »2 Tage gedroschen im Herbst. 1 Tag im Holz gearbeitet 1646. 2 Tage gedroschen im Januar 1647. 5 Tage gedroschen im Februar 47. ½ Tag geschnitten. 4 Hochzeitsbriefe geschrieben, item ½ Tag Hafer gebunden, 1 Tag geschnitten« usw. Er dauerte aus und stand seinem Amt 42 Jahre in Ehren vor. Sein Nachfolger, der große Lateiner Johann Schmidt, Lehrer des berühmten Cellarius, war unter die Soldaten geraten und las einst auf der fürstlichen Schlosswache in einem griechischen Dichter; das sah sein Offizier mit Erstaunen und meldete es Ernst dem Frommen, der ihn zum Lehrer machte. –

Der Superintendent Andreas Pochmann ebendaselbst war als elternlose Waise mit zwei kleinen Brüdern von den Kroaten geraubt worden. Er rettete sich mit den Brüdern in der Nacht. Später wurde er als lateinischer Schüler wieder von Soldaten aufgefangen, Zum Furierschützen und dann zum Musketier gemacht. In der Garnison aber studierte er fort, fand unter seinen Kameraden Studenten aus Paris und London, mit denen er das Lateinische übte. Einst blieb er als Soldat krank am Wachtfeuer liegen, unter seinem Ärmel die Pulvertasche mit anderthalb Pfund Pulver, die Flamme erreichte den Ärmel und verbrannte ihn zur Hälfte; die Pulvertasche blieb unversehrt. Als er aufwachte, sah er sich allein im verlassenen Lager ohne einen Pfennig Geld. Da fand er in der Asche zwei Taler. Damit schlug er sich auf Gotha zu; auf dem Wege kehrte er zu Langensalza in ein einsames Häuslein an der Mauer ein, eine alte Frau nahm den Totmüden auf und legte ihn auf ein Bett. Es war die Pestwärterin, das Lager ein Pestbett, und die Krankheit wütete damals in der Stadt: Er blieb unversehrt. Wie sein Leben, ist das seiner meisten Zeitgenossen voll von wunderbaren Lebensrettungen, plötzlichen Übergängen, unerwarteter Hilfe ebenso wie von Todesgefahr, Mangel und häufiger Veränderung des Ortes. Solche Zeiten muss man genauer ansehen, um zu verstehen, wie sich gerade in einer Periode, in welcher Millionen untergegangen und verdorben sind, bei den Überlebenden ein fatalistischer Glaube an die göttliche Vorsehung, welche auf wunderbare Weise in das Leben des Menschen eingreift, ausgebildet hat.

Fast aus jedem Kirchdorf kann man Erinnerungen an die Leiden, die Ergebenheit und Ausdauer seiner Pfarrer zusammentragen. Freilich nur die Stärksten überwanden eine solche Zeit, ohne selbst zu verkümmern. Die endlose Unsicherheit, der Mangel an Nahrung und das gesetzlose Treiben der Soldaten und der eigenen Pfarrkinder machten viele auch in ihrer Gesinnung armselig, kriechend, bettelhaft. Ein Beispiel statt vieler. Johannes Elfflein, seit

1632 Pfarrer zu Simau, wurde so arm, dass er Tagelöhnerarbeit tun musste, Holz im Walde hauen, hacken, graben, säen; zweimal wurde ihm eine Beisteuer aus der Armenbüchse von Coburg, die man bei Kindtaufen aufstellte, zugeteilt. Endlich ließ das Konsistorium zu Coburg einen Kelch seiner Kirche verkaufen, damit er sich Brot dafür schaffe. Für ein besonderes Glück hielt er, als es einmal eine vornehme, adlige Leiche gab. Da bekam er einen guten alten Reichstaler und ein Viertel Korn. Und als er kurz darauf einem vertrauten Nachbar seinen Hunger klagte und dieser in verzweifeltem Entschluss erwiderte, er wüsste wohl, was er in solchem Fall tun würde, da sagte Magister Elfflein in starkem Glauben: Mein Gott weiß schon Mittel; ehe ich sollte Hunger sterben, eher müsste ein reicher Edelmann sterben, damit ich wieder Geld zu einem Viertel Korn kriegte.« Und er betrachtete als eine Schickung der Vorsehung, dass dies melancholische Ereignis bald darauf eintrat. Seine Lage war so jämmerlich, dass sogar die raubgierigen Soldaten in der Nachbarschaft ihren Buben, die sie auf Beute schickten, dringend empfahlen, sie sollten den Pfarrer von Simau in Ruhe lassen, denn der arme Tropf hatte selbst nichts. Endlich bekam er eine andere Pfarre.

An den Quellen der Itz, da wo sich das Gebirge in hoher Terrasse nach dem Main hinabsenkt, liegt das alte Kirchdorf Stelzen, ein heiliger Ort wohl schon in der Heidenzeit. Dicht an der Kirche quillt ein Wunderbrunnen aus der Ecke einer geräumigen Höhle, die von uralten Buchen und Linden überschattet war. Bei dem Brunnen stand vor der Reformation eine Kapelle der heiligen Jungfrau, und manchmal waren viele hundert Grafen und Edelleute mit unzähligem Volk als Pilger dort zusammengeströmt. Das Dorf wurde zu Michaelis 1632 ganz ausgebrannt, nur Kirche, Schule und Hirtenhaus blieben stehen. Da schrieb der Pfarrer Nikolaus Schubert an die Behörde im Winter Folgendes: »Ich habe nichts mehr denn meine acht kleine, arme, nackende, hungrige Kinder davon gebracht. Ich wohne *ex mandato* noch immer in dem sehr alten und wegen Mangel eines Schlots, Bodens usw. gefährlichen Schulhaus, darin ich meines Studierens nicht abwarten und mich nicht behelfen kann. Denn mir fehlen Nahrung, Kleider, *longe enim plura deficiunt.*– Datum in meiner Elendsburg Stelzen, den 29 Januar 1633, Unterdienstwilliger und gehorsamer armer verbrannter Pfarrer das.: Nikolaus Schubert.« – Er wurde versetzt. Sein Nachfolger, wieder ausgeplündert und durch einen Reiter mit einem Stoßdegen in die linke Hüfte gestochen, wurde auch versetzt; auch ein zweiter Nachfolger konnte sich nicht halten. Seitdem lag die Pfarre fünfzehn Jahre unbewohnt, der benachbarte Pfarrer Götz von Sachsendorf kam aber doch an jedem dritten Sonntag hin und hielt das Amt in dem zerstörten Dorfe. Zwei Jahre lang kam kein Heller in den Kirchkasten und das Klingelsäcklein. Endlich brannte 1647 die Kirche bis auf die kahlen Wände ganz ab. –

Gregor Ewald war Pfarrer zu Königsberg. Im Jahre 1632 brannte Tilly die Stadt ab, Ewald wurde von zwei Kroaten in den Weinbergen gefangen und geplündert; als ein goldener Ring nicht vom Finger abgehen wollte, machten sie Anstalt den Finger abzuschneiden, und hatten endlich die Nachsicht, den Ring nur mit der Haut abzuziehen und tausend Taler Ranzion zu fordern. Ewald befreite sich dadurch, dass er den einfältigen Soldaten, welcher ihm mitgegeben wurde die Ranzion zu holen, zuerst an eine Kellertür führte, um ihm einen Trunk Wein zu geben, und unter dem Vorwande, den Schlüssel zu holen, entfloh, während der Soldat vor der Kellertür stehen blieb. Auch er nahm in der Not eine Bestallung als schwedischer Feldprediger an, lebte nach der Schlacht bei Nördlingen als Exulant ein Jahr in der Fremde, von da kehrte er zu seiner zerfallenen Gemeinde zurück, wo er noch einige Jahre mit seiner Familie Hunger und Elend ertrug.

Unter den biografischen Aufzeichnungen protestantischer Pfarrer ist eine der lehrreichsten die des Franken Martin Bötzinger. Sowohl das Dorfleben zur Zeit des Krieges als auch die Verwilderung der Menschen wird aus seiner Erzählung zum Erschrecken deutlich. Bötzinger war kein großer Charakter, und die kläglichen Schicksale, welche er zu ertragen hatte, haben ihn nicht stärker gemacht. Ja, man wird ihm das Prädikat eines recht armen Teufels schwerlich versagen. Dabei besaß er aber zwei Eigenschaften, welche ihn für uns wertvoll machen: eine unzerstörbare Lebenskraft, welche mit nicht geringem Leichtsinn verbunden war, und jenes verzweifelte deutsche Behagen, das auch der trostlosesten Lage immer noch erträgliche Seiten abzugewinnen weiß. Er war ein Poet. Seine deutschen Verse sind, wie die vorgesetzte Probe zeigt, durchaus erbärmlich, aber sie dienten ihm in der schlechtesten Zeit als zierliche Bettelbriefe, durch welche er sich Mitleiden zu verschaffen suchte. So hat er alle Amtleute und Schösser der Parochie Heldburg in einem gewissermaßen epischen Gedicht gefeiert, so die traurigen Verhältnisse von Coburg, wo er eine Zeit lang als Flüchtling verweilte.

Von dem Lebenslauf, welchen er niederschrieb, waren der Anfang und der letzte Teil schon abgerissen, als ihn im Jahre 1730 Krauß seiner Hildburghäusischen Kirchen-, Schul- und Landeshistorie einverleibte. Aus diesem Fragment wird das Folgende treu mitgeteilt. Nur die Reihenfolge der Begebenheiten, welche in seiner Selbstbiografie durcheinanderlaufen, ist hier nach den Jahren geordnet. – Bötzinger war Gymnasiast zu Coburg, während der Kipperzeit Student zu Jena gewesen, wurde 1626 Pfarrei zu Poppenhausen. Im Frühjahr 1627 war der junge Pfarrer im Begriff, Herrn Michael Böhmes, Bürgers und Rats zu Heldburg, einzige Tochter namens Ursula zu freien.

»Als nun Anno 1627, Dienstag nach Jubilate, alle Präparatoria dazu gemacht waren, kamen an ebensolchem Tag 8000 Mann sachsen-lauenburgisches Volk nebst dem Fürsten selbst vor Heldburg, schlugen ein Feldlager auf dem Samen, verderbten in acht Tagen die Stadt und das Amt dermaßen, dass weder Kalb noch Lamm, weder Bier noch Wein mehr zu bekommen war. Es wurde aus allen Ämtern Proviant zugeführet, und konnten dennoch kaum die fürstlichen Offiziere und Beamten unter ihnen aushalten. Wurden wegen Kälte so einfiel, in die Stadt und Dorfschaften etliche Tage eingelegt. Da bin ich zu Poppenhausen im Pfarrhaus das erste Mal geplündert worden. Denn ich hatte nicht allein nichts verwahret, sondern vielmehr zugeschicket, als wenn ich einen ehrlichen Gast oder Offizier herbergen wollte. Kam um mein Weißzeug, Bettgerät, Hemden usw. Denn ich wusste noch nicht, dass die Soldaten Mauser sind und alles mitnehmen. Es musste der Landesfürst, Herzog Kasimir, selber nach Heldburg reisen, er stellte dem Lauenburger ein fürstliches Bankett an, schenkte ihm etliche stattliche Rosse und 8000 Taler, damit er ihn nur hinwegbrächte. Nach diesem Unglück fand sich allenthalben der Segen Gottes wieder ein zur Verwunderung. Denn die Wintersaat war wegen der Hütten, Quartiere und Feuer, deren viel tausend zu sehen waren, in Grund weg, viel tausend Hütten, viel hundert Schock Stroh und anderes waren da beisammen, sie machten mehr eine Wüste als Acker aus. Gleichwohl wuchs aus diesen gebrannten Hüttenstätten und Gruben so eine dicke Saat, dass in demselben Jahr ein Überfluss an Winterfrucht war. *Mirakulum!* – So gewann meine Hochzeit ihren Fortgang am Dienstag nach Exaudi, und ward gehalten auf dem Rathaus. –

Fünf Jahre lang war ein ruhiger Stand im Lande bis Anno 1632, außer dass mancher kaiserlicher Zug zu zwei, drei und mehr Regimentern hin- und herzog, die im Amt

Heldburg auch oft Quartier nahmen und ausmergelten. Ich hatte zu Poppenhausen keine Not. Wollte wünschen, dass ich's jetzo so gut hätte, als ich's vorm Krieg gehabt. Da aber das Feuer des Krieges wollte ankommen, reformierten die benachbarten Bischöfe stark, schickten Jesuiten und Mönche mit Diplomatibus ins Land, repetierten die geistlichen Güter und Klöster. Die Fürsten hatten ihre Defensioner hin und wieder, welche bisweilen im benachbarten Papsttum mauseten und dort die Hornissen aufstöberten. Ein jeder Verständige konnte wohl merken, die Sache würde ärger werden. Es flüchteten auch die Edelleute, ihrer Pfarrer, Vögte usw. das Ihrige in unsere Städtlein und Dörfer, hofften sicherer zu sein als in ihren Orten.

Anno 1631 Michaelis kam König Gustavus aus Schweden plötzlich über den Wald, als wenn er flöge. Königshofen und viel andere Orte bekam er ein, und es ging sehr bunt daher. Unsere vom Adel warben dem König Volk, welches im Mausen und Rauben just so arg war als die Feinde. Sonderlich nahmen sie den benachbarten Katholischen ihre Kühe, Pferde, Schweine, Schafe, und trieben sie gen Heldburg, da war ein Gekauf, eine Kuh für einen Dukaten, ein Schwein für einen Taler. Und oft liefen die Papisten her und sahen, wie und wer ihr Vieh kaufte, sie lösten es auch selber oft wieder ein. Es wurde ihnen aber so oft genommen, dass sie des Lösens müde wurden, und waren die armen benachbarten Papisten übel dran. Wir allhier zu Poppenhausen verwahrten ihnen aus Nachbarschaft ihr bisschen Habe in Kirche und Häusern, soweit es helfen wollte. Da sich aber Anno 1632 das Blatt wandte, und die drei Generäle, Friedländer, Tilly und Bayerfürst, Coburg und das Land einnahmen, halfen die benachbarten Papisten rauben und brennen, und fanden wir bei ihnen keine Treue noch Sicherheit.

Als man am Abend vor Michaelis die große Kartaune von Coburg hörte, als Losungsschuss, dass der Feind ankäme und sich jeder in acht nähme, zog ich mit all denen, so ich etliche Wochen geherbergt, nach Heldburg, wohin ich schon mein Weib und Kind geschickt hatte. Die Stadt hielt ihre Wache, meinete nicht, dass es so übel würde daher gehen. Bürgermeister und etliche des Rats rissen aus, mein seliger Schwiegervater war Verwalter über Pulver, Blei und Lunten, dass er der Wache ihre Notdurft austeilte, er musste wohl in der Stadt bleiben. Ich hatte mit Weib und Kindern Lust aus der Stadt zu ziehen, er aber wollte mich nicht, viel weniger seine Tochter aus der Stadt lassen, hieß uns zu Haus bleiben; er hatte einen ziemlichen Beutel mit Talern gefüllt, damit gedachte er sich im Unfall loszumachen. Aber es war der Mittag am Fest Michaelis noch nicht heran, da präsentierten sich 14 Reiter, man meinte, es wären Herzog Bernhards Völker, aber es war sehr weit gefehlet. Diese musste man nun einlassen ohne allen Dank. Ihnen folgten bald etliche Fußgänger, welche zum Anfang alles durchsuchten und schlugen und schossen, wer nicht parieren wollte. Mitten auf dem Markt hatte einer von diesen vierzehn meinen Schwiegervater mit einem Pistol vor den Kopf geschlagen, dass er wie ein Ochs niedergefallen. Der Reiter ist abgestiegen, hat ihm die Hosen visitieret, und haben unsere Bürger, so auf dem Rathaus gewesen, gesehen, dass der Dieb einen großen Klumpen Geld herausgezogen. Als dem Schwiegervater die Betäubung von dem Schlag vergangen und er aufgestanden war, musste er mit in das Sternenwirtshaus, wo sie zwar zu essen fanden, aber nichts zu saufen; da sprach er, er wolle heim und zu trinken bringen. Weil sie nun gedachten, er möchte ihnen ausreißen, nahmen sie das Zinn und Essen alles mit und kamen in mein Haus. Es währte nicht lange, so forderte einer Geld; da er sich nun entschuldigte, stach ihn der Tropf mit seinem eigenen Brotmesser in Gegenwart meines und seines Weibes, dass er zu Boden sank. Hilf Gott! Wie schrie mein Weib und Kind.

Ich stak in des Baders Haus über dem Ställchen im Stroh, sprang herab und wagte mich unter sie. Wunder war, dass sie mich in der Harzkappe* nicht fingen. Ich nahm meinen Schwiegervater, der da wie ein Trunkener taumelte, und trug ihn in die Badestube, dass er verbunden würde. Ich musste zusehen, dass einer eurer Mutter** die Schuh und Kleider auszog, und dich, Sohn Michael, auf den Armen trug. Hiermit räumten sie das Haus und die Gasse. Ich wagte mich weiter, ging durch des Baders Höflein in meines Schwähers Kammer, trug Kissen und Betten hinüber, worauf wir ihn legten. Noch weiter musste ich's wagen, ich ging in den Keller, darin sein Bruder, Herr Georg Böhme, Pfarrer zu Lindenau, in drei Stückfässern zwei Fuder guten Wein liegen hatte, ich sollte für den Schwiegervater einen Labetrunk holen; aber die Fässer waren oben so fleißig und dichte zugemacht, dass, wenn ich gleich den Zapfen herausholte, doch nichts herauslaufen wollte, ich musste gar lange vor dem Zapfen mit großer Gefahr stehen, ehe ich einen Löffel voll bekam. Kaum war ich hinüber, so kommt ein Schelm in die Badstube, wirft den Kranken vom Bett und sucht alles aus. Ich hatte mich kaum verkrochen unter die Schwitzbank, wo ich wohl zu schwitzen bekam, denn am vorigen Tage war Badetag gewesen.

Weil nun in der Stadt ein Metzeln und ein Niederschießen stattfand, auch niemand sicher war, kamen in einer Stunde unterschiedliche Bürger, wollten sich verbinden lassen. Da gab mein Schwiegervater zu, dass ich ein Loch suchte und aus der Stadt käme, mein Weib und Kinder aber wollte er nicht mit mir lassen. Also ging ich auf die Schlossgärten zu, und kam an der Höhe hinter das Schloss, dass ich gen Holzhausen und Gellershausen zu se-

---

* Kittel, Überwurf ohne Ärmel, damals Haustracht der Geistlichen.
** Bötzinger erzählt seinen Kindern.

hen konnte, ob's sicher wäre. Da fanden sich Bürger und Weiber zu mir, an mir einen Trost zu haben und mit mir zu reisen. Ich kam also über den Hundshanger Teich ins Holz, und wollte auf den Strauchhahn zu. Als wir nun bei den Heideäckern waren, ritten acht Reiter, es waren Kroaten, oben auf der Höhe. Da sie uns gewahr wurden, errannten sie uns eilends. Zwei Bürger, Kührlein und Brehme, entkamen, ich musste am meisten aushalten. Sie zogen mich aus, Schuhe, Strümpfe und Hosen, und ließen mir nur die Kappe. Mit den Hosen gab ich ihnen meinen Beutel mit Geld, den ich vor drei Stunden hinten in die Hosen gesteckt und so vor den ersten Mausern erhalten hatte. Die Not war so groß, dass ich nicht an meinen Beutel dachte, bis ich ihn das letzte Mal sah. Sie forderten tausend Taler, danach fünfhundert, endlich hundert für mein Leben, ich sollte mit in ihr Quartier, und musste barfuß eine Stunde lang mitlaufen. Endlich wurden sie gewahr, dass ich ein Pap oder Pfaff wäre, welches ich auch gestand; da hieben sie mit ihren Säbeln auf mich hinein, ohne Diskretion, und ich hielt meine Arme und Hände entgegen, habe durch Gottes Schutz nur eine kleine Wunde unten an der Faust bekommen. Etliche gaben den Rat mich zu entmannen, der Obrist aber, ein stattlicher Mann, wollte es nicht zugeben.

Unterdessen wurden sie einen Bauer gewahr, welcher sich in den Büschen besser verkriechen wollte. Es war der reiche Kaspar von Gellershausen, auf solchen ritten sie alle zu, und blieb nur einer bei mir, welcher ein geborener Schwede und gefangen worden war. Dieser sagte zu mir: ›Pape, Pape, leff, leff, du müst sonst sterfen.‹ *Item*, er wäre gut schwedisch. Ich fasste Vertrauen zu dem Rat und bat ihn, wenn ich liefe, sollte er mir zum Schein nachreiten, als wenn er mich einholen wollte. Und also geschah es, dass ich den Kroaten entkam. Der reiche Kaspar aber musste an jenem Ort elend sterben. Denn als er sich nicht ausziehen wollte, welches ich wohl sah, haben sie ihm die Kniekehlen entzweigehauen. Darüber ist er an diesem Ort liegengeblieben, und wurde nach Abzug der Feinde gefunden. Ich aber lief im groben Eichenholz ungefähr eine ganze Stunde fortwährend, konnte keinen dicken Busch ersehen, worin ich mich verbergen konnte, fiel endlich gar in eine Wasserlache, durch welche eine eichene Wurzel gewachsen war. Ich war so matt vom Laufen, dass ich nicht weiter konnte, das Wasser fing an *s. v.* mir zu entgehen, und ich konnte nicht aufhören, meinte, die Blase wäre mir zersprungen. Mein Herz pochte auch so sehr, dass ich nicht wusste, ob ich den Pferdehufschlag hörte, oder ob's mein Herz wäre.

Also saß ich, bis es Nacht wurde, stand auf und ging immer dem dicken Gebüsch nach, so kam ich heraus, dass ich gen Seidenstadt hinaussehen konnte. Ich schlich mich ins Dorf und weil ich Hunde bellen hörte, hoffte ich Leute zu Haus anzutreffen, aber da war niemand, ich ging deswegen in einen Stadel und wollte mich zu Nacht auf dem Heu behelfen. Da schickt Gott, dass die Nachbarn, die im Strauchhahn sich verkrochen gehabt, eben hinter diesem Stadel zusammenkommen und beraten, wo sie sich wieder sammeln und wo sie hingehen wollen. Das konnt' ich deutlich hören, stieg deswegen herab und ging auf das Haus zu; da war der Bauer gerad hinein, hatte ein Licht angezündet, stand im Keller und rahmte die Milch ab, die er essen wollte. Ich stand oben am Loch, redete ihn an und grüßte ihn, er sah auf und sah den untern Teil des Leibes, nämlich das Hemd und nackte Beine, und oben schwarz. Er erschrak sehr, als ich ihm aber sagte, dass ich Pfarrer zu Poppenhausen und von Soldaten ausgezogen wäre, trug er die Milch herauf, und ich bat ihn, dass er mir bei seiner Nachbarschaft von Kleidern etwas zuwege brächte, ich wollte mit ihnen, wohin sie auch gehen würden. Er ging aus, unterdessen machte ich mich über seinen Milchtopf und leerte ihn ganz aus. Es hat mir mein Lebtag keine Mich so wohl geschmeckt. Er kam nebst andern wieder, und brachte mir einer ein Paar alte lederne Hosen, die von Wagenteer sehr übel rochen, ein anderer ein Paar alte Riemenschuhe, ein anderer zwei Strümpfe, einen grünen und einen weißen wollenen. Diese Livree schickte sich weder für einen Reisenden, noch für einen Pfarrer. Dennoch nahm ich's mit Dank an, konnte aber in den Schuhen nicht gehen, denn sie waren hart gefroren. Die Strumpfsohlen waren zerrissen, und ich ging also mit ihnen mehr barfuß als beschuhet gen Hildburghausen. Wenn wir uns umsahen, so sahen wir, wie es im Itzgrund an vielen Orten lichterloh aufbrannte. Damals ging auch Ummerstadt, Rodach, Eisfeld, Heldburg im Feuer zugrunde.

Ich machte mit meiner Ankunft ein solches Spektakel, Schrecken und Furcht zu Hildburghausen, dass sich niemand – da doch viel tausend Fremde dahin gekommen waren – sicher wusste, obgleich die Stadt starke Wache hielt. Mir aber war nur die Sorge, wie ich ein ehrliches Kleid, Strümpfe, Schuhe usw. bekommen möchte, ehe wir von da ausrissen. Ging deswegen unbeschuhet zu Herrn Bürgermeister Paul Waltz, zum Diakonus usw., und bat mir etwas zu schenken, damit ich mich ehrlich bedecken möchte. Herr Waltz schenkte mir einen alten Hut, der war fast eine Elle hoch, deformierte mich mehr als etwas anderes; gleichwohl setzte ich ihn auf. Herr Schnetters Eidam, jetzt Diakonus zu Römhild, schenkte mir ein Paar Hosen, die über den Knien zugingen, die waren noch gut, Herr Dressel ein Paar schwarze Strümpfe, der Kirchner ein Paar Schuhe. Also war ich staffieret, dass ich ohne Scham unter so viel tausend fremden Leuten, die in der Stadt Sicherheit suchten, und unter den Bürgern mich durfte sehen lassen. Der Hut aber deformierte mich gar sehr, drum trachtete ich auf Gelegenheit, wie ich einen andern überkommen möchte. Es trug sich aber zu, dass das ganze Ministerium, Schulkollegen und Rat sich heimlich vereinigt hatten, dass sie ohne Wissen der gemeinen Bürgerschaft nachts neun Uhr die Tore wollten öffnen lassen und davongehen mit Weib und Kind. Dies erfuhr ich, ging deswegen in des Herrn Stadtschreibers Behausung, wo die Herren sich alle versammelten; niemand aber wollte meiner achten noch mich kennen. Ich setzte mich allein über einen Tisch im Finstern, da wurde ich gewahr, wie ein fein ehrbarer Hut am Nagel hing. Ich dachte, wenn dieser bei ihrem Aufbruch hängen bliebe, so wäre es mir gut. Geht doch ohnedies alles zugrunde nach dem Abzug. Und was ich wünschte und gedachte, das geriet mir. Es ging an ein Scheiden, Heulen und Valedizieren, ich legte den Kopf auf den Tisch wie ein Schlafender. Als nun fast jedermann im Abziehen war, hängte ich den langen Störcher an die Wand, tat einen Tausch und ging mit den andern Herren hinaus in die Gasse.

Da war diese Verabredung unter den Leuten offenbar geworden. Und unzählig viele Leute saßen mit ihren Paketen auf der Gasse, auch viele, viele Wagen und Karren waren angespannt, die alle, als das Tor aufging, mit fortwanderten. Als wir ins freie Feld kamen, sahen wir, dass die guten Leutchen sich in alle Straßen verteilten. Da wurden viel tausend Windlichter gesehen, diese hatten Laternen, diese Strohschauben, andere Pechfackeln. In Summa etliche tausend Leute zogen in Traurigkeit fort. Ich und mein Haufe kamen um zwölf Uhr Mitternacht gen Themar, welche Stadt sich mit uns auch aufmachte, sodass wir abermals etliche hundert mehr wurden. Der Marsch ging auf Schwarzig, Steinbach zu, und als wir gegen Morgen in ein Dorf kamen, da wurden die Leute erschreckt, dass sie Haus und Hof auch zurückließen und mit uns fortzogen. Wir waren etwa eine Stunde in der Herberge gewesen, so kam schon Post, dass die Kroaten diesen Morgen wären zu Themar eingefallen, hätten die Fuhrmannsgüter oder Geleit aufgehauen, geplündert, dem Bürgermeister den Kopf aufgespalten, die Kirche ausgeplündert, auch die Orgelpfeifen auf den Markt herausgetragen usw. Da war's hohe Zeit, dass wir gewichen waren. Hildburghausen aber hat sich danach mit einer großen Summe Geldes und seinen Kelchen ranzionieren müssen, sonst wäre die Stadt auch eingeäschert worden, wie andere Städte. Auf dieser Wanderschaft bekam ich auch ein Paar Handschuh, Messer und Scheide verehrt.

Das währte etwa fünf oder sechs Tage, da kam die Post, die Feinde wären von Coburg aufgebrochen. Jetzt konnte ich nicht länger bleiben. Ich lief geschwind auf Römhild zu, wo mein Herr Gevatter Cremer Amtsschreiber war. Musste Herrn Amtmann referieren, wie mir's gegangen. Nur dieses Städtlein blieb ungeplündert. Herr Amtmann ließ Feuer unter sie geben, und Gott erhielt durch des Amtmanns Vorsicht dies Städtlein. Unterdes wurde Römhild ganz voll Exulanten, die teils bekannt, teils unbekannt waren. Ich achtete aber damals keiner Gesellschaft, überlief viele hundert Menschen und kam als erster nach Heldburg zurück, gerade da man die Erschlagenen auf einem Karren auf den Gottesacker führte. Als ich solches sah, ging ich auf den Gottesacker, und fand siebenzehn Personen in einem Grab liegen, darunter waren drei Ratspersonen, eine mein Schwiegervater, der Kantor, etliche Bürger, der Hofmeister, Landknecht und Stadtknecht. Waren alle gräulich zugerichtet. Nach diesem ging ich in meiner Schwiegerin Haus, da fand ich sie krank und vom Rädeln, Zwicken mit Pistolschrauben so übel zugerichtet, dass sie mir kaum Rede geben konnte. Sie gab sich darein, sie müsste auch sterben. Darum befahl sie, ich solle mein Weib und Kinder, welche der Feind mitgenommen, suchen lassen. Es waren aber die Kinder, du, Michel, anderthalb und deine älteste Schwester fünf Jahre alt. Gern hätte ich zu Heldburg etwas gegessen, es war aber weder zu essen noch zu trinken da. Laufe deswegen hungrig und erschrocken auf Poppenhausen zu, dort nicht allein mich zu erquicken, sondern auch Boten zu schaffen, die mein Weib und Kinder suchten und auslösten. Aber da erfahre ich, dass auch Poppenhäuser Kinder wären weggenommen worden, dass der Marsch auf viele Straßen gegangen, dazu ein Bote Leibes und Lebens unsicher wäre. Unterdessen bereiteten meine Pfarrkinder zu Poppenhausen eine Kuh, welche den Kriegsleuten entlaufen war, diese erwartete ich mit hungrigem Magen. Da aßen wir Fleisch genug ohne Salz und Brot. Über die Mahlzeit kam mir Post, mein Weib wäre gekommen, welches auch wahr und also zugegangen war. Sie war von etlichen Musketieren mitsamt ihren zwei Kindern mitgenommen worden bis Altenhausen, dort war sie aus Furcht der Ehre mit zwei Kindern über die Brücke ins Wasser gesprungen. Da war sie nun von den Soldaten selbst wieder herausgezogen und mit ins Dorf gebracht worden, wo sie in der Küche die Abendmahlzeit zuschicken helfen musste. Unterdes kommt ein Haufe anderer Soldaten, die höher und mehr waren, und trieben diese aus dem Quartier. Da bekommt mein Weib Gelegenheit zu entlaufen. Drehet sich aus und lässt die zwei Kinder im Haus unter den Soldaten. Eine arme Bettelfrau führt sie durch heimliche Winkel aus dem Dorfe und bringt sie ins Holz in eine alte Spelunke, darin sie die Nacht und den andern Tag bis gegen Abend verbleibt. Diesen Tag brach das Volk aus allen Quartieren auf, also machte sich meine Frau auf und kam gesund und in Ehren Zu mir, dass wir alle froh waren und Gott dankten. –

Wie es aber zu Heldburg unterdes mit Mord, Brand usw. hergegangen, will ich auch melden. Die Stadt Heldburg hatte Defensioner und Ausschuss, und es war dekretiert, wenn Truppen vom Feind ankämen, die Stadt zu defendieren. Denn man hoffte immer, Herzog Bernhards

Völker sollten nicht weit sein und das Land entsetzen. Als nun die Stadt angezündet ward, eilet mein Herr Schwiegervater mit vielen anderen Bürgern und Bürgersleuten aus der Stadt, und kommt mit meinem Weib und zwei Kindern in der Nacht nach Poppenhausen, mein Weib richtet ihm ein recht Krankenbettlein zu. Denn es war von Edelleuten und Vögten mein Pfarrhaus mit allerlei Hausgerät in der Flucht vollgestopft. Und obgleich Mauser darin gewesen, war doch noch genug da. Des Tags darauf kommt ein ganzer Haufe Reiter ins Pfarrhaus, examinieren die Meinigen, lassen sie aber passieren, weil ein Beschädigter dalag, bestellen die Nachtmahlzeit, ziehen fort aufs Beuten, kommen gegen Abend und bringen allerlei Raub. Da muss man sieden und braten, es helfen auch die benachbarten Weiberlein weidlich dazu. Da die Reiter aber aufbrechen, raten sie meinem Schwiegervater, er solle nicht wohl trauen, dieser Lärm werde noch acht Tage dauern, und weil die Straße dahergrünge, möchte er und seine Tochter Gewalt erfahren, drum sollte er, weil die nächsten Dörfer papistisch wären, sich in ein anderes Dorf machen. Das tut mein Schwiegervater und geht bei Nacht und Nebel gen Gleichmuthausen, Sicherheit zu haben; aber die gottlosen Nachbarn bringen ein Geschrei aus, dass die Reiter die lutherischen Leute verbrennen und erschlagen wollten. Sie taten's aber zu ihrem Vorteil, denn die Papisten liefen mit den Reitern in unsere Dörfer und Häuser, stahlen gerade so sehr als andere. Da wollte mein Schwiegervater auch dort nicht länger verbleiben, er ging mit den Seinigen ins Einöder Holz und blieb da Tag und Nacht. Machte sich danach hervor, dass er auf die Heldburger Straße gegen Einöd sehen konnte. Als er nun eines Tages niemand sonderliches auf der Straße weder fahren noch reiten sah und auch das kleine Glöcklein hörte – so man pflegt zu läuten, wenn man Kinder taufe – gedachte er, es wäre so, schleicht der Stadt näher zu und sieht den ganzen Weg nichts Hinderliches. Sobald er aber in die Stadt kommt, wird ihm nachgelauscht, wo er einkehre. Da kommt ein ganzer Haufe vom Tross, und führt ihn und mein Weib und die Schwiegerin in Herrn Gockels Haus. Ach, da war ein Bankettieren und Gesaufe! Als er nun angestrengt wird Geld zu geben, und allerlei vorwendet, haben sie ihm mit Talglichtern seine Augen, Bart und Maul scheußlich geschmieret und versenget, mein Weib aber unverschämt in der Stube vor jedermann wollen notzüchtigen, welches aber so sehr schrie, dass ihre Mutter mit Gewalt in die Stube sprang, und sie durch die Stubentür, welche zwar zu, aber in welcher das untere Feld mit Leisten künstlich eingemacht und zerbrochen war, hinausschlüpfte. Da hat sich der Koch über sie erbarmt und sie aus dem Haus geführt, und als ihm mein Weib etliche Dukaten, welche sie acht Tage lang vorn im Überschlag an ihrem Ärmel erhalten, gegeben, hat er meinen Schwiegervater, aber übel zugerichtet, ihr zugestellt. Also sind sie mehr tot als lebendig aus der Stadt gegangen, und weil er der Mattigkeit halber nicht weiterkommen mögen, ins Siechhaus. Da hielten sich nicht allein die armen siechen Leute auf, sondern auch viele ehrbare Bürger und Weiber, in Hoffnung, an diesem Ort sicherer zu sein. Aber weit gefehlt. Obgleich mein Schwiegervater dem Tode nahe auf ein Bett gelegt worden und jedermann sah, wie blutig und übel er zugerichtet war, dennoch ist er hin- und hergeschleppt und ohne Zweifel von losen Leuten verraten worden, dass er ein Reicher wäre. Meine Schwieger hat man gerädelt, mein Weib und Kinder in die Stadt gefangen geführt, sie hat den Soldaten Hemden machen sollen. Als sie nun auf dem Kirchhof sitzet, und ihr einer ein Stück Leinwand bringet, sie soll's zerschneiden, spricht er zu seinen Kameraden: ›Geh hin, mache den Bauer (meinen Schwiegervater meinend) vollends tot.‹ Dieser geht hin, kommt bald wieder und hat in seinen Armen meines

Schwiegervaters Hosen und Wams, und spricht zu meiner Frau: ›Dein Vater ist fertig.‹ O Grausamkeit! – Als die Mauser genug aus der Kirche gemauset hatten an Kleidern und weißem Zeug, zogen sie aus der Stadt und musste mein Weib mit ihnen, es wäre ihr lieb oder leid. –

Nicht lange danach bekamen sie vor Leipzig und Lützen ihren Lohn dafür, wie an andern Orten zu lesen. Nach diesem zog man allenthalben wieder nach Haus, und fanden sich die Leute wieder. Aber das Schaf- und Rindvieh war alles weg. Ich erhielt mehr nicht als drei Kälber von acht Stück, ohne die 48 Schafe, die mit der ganzen Herde wegkamen.

Im 1633sten Jahre starb und ward begraben Herzog Johann Kasimir eben an dem Tage, da dem Gustav, König in Schweden, in diesem Land seine Leichenpredigt getan ward. War solche Zeit ein sehr großes Rauben und Plündern, auch von Herzog Bernhards Völkern, deren neun Regimenter im Itzgrund lagen, damit man in Sicherheit den fürstlichen Leichnam begraben konnte.

Anno 1634 war es noch viel ärger, und man merkte wohl, dass in Kurzem alles drüber und drunter gehen würde. Darum tat ich aus dem Weg, was ich konnte, gen Stelzen zum Pfarrei, meine Betten, zwei Kühe und Kleider usw.; aber es ging im Herbst, nachdem Lamboy sich eingelagert, alles an allen Orten darauf, und kostete mich das Winterquartier an 35 Wochen mehr als 500 Gulden, wie ich's dem Hauptmann Krebs liquidieren musste. Halte in meinem Hause elf Personen, ohne Tross und Mägde. Es ist nicht zu beschreiben, was ich, mein Weib und Kinder die Zeit über haben leiden und ausstehen müssen. Konnte endlich nicht länger vor ihnen sicher sein, machte mich krank aus dem Staube, kam nach Mitwitz und Mupperg, wo ich ebenso wenig Ruhe hatte als zu Heldburg. Sonderlich quälete mich meine Stiefmutter (sie ist vom Donner erschlagen worden), sie konnte mich nicht sehen in meinem Exil bei meinem alten Vater. Musste mich nach Neustadt machen zu Herrn Rektor M. Bal. Hoffmann, jetzigem Superintendent. Aber ich war nicht allein sehr arm, sondern auch täglich kränker, weswegen ich nur gedachte, wie ich wieder gen Poppenhausen oder Heldburg käme und da stürbe. Denn ich war meines Lebens ganz müde.

Wunderlich kam ich in Finsternis und Nacht durch die Wege und Dörfer, da es noch allenthalben unsicher war, und endlich nach Poppenhausen. Da waren meine armen Pfarrkinder und Schulmeister ja so froh, als wenn unser Herrgott gekommen wäre. Es war aber solch große Mattigkeit und Mangel, dass wir den toten Leuten ähnlicher sahen als den lebendigen. Viele lagen schon aus Hunger danieder, und mussten gleichwohl alle Tage etliche Male Fersengeld geben und uns verstecken. Und obgleich wir unsere Linsen, Wicken und arme Speise in die Gräber und alten Särge, ja unter die Totenköpfe versteckten, wurde es uns doch alles genommen. – –

Damals mussten die noch lebendigen Leute von Haus und Hof gehen oder Hungers sterben. Wie denn zu Poppenhausen die meisten begraben wurden. Es blieben etwa noch acht oder neun Seelen, die Anno 1636 vollends daraufgingen oder entwichen. Dieselbe Gelegenheit hatte es auch mit Lindenau, welche Pfarre mir 1636 vikariatsweise vom fürstlichen Konsistorium anbefohlen war. Ich konnte keine Einkünfte genießen. Äpfel, Birnen, Kraut und Rüben war meine Besoldung. So bin ich von Anno 1636–1641 auch der Lindenauer Pfarrer gewesen. Ich ließ zwar die Pfarre zurichten, konnte aber wegen Unsicherheit und Plagerei nicht beständig drunten wohnen und verrichtete die labores von Heldburg aus. Mein Zeugnis von den Lindenauern ist noch vorhanden, worin sie bekennen, dass ich in fünf Jahren nicht zehn Gulden an Geld bekommen habe, sie haben mir aber seither den Rest mit Holz und Äpfeln richtig gemacht.

Als Anno 1640 zwischen Ostern und Pfingsten die kaiserlichen und die schwedischen Armeen zu Saalfeld ein Feldlager schlugen, wurde Franken und Thüringen nah und fern verderbet. Am Sonntag Exaudi früh vier Uhr fielen kaiserliche starke Parteien zu Heldburg ein, als die meisten Bürger noch in den Betten ruhten. Meine ganze Gasse oben herein und hinten mein Hof war in Eile voll Pferde und Reiter, nicht anders, als wenn ihnen mit Fleiß mein Haus wäre gezeigt worden. Da wurde ich und mein Weib wohl fünfmal in einer Stunde gefangen; wenn ich von einem loskam, nahm mich ein anderer. Da führt' ich sie halt in Kammer und Keller, sie möchten selber suchen, was ihnen dienen könnte. Endlich verließen mich zwar alle und ließen mich allein im Haus, doch war Schrecken, Furcht und Angst so groß, dass ich an meine Barschaft nicht gedachte, welche ich zehnmal hätte können retten, wenn ich mich getraut hätte damit fortzukommen. Aber es waren alle Häuser und Gassen voll Reiter, und wenn ich meinen Mammon zu mir gefasset, hätte geschehen können, dass ich's einem zugetragen hätte. Aber ich dachte vor Angst an kein Geld. Es ließen sich Männer und Weiber durch die Gil de Hasischen Reiter, so bei uns im Quartier lagen, hinauskonvoyieren. Da kam ich wieder zu Weib und Kindern, wir begaben uns ins nächste Holz, gen Hellingen, da blieb Alt und Jung, Geistliche und Weltliche Tag und Nacht, Der meisten Leute Speise waren schwarze Wacholderbeeren. Nun wagten es etliche Bürger, gingen in die Stadt, kamen und brachten essende Ware und sonst, was ihnen lieb gewesen. Ich dachte: Ach! wenn du auch könntest in dein Haus kommen und die baren Pfennige ertappen, und damit dich und deine Kinder könntest fortbringen. Ich wagte es, schlich hinein und ging durchs Spitteltor aufs Mühltor zu, welches mit Palisaden vermacht war. Da hatte inwendig ein und der andere auf der Lausche gestanden, die mich Unwissenden erhaschten, wie eine Katze eine Maus. Da ward ich mit neuen Stricken gebunden, dass ich mich weder mit Gehen noch Greifen behelfen konnte, sollte entweder Geld geben oder reiche Leute verraten. Musste den Dieben für ihre Pferde im Herrnhof Futter schwingen, den Pferden zu trinken vorhalten und andere lose Arbeit tun. Da ich mich nun etwas frei zu sein deuchte, lief ich davon, aber unwissend, dass vor dem Hoftor ein ganzer Haufe Soldaten stand, lief ich ihnen also in die Arme, Welche mich mit Degen und Bandelieren sehr wohl abschlugen, mich besser mit Stricken verwahrten, und von Haus zu Haus führten, und sollte ihnen sagen, wem dies oder jenes Haus wäre. Also ward ich auch in mein Haus geführt, da sehe ich in der Hausflur den kupfernen Schöpftopf liegen, in welchem meine Barschaft, dreihundert Taler, gewesen, und dachte: Hättest du das gewusst, dass die Vögel und Füchse weg wären, so wärest du draußen geblieben. Weil ich nun niemand verraten wollte, setzte mir einer meine eigene Kappe, die in meinem Hause auf der Erde lag, auf und hieb mir mit einem Hirschfänger auf den Kopf, dass das Blut zu den Ohren hereinlief, und war kein Loch durch die Haube, denn sie war von Filz. Noch mehr: Eben dieser setzte mir aus Mutwillen den Hirschfänger auf den Bauch, wollte probieren, ob ich fest wäre, drückte ziemlich hart auf, dennoch wollte Gott nicht, dass er mir weiter Blut abgewinnen sollte. Zweimal in einer Stunde, nämlich in der Schneiderin Wittich Hof auf dem Mist, zum andern Mal in des Wildmeisters Stadel, haben sie mir den schwedischen Trunk mit Mistjauche gegeben, wodurch meine Zahne fast alle wackelnd geworden. Denn ich wehrte mich, als man mir einen großen Stecken in den Mund steckte, so gut ich Gefangener konnte. Endlich führten sie mich mit Stricken fort und sagten, sie wollten mich aufhängen, brachten mich zum Mühltor hinaus auf die Brücke: Da nahm einer von ihnen den Strick, womit beide

Füße zusammengezogen waren, der andere den Strick am linken Arm, stießen mich ins Wasser, und hielten die Stricke, womit sie mich regierten, auf- und niederzogen. Und weil ich um mich fehmete und Steuerung suchte, erhaschte ich die Rechenstecken, welche aber auf mich zuwichen, und konnte daran keinen Anhalt finden, nur dass durch Gottes Schickung mir ein Loch gemacht wurde, dass ich konnte unter die Brücke schlüpfen. Sooft ich mich wollte anhalten, schlugen sie mich mit gedachten Rechenstecken, dass dieselben entzwei sprangen, wie ein Schulbakel. Als sie sich nun nicht allein müde gearbeitet hatten, sondern auch dachten, ich hätte meinen Rest, ich würde im Wasser ersaufen, ließen sie beide Stricke fahren; da wischte ich unter die Brücke wie ein Frosch, und konnte mir keiner beikommen. Da suche ich im Hosensack und finde ein Messerlein, so sich zusammenlegen ließ, welches sie nicht hatten haben wollen, ob sie mich schon oft durchsucht. Damit schnitt ich die Stricke an beiden Füßen los und sprang hinunter Stockwerk hoch, wo die Mühlräder liegen. Es ging mir das Wasser über den halben Leib; da warfen die Schelme Stöcke, Ziegelsteine und Prügel hinter mir her, um mir den Rest vollends zu geben. Ich war auch willens mich ganz hinaus zu arbeiten, gegen des Müllers hintere Tür, konnte aber nicht, entweder weil die Kleider voll Wassers mich zurückdehneten, oder vielmehr weil Gott solches nicht haben wollte, dass ich sterben sollte. – Denn wie ein trunkener Mann hin- und hertaumelt, also auch ich, und komme auf die andere Seite gegen den hintern Brauhof. Da sie nun merkten, ich würde im Zwinger aussteigen, laufen sie alle in die Stadt und nehmen mehr Gesellen zu sich, passen unten bei den Gerbhäusern auf, ob ich ihnen kommen würde. Aber als ich dieses merkte, dass ich jetzo alleine war, blieb ich im Wasser liegen und steckte meinen Kopf unter einen dicken Weidenbusch und ruhte im Wasser vier oder fünf

Stunden, bis es Nacht und in der Stadt stille wurde; dann kroch ich halb tot heraus, konnte der Schläge wegen fast keinen Atem holen. Ich ging hinab bis an die Gerbhäuser, wurde da gewahr, dass es noch nicht sicher war, dass einer dort Gras mähete, einer Gerberkessel ausriss und wäre schier auf diesen gekommen. Musste also da stecken bis in die Nacht. Ging dann über die Brunnenröhren, den Wasserfluss immer hinab, und kletterte über einen Weidenstamm, dass ich die andere Seite gegen Poppenhausen erreichte.

Als ich an den Poppenhäuser oder Einöder Weg kam, lag's da und dort voll Weißzeug, welches die Soldaten weggeworfen oder verloren hatten. Ich konnte mich nicht bücken, etwas aufzuheben, kam endlich nach Poppenhausen, und fand niemand einheimisch denn Klaus Hön, dessen Frau eine Sechswöchnerin war, der musste mir die Kleider vom Leibe schneiden, denn ich war verschwollen, legte die nassen Kleider ab, damit sie trocken wurden. Er musste mir auch ein Hemd leihen; da besah er mir die Haut, welche ganz bunt von Schlägen war, später wurde mein Rücken und Arme schwarz vom Geblüte. Den andern Tag gebot mir das schöne Pfarrkind auszuziehen, denn er fürchtete sich, man möchte mir nachstellen und er meinetwegen in Unglück kommen. Also zog ich die nassen Kleider mit seiner Hilfe an und ging fein sachte auf Lindenau zu, immer durch die dicksten Büsche, und hielt mich jenseit in den Lindenauer Gärten, vor denen ich das Dorf sehen konnte. Wurde endlich gewahr, dass etliche Leute in ein Haus gingen, ging darauf zu, man wollte mich aber nicht einlassen, denn die Furcht war zu groß. Endlich, da sie durch das Fenster sahen, dass ihr Pfarrer kam, kam ich ein und blieb etliche Tage bei ihnen. Denn sie hatten einen im Quartier, der ein Lindenauer Kind war; der half ein wenig. Ich aber hatte da ein neues Unglück. Als der im Quartier Liegende mit den Lindenauern nach Schloss Einöd ging, da abzuholen, was sie noch von ihrer Habe fanden, hielt unter der Zeit der Schultheiß, der Schmied und ich auf dem Turm Wache; wir versehen alle drei den Dienst, es kommen etliche Reiter in das Dorf, sehen uns auf dem Turm, gehen stracks auf den Turm und finden uns da beisammen. Als wir nun aus dem ungestümen Auftreten und Sprache merkten, dass es Reiter wären, lernte ich leider steigen, so übel mir war, ich kletterte auf den Glockenstuhl hinauf und legte mich wie ein Kätzchen hinter das Uhrhaus; aber es stieg gleichwohl ein Dieb hinan und fand mich. Meine Pfarrkinder sagten, ich wäre ihr Schulmeister, baten für mich, ich wäre schon von den Soldaten übel geschlagen worden. Es half mir aber nichts. Dieser Schulmeister musste immer mit herabsteigen, und ging der Schultheiß voran, danach ein Reiter, ferner der Schmied, danach ein Reiter, endlich folgte ich zögernd. Als sie nun alle zum Kirchtor hinaus waren, blieb ich drinnen, riegelte das Türlein zu, und lief zum andern Tor hinaus und verkroch mich in einer Rübengrube. Hilf Gott! wie wehe geschah mir, dass ich niederbücken und so auf allen Vieren eine Stunde liegen musste. Also kam ich davon. Meine schönen Mitwächter mussten mit in eine Mühle und Säcke mit Mehl auffassen.

Acht Tage vor Pfingsten kam ich mit vielen Bürgern nach Coburg am Sonntag Exaudi. Es hatte mir ein Dieb meine Schuhe ausgezogen und mir alte schlechte dafür gegeben, die ich fast acht Tage trug, es waren beide Sohlen herausgefallen. Wenn es nun bei Tage Ausreißens galt, drehten sich die Schuhe ringsum und stand oft das Vorderste zu hinterst. Ich musste mich oft lassen auslachen. Also kam ich nach Coburg. Nun war mein Martyrium schon vor etlichen Tagen nach Coburg gekommen, auch die Sage, ich wäre totgemacht. Als ich nun selber kam, verwunderten sich Bürger und alte Bekannte. Dr. Kesler, Generalsuperintendent, item Konsul Körner luden mich die Pfingstfeiertage etlichemal zu Gast, und taten die Coburger mir, Weib und Kindern vier Wochen lang viel Gutes, wie ich solches in einem Druck am Johannistage gerühmet.

Ach welch ein Jammer und Not ward da gesehen und gehöret, da alle umliegende kleine Städtlein, Eisfeld, Heldburg, Neustadt, samt den Dorfschaften sich in der Stadt elendiglich behelfen mussten. Da war heischen und betteln keine Schande. Doch wollte ich meinen guten Wirt Herrn Hoffmann, Apotheker, nicht gar zu sehr beschweren. Ging mit dem Pfarrer zu Walburg, Eisentraut, *victum quaerendi gratia* drei Wochen in die Welt, gen Kulmbach, Bayreuth, Hirschheid, Altorf, Nürnberg und wieder gen Coburg. Da ich nun fand, dass mein Weib und Kinder wieder zu Poppenhausen eingezogen waren und aufs neue Gil de Hasische Reiter hatten, zog ich heim, und war weder zu schleißen noch zu beißen um sie. Was mir Gott auf der Reise bescheret, musste ich aufs Rathaus tragen und den Soldaten geben, und waren die Kinder schier vor Hunger verdorben. Denn sie hatten die Zeit über nicht Kleie genug kaufen können zu Brot. Mein Superintendent Herr Grams starb wegen schwedischen Trunks auf dem Schloss etwa vier oder fünf Wochen nach diesem Tumult.

Weil nun die Exaktiones und Pressuren immer fortgingen, ich keine Besoldung haben konnte und doch neben meiner Pfarre auch die Pfarre zu Heldburg musste helfen versehen, ging ich *cum testimoino et consilio* Dr. Keslers und mit Rekommendationschreiben gen Eisenach zu Herzog Albert und trug unterschiedlichen im Consistorio meine Armut vor. Bekam Vergünstigung und andere Rekommendation an Ihro Fürstlicher Gnaden beide Herren Brüder, ob ich in dero Landen könnte befördert werden. Also kam ich von Eisenach nach Gotha, eben als unser gnädiger Fürst und Herr, Herzog Ernst, das Kaufhaus zur Residenz machen ließ. Denn ich habe die Huldigung zu

Gotha mit angesehen. Das fürstliche Konsistorium ließ mir bald die Pfarre Notleben vorschlagen. Weil aber die Notleber mit ihrem alten Pfarrer stritten und vier Wochen Aufschub hatten ihren Krieg auszuführen, suadierte Herr Dr. Glaß, ich sollte interim mit meiner Rekommendation nach Weimar gehen und für meine arme Hausgenossen etwas sammeln. Mein Vagieren aber währte bis Anno 1641. Ich kam Dienstag, den 18. Januar wieder nach Gotha, und stand die Pfarre für mich offen, welche ich in höchster Untertänigkeit und Dankbarkeit angenommen, und ex Matth. 20 vom Weinberge die Probepredigt getan habe. Ich habe aber zu Notleben nicht allein unsicher gelebt, da man täglich auf die Flucht denken musste, sondern auch Streitigkeiten mit den Bauern gehabt, die in Kirchen- und Schulsachen das Maul immer nach Erfurt hingen, und denen alle fürstliche Ordnungen wegen des *Catechismi odios* waren. Ich Pfarrer musste das bei dem Rat und Bauern entgelten, und weil alle Besoldung in der Länderei stak, wozu ich weder Hofmeister noch andere Mittel haben konnte, dass ich zurecht gekommen wäre, suchte ich untertänig an um eine Translokation. Und hat unser gnädiger Fürst und Herr, sobald er nach der Erbteilung die Pfarre Crock und dies Dorf Heubach erhalten, mich zum Pfarrer hierher vorgeschlagen, welches ich länger als ein Jahr zuvor erfuhr. Habe also Anno 1647 diese Versetzung untertänig angenommen und am Sonntage Judica meine Probepredigt getan, in Gegenwart der Herren Kommissarien und Eingepfarrten. Die Vokation bekam ich des andern Tages und bin also im Namen Gottes herausgezogen mit Weib und Kind. Und dies wäre mein vierter Kirchendienst, wo ich für meine Person begehre zu sterben, so es Gottes Wille wäre, aber mein Weib sehnet sich weg, wegen großen beschwerlichen Mangels an Dienstboten, an einen besseren und ebenern Ort. Ich stell's Gott und der Obrigkeit heim.«

So weit reicht, was von der Biografie Bötzingers erhalten ist. – In Heubach endlich erlebte er den Frieden und verwaltete dort noch 26 Jahre sein Amt. Er starb 1673, 74 Jahre alt, nachdem er 47 Jahre ein Leben geführt hatte, dem man das Prädikat »friedlich« nicht geben kann. Heubach war eine neue Pfarre, welche Herzog Ernst der Fromme von Gotha eingerichtet hatte, Bötzinger der erste Pfarrer. Er musste in dem fürstlichen Jagdhause wohnen, welches Herzog Kasimir sich am Walde für die Zeit der Auerhahnbalz gebaut hatte. In dem Forsthause nebenan hauste ein trotziger Förster, die Gegend war wild, wenig bewohnt, und das Volk durch den Krieg und gesetzloses Waldleben verdorben. Es scheint, dass der neue Pfarrer den Waldmenschen nicht besonders willkommen war; besonders der Förster wurde sein heftiger Gegner, und verstohlen klagte der Pfarrer in lateinischen Distichen, die er in das Kirchenbuch schrieb, seinem Nachfolger das bittere Leid, welches ihm dieser Diener des Waldes zufüge. Er warnt den zukünftigen Pastor brüderlich vor der Schlechtigkeit des Mannes und vor dessen böser Frau. Aber trotz dieser Händel lässt sich schließen, dass der viel geplagte Dulder nicht ganz unglücklich war, eine harmlose Selbstbeschaulichkeit ist auch aus seinen lateinischen Versen zu erkennen. Als er endlich starb, wurden, wie damals Sitte war, von ansehnlichen Amtsbrüdern rühmende Gedichte auf ihn gemacht, von denen uns lateinische und deutsche erhalten sind. Sogar Herr Andreas Wachmann, Hofprediger zu Gotha, ein vornehmer Mann, gönnte »seinem lieben alten, nunmehr seligen Amtsbruder« die Krone der Ehre, welche folgendermaßen anfängt und hier schließen soll:

> »Martinus Bötzinger, ein treuer Gottesknecht,
> Im Pfarramt lange Zeit, wie Hiob schlecht und recht,
> Doch nimmer ohne Kreuz, ein wohlgeplagter Mann,
> Wie seines Lebens Lauf des Weitern zeugen kann.«

Kapitel 4
Die Kipper und Wipper und die öffentliche Meinung

Eintönig schwirrt die Totenklage aus unzähligen Chroniken und Aufzeichnungen der Notleidenden. Wo tausend Einzelne gerettet wurden, verdarben Millionen. Wie den Landbewohnern, zerfraß der Krieg auch den Städtern die Häuser, den Wohlstand, das Leben. Noch mannigfaltiger war hier die Arbeit der zerstörenden Gewalten, aber auch höhere Kraft war rastlos bemüht, das letzte Verderben abzuwenden.

Es ist ein wunderbares Geschick, dass den Deutschen der Krieg in denselben Jahren aufbrannte, in welchen das Interesse des Volkes an den öffentlichen Angelegenheiten so weit entwickelt war, dass die ersten Zeitungen entstehen konnten. In Glaubenssachen hatten Sittlichkeit und Urteil des Einzelnen seit hundert Jahren gegen die herrschenden Gewalten gearbeitet. In der Politik war nur selten und unbehilflich von Privatleuten eine ernste Auseinandersetzung gewagt worden. Gerade als die Werbetrommeln der Fürsten auf jedem Musterplatze rasselten, begann die öffentliche Meinung ihren ersten politischen Oppositionskampf in der Presse. In einer wichtigen sozialen Frage erhoben sich die geistigen Führer des Volkes gegen die Unmoralität der eigenen Landesherren. Die öffentliche Meinung jener Jahre wird vorzugsweise erkannt aus der Flugschriftenliteratur, welche für und gegen den Böhmenkönig streitet, die Kipper und Wipper verurteilt, der Größe Gustav Adolfs huldigt, bis sie zuletzt dünn und kraftlos wird wie die Nation.

Etwa seit 1500 erfährt das Volk Neuigkeiten durch die Presse. In doppelter Form. Es sind entweder einzelne Bogen, auf einer Seite bedruckt, fast immer mit einem Holzschnitt, seit dem Ende des 16. Jahrhunderts mit einem Kupferstich verziert, unter welchem der erklärende Text, häufig in Versen, steht. Durch solche fliegende Blätter werden Himmelserscheinungen, Kometen, Missgeburten, bald auch Schlachten zu Land und zur See, Bildnisse von Tagesberühmtheiten und Ähnliches verbreitet. Viel von der guten Laune und dem derben Scherz der Reformationszeit ist auf ihnen zu finden. Die Kunst der Holzschneider war rastlos tätig, auch die großen Maler druckten auf ihnen manche Eigentümlichkeiten ihres Talentes vielleicht am unmittelbarsten ab. Die andere Form waren kleine Druckschriften, vorzugsweise in Quart, oft ebenfalls mit Holzschnitten geziert. Sie verkündeten zunächst alles Neue: Krönungen, Schlachten, entdeckte Länder; jedes auffällige Ereignis flatterte in ihnen durch das Land. Seit der Reformation wuchs ihre Zahl ins Ungeheure. Unter dem Titel Zeitungen, Relationen, Avisos, Postreiter kamen sie fast in allen Druckerstätten ans Licht. Neben ihnen gingen die kleinen Streitschriften der Reformatoren, Sermone, Gespräche, Lieder. Früh benutzten auch die Fürsten die Erfindung des Bücherdrucks, ihre Streitigkeiten dem Publikum mitzuteilen und für sich Partei zu machen. Selbst der Privatmann, der in seinem Rechte geschädigt war, focht durch eine Streitschrift gegen den einzelnen Gegner, eine Stadtbehörde, einen fremden Landesherrn. Im ganzen 16. Jahrhundert ist die Tendenz der kleinen nichttheologischen Literatur, zunächst Neuigkeiten mitzuteilen, dann dem egoistischen Interesse der Einzelnen oder der Fürsten zu dienen, oder die Ansichten der Gewalthaber bekannt zu machen; das Urteil des Einzelnen über politische Ereignisse erscheint noch vorzugsweise in einer Form, welche man damals für besonders kunstvoll hielt, als Pasquill oder Dialog. Die Verbreitung der kleinen Neuigkeitsblätter geschah schnell und massenhaft. Seit der Reformation bildete sie sich zu einer eigentümlichen Industrie aus. Den Buchhändlern oder, wie sie damals hießen, Buchführern, welche solche Zeitungen neben größeren Werken in ihren Läden und Buden feilboten und auf die Märkte fremder Städte brachten, machten die Buchdrucker, Buchbinder und Briefmaler gefährliche Konkurrenz*. Wichtige Zeitungen wurden überall nachgedruckt. Zumal längs den großen Handels- und Poststraßen am Rheine, im südlichen Deutschland machten einzelne Handlungen und Druckereien besonderes Gewerbe aus der Mitteilung von Tagesneuigkeiten. Noch kamen solche Blätter unregelmäßig, aber sie enthielten schon Korrespondenzen aus verschiedenen Städten, in denen nicht nur politische, auch kaufmännische Nachrichten mitgeteilt wurden**. Endlich (1612) erscheinen die einzelnen Zeitungsbogen hier und da sogar mit Nummern, also in einer gewissen Kontinuität.

---

* Nur ein Beispiel aus dem Ende des 16. Jahrhunderts. Im Jahre 1575 beklagten sich die Buchführer in Breslau bei dem Rat über »lose Buben in Jahrmärkten, auch zwischen den Jahrmärkten, mit mancherlei Bildern, neuen Zeitungen und Liedern, die sie nicht allein verkauft, sondern auch öffentlich ausgeschrien und gesungen, Gott gebe, es sei die Wahrheit oder nicht.« Und ebenso im Jahre 1583 über den Buchdrucker Georg Naumann, »der sich abermals unterstanden hatte, am Sonntage, als die neuen Zeitungen aus Siebenbürgen kamen, die Chorknaben aus den Schulen zu nehmen und diese Zeitungen vor jeder Pfarrkirche gemeiner Stadt verkaufen zu lassen.« Der Buchhendler Beschwer. In Breslaw, Anno 1590 u. folg. (Manuskript im Besitz des Herrn A. Kirchhoff in Leipzig.)
** Ein solches Blatt: Gantz Gedenckwürdige ungerische und niederlandische Newe Zeitungen. 1599. (o. O.) 4 Bll. hat bereits Form und Inhalt moderner Zeitungen. Es enthält elf kurze Korrespondenzen aus verschiedenen Städten in Briefform. Darunter Nachrichten über vier Schiffe, die mit Spezereien zu Amsterdam angekommen waren, über neue Zölle, die der Hof zu Brüssel auf die Kaufmannsgüter gelegt, auf 1 Pfund Seide 10 Stüber usw.

Unterdes war es schon längst Brauch der Kaufleute, ihren Geschäftsfreunden solche Mitteilungen schriftlich mit einiger Regelmäßigkeit zu machen*; daneben existierten einzelne Neuigkeitsschreiber, welche geschriebene Zeitungen versandten. Auch diese Methode Neuigkeiten zu verbreiten war den Deutschen von Italien gekommen. In Venedig gab es seit dem Jahre 1536 *Notizie scritte*, handschriftliche Neuigkeiten in fortlaufender Reihe, die sich dort bis zur französischen Revolution erhielten. Dort war auch kurz vor 1600 die erste regelmäßige Zeitung erschienen, welche, wie berichtet wird, den Namen *Gazette* von einer kleinen Münze erhielt, mit der man die Nummer bezahlte.

Bald darauf kam auch den deutschen Zeitungen die Regelmäßigkeit. Im Jahre 1615 wurde zu Frankfurt am Main durch Egenolf Emmel, Buchhändler und Buchdrucker, die erste wöchentliche Zeitung ausgegeben, gegen welche 1616 der Reichspostverwalter Johann van der Brighden ein Konkurrenzblatt: Politische Avisen, herausgab. Aus diesen beiden Unternehmungen sind die ältesten Zeitungen Deutschlands, das Frankfurter Journal und die Oberpostamtszeitung, hervorgegangen.

Aber lange blieben diese und andere Wochenzeitungen nur Neuigkeitsblätter, in denen das Urteil über die mitgeteilten Tatsachen vorsichtig zurücktrat. Der große Sturm der öffentlichen Meinung lief noch fast 200 Jahre in den alten Richtungen, den Flugblättern und gelegentlichen Broschüren.

Gleich bei Beginn des Krieges wurden auch die entfernten Leser zu leidenschaftlicher Parteinahme gezwungen. Überall erschienen Streitschriften, Ansichten, Ratschläge, Bedenken. Die Nation war auch bei diesem

---

* Zeitungen in die Fremde zu schreiben ward 1631 den Kaufleuten von Leipzig verboten, Heydenreich, Chronik. S. 456.

geistigen Kampf in große Parteien zerrissen. Und es ist belehrend zu sehen, wie die Schreibelust der Kämpfenden in genauem Verhältnis steht zu den Erfolgen, welche ihre Partei errungen hat. Bis zur Schlacht am Weißen Berge sind neun Zehnteile aller Relationen und Streitschriften protestantisch. Ihre Zahl reicht wohl in die Tausende. Heftig brennt der Hass gegen die Jesuiten auf; bitter ist der Groll gegen den Kaiser, unaufhörlich wird vor der Liga gewarnt. Nächst Prag ist Straßburg einer der Mittelpunkte dieser kriegerischen Tätigkeit. Während zu Prag der Libellschreiber von Röhrig als Hus *redivivus* in vielen »politischen Diskursen« leidenschaftlich gegen die Feinde Sturm läutete, verklagten die Straßburger Magister nach dem Muster des Italieners Boccalini dieselben Gegner vor Apollo und dem Hofstaat des Parnassus, und ihr Apollo hatte humane und aufgeklärte Sentenzen abzugeben. Vorsichtig und unsicher sind die Verteidigungen, wie überhaupt die katholische Partei während des ganzen Krieges im ernsten Federkampf den Protestierenden nicht gewachsen war. Aber die schnelle Flucht des neuen Königs von Böhmen ändert plötzlich die Physiognomie des literarischen Marktes. Erbeutete Geheimschriften der böhmischen Partei werden von den Gegnern veröffentlicht; um sie, die wohlbeleibten Quartanten, tobt jahrelang der Kampf dünnerer Flugblätter. Siegesfroh und rachsüchtig lärmten die Kaiserlichen. Zwar in ihren Broschüren ist immer noch Mäßigung, denn noch waren die lutherischen Sachsen zu schonen, aber um so empfindlicher treffen sie die Feinde in Bilderbogen und Spottversen. Endlos, erbarmungslos sind die Satiren auf den flüchtigen Winterkönig, er selbst mit seinem Stolz, seiner Kopflosigkeit, seine Gemahlin und seine Kinder werden in jeder kläglichen Situation abgeschildert, Brot suchend, auf schlechtem Wagen abziehend, sich eine Grube grabend.

Aber dieser Kampf wurde unterbrochen durch einen anderen, der für immer von hohem Interesse sein soll. Es ist der Sturm der deutschen Presse gegen die Kipper und Wipper.

Von allen Schrecken des beginnenden Krieges erschien dem Volke keiner so unheimlich als eine plötzliche Entwertung des Geldes. Für die Fantasie des leidenden Geschlechts wurde das Übel um so ärger, weil es in die trübe Stimmung der Jahre scheinbar plötzlich einfiel, weil es überall die gehässigsten Leidenschaften aufwühlte und Unfrieden in den Familien, Hass und Empörung zwischen Gläubiger und Schuldner, Hunger, Armut, Bettelhaftigkeit und Entsittlichung zurückließ. Es machte ehrsame Bürger zu Spielern, Trunkenbolden und Trossknechten, jagte Prediger und Schullehrer aus ihren Ämtern, brachte wohlhabende Familien an den Bettelstab, stürzte alles Regiment in heillose Verwirrung und bedrohte in einem dicht bevölkerten Lande die Bewohner der Städte mit dem Hungertode.

Es war das dritte Jahr der Kriegsunruhen. Zwar hatte in Böhmen und in der Pfalz die Kriegsflamme bereits vieles verdorben, und überall züngelte dort noch die Glut aus den Trümmerhaufen, in welchen die kaiserlichen Truppen das Kreuz des alten Glaubens aufrichteten. Überall war schwüle Lust, in allen Kreisen des Reiches rüstete und sorgte man für die Zukunft. Aber der Verkehr mit den Landschaften, in denen der Krieg schon gehaust hatte, war damals verhältnismäßig gering, die geschlagenen Länder waren, mit Ausnahme der Pfalz, Provinzen, die dem Kaiser selbst gehört hatten, und an Elbe und Niederrhein, in Thüringen, Franken und den Territorien der Niedersachsen fragte man noch, ob auch für die eigene Heimat Gefahr nahe sei. Im August 1621 sah der Bauer auf eine mittelmäßige Ernte; in Handel und Verkehr waren einige Stockungen eingetreten, aber auch ein erhöhter Eifer, wie bei starken Rüstungen natürlich ist, und die männliche Jugend wurde durch das wilde Treiben der Kriegsmänner noch mehr gelockt als eingeschüchtert. Allerdings war schon seit längerer Zeit an dem Gelde, welches im Lande umging, Ungewöhnliches bemerkt worden. Des guten schweren Reichsgeldes wurde immer weniger, an seiner Statt war viel neue Münze von schlechtem Gepräge und rötlichem Aussehen in Umlauf. Noch befremdlicher fiel auf, dass die fremden Waren fortwährend im Preise stiegen. Man empfand eine konstante Teuerung. Wer ein Patengeschenk machen wollte oder fremde Kaufleute bezahlen musste, der zahlte für die alten feinen Joachimstaler ein immer wachsendes Agio. Aber im Lokalverkehr zwischen Stadt und Land wurde das zahlreiche neue Geld ohne Anstand genommen, ja es wurde mit erhöhtem Schwunge umgesetzt. Die Masse des Volkes merkte nicht, dass die verschiedenartigen Münzen, mit denen es zu bezahlen pflegte, ihm unter der Hand wertloses Blech geworden waren; die Klügeren aber, welche das Sachverhältnis ahnten, wurden zum großen Teil Mitschuldige an dem unredlichen Wucher der Fürsten.

Es lässt sich noch jetzt deutlich erkennen, wie dem Volke die Erkenntnis seiner Lage kam, und noch jetzt werden wir erschüttert durch den plötzlichen Schreck, die Angst und Verzweiflung der Masse, und durch die Sorge und den männlichen Zorn der Denkenden. Noch jetzt fühlen wir beim Lesen der alten Berichte etwas von der Empörung, womit man die Schuldigen betrachtete. Und wenn wir auf manchen wunderlichen Irrtum der öffentlichen Meinung von damals herabsehen und auf die wohlmeinenden Einfälle Einzelner, welche gute Ratschläge gaben, so ist uns doch gegenüber dieser Zeit der Trauer und Demütigungen ein frohes Lächeln erlaubt über die Tüchtigkeit, mit welcher schon damals von Männern aus dem Volke der Grund des Übels erkannt und in einer der schwierigsten nationalen Fragen die rechte Antwort und dadurch einigermaßen Abhilfe gefunden wurde. Bevor versucht wird, ein Bild der Kipper- und Wipperjahre zu geben, sind einige Bemerkungen über das Geldprägen jener Zeit unvermeidlich.

Alle technische Fertigkeit war in alter Zeit mit Würde, Geheimnis und einem Apparat von Formeln umgeben. Nichts ist bezeichnender für die Eigentümlichkeit der germanischen Natur als ihre Virtuosität, auch die einförmigste Handarbeit durch eine Fülle von gemütlichen Zutaten zu adeln. Und sobald das Gemüt durch die herzliche Freude am Schaffen erregt wurde, war auch die Fantasie des Handwerkers mit Bildern und Symbolen beschäftigt, und behänd hatte er sein »Wissen« zu einer hohen, ja heiligen Sache gemacht. – Was allen Handwerkern des Mittelalters zukam, das war der Kunst Münzen zu schlagen in besonderem Grade eigen. Das Gefühl der eigenen Wichtigkeit war in dem Münzer ungewöhnlich stark, die Arbeit selbst, das Behandeln edler Metalle im Feuer, galt für besonders vornehm, die unverstandenen chemischen Prozesse, welche durch die Alchimie mit einem Wust von fantastischen Bildern umgeben waren, imponierten den Arbeitenden mehr, als unser Jahrhundert der rationellen Fabriktätigkeit begreift. Dazu kam das Verantwortliche des Dienstes. Wenn der Münzer die silbernen Probiergewichte aus der schönen Kapsel hervorholte und die kleinen Näpfchen der Eicheln auf die kunstvoll gearbeitete Probierwaage setzte, um das Probierkorn darin abzuwägen, so tat er dies mit einem entschiedenen Bewusstsein von Überlegenheit über seine Mitbürger*. Und wenn er die Silberprobe in der »Kapelle« vom Blei reinigte und das fließende Silber zuerst

---

* Quellen für die folgende Darstellung waren, außer den fliegenden Blättern und Broschüren zunächst aus den Jahren 1620–24, auch spätere Schriften des 17. Jahrhunderts über Münzwesen, eine reiche Literatur.

mit zarten Regenbogenfarben überlaufen wurde, dann der bunte Überzug zerriss und wie ein Blitz der helle Silberschein durch die geschmolzene Masse fuhr, so erfüllte ihn dieser »Silberblick« mit einem ehrfurchtsvollen Erstaunen, und er fühlte sich mitten in dem geheimnisvollen Schaffen der Naturgeister, die er fürchtete und durch die Kunst seines Handwerks, soweit dessen Vorschrift reichte, doch beherrschen konnte. Es war demnach in der Ordnung, dass die Münzer eine geschlossene Korporation bildeten mit Meistern, Gesellen und Lehrlingen, und dass sie eifersüchtig auf ihre Privilegien hielten. Wer des Heiligen römischen Reiches Münze prägen wollte, musste zuerst seine freie eheliche Geburt erweisen, vier Jahre niedrige Dienste tun, in dieser Zeit nach altem Brauch eine Narrenkappe tragen, sich für Unrecht und Ungeschick streichen und strafen lassen; dann erst wurde er zur Münzarbeit selbst zugelassen und als Münzgesell des Reiches in die Brüderschaft aufgenommen.

Aber diese strenge Ordnung, welche von Kaiser Maximilian II. noch im Jahre 1571 den Münzgesellen bestätigt wurde, vermochte schon damals nicht zu bewirken, dass in der Korporation ehrlich und fromm gearbeitet wurde. Ebenso wenig bewirkten dies die Kontrollbestimmungen, welche auf Reichstagen und durch die Landesherren gefasst wurden. Dem Münzmeister sollte zur Aufsicht bei jeder Münze ein Wardein zur Seite gestellt werden, welcher Feingehalt und Gewicht der geschlagenen Münzen zu prüfen hatte. Die zehn Kreise des Reiches sollten jährlich Approbationstage halten, um ihre Münzen gegenseitig zu vergleichen und die schlechten zu devalvieren; jedem Kreise sollte ein Generalwardein vorstehen; für jeden Kreis ward eine bestimmte Anzahl von Münzstätten festgesetzt, in welchen namentlich die kleineren Landesherren ihr Geld ausprägen sollten. Aber alle diese Bestimmungen wurden nur unvollkommen ausgeführt.

Es gab zuverlässige Landesherren und treue Münzbeamte auch damals im Lande; aber ihre Anzahl war gering, und häufig war das Verhältnis des Münzmeisters, welcher von einem deutschen Kreise für tüchtig befunden war und in einer gesetzlichen Münze arbeitete, doch eine Tätigkeit voll befremdlicher Praktiken. Die Kontrolle war bei dem unvollkommenen Münzverfahren schwierig, die Versuchung groß, die Moralität im Allgemeinen viel niedriger als jetzt. Vom Landesherrn bis zum Handlanger und dem jüdischen Lieferanten herab betrog beim Münzen jeder den andern. Der Landesherr ließ den Münzmeister eine Reihe von Jahren arbeiten und reich werden, er ließ vielleicht stillschweigend geschehen, dass die Landesmünze zu leicht ausgebracht wurde, um in der rechten Stunde dem Schuldigen den Prozess zu machen. Dann wurde diesem wie einem Schwamme durch *einen* Druck alles ausgepresst, was er in vielen Jahren tropfenweis aufgesogen hatte. Es half ihm auch nicht, wenn er den Dienst längst quittiert hatte, die habsüchtige Gerechtigkeit wusste nach vielen Jahren noch an ihn zu kommen. Der Münzmeister aber, welcher nicht in der bequemen Lage des Löwen war, durch einen einzigen Schlag mit der Tatze seine Beute zu sichern, pflegte in unaufhörlicher Industrie seinen Münzherrn, die Lieferanten, ja sogar seinen Kassierer, die Gesellen und Jungen zu bevorteilen, vom Publikum ganz zu schweigen. Nicht besser machten es die andern genannten Helfer. Jedes Hand war gegen die des andern, und der Fluch, welcher nach der Sage auf dem Gold der deutschen Zwerge liegt, schien im 17. Jahrhundert noch alle die zu verderben, welche die glänzenden Metalle in Geld verwandelten. – Das gewöhnliche Geschäftsverfahren war Folgendes.

Der Münzmeister kaufte das Metall ein, bestritt die Kosten des Prägens und zahlte für jede Mark Kölnisch, welche er schlug, dem Landesherrn noch einen Schlagschatz, welcher, wie es scheint, für gewöhnlich vier gute Groschen betrug. Er musste aber das feine Silber teuer bezahlen, die Löhne und die Zutaten stiegen fortwährend im Preise. Da half er sich. Wenn er dem Münzherrn wöchentlich für 1000–2000 Mark den Schlagschatz zahlte, so verschwieg er ihm 50 Mark, die er außerdem geprägt hatte, und behielt den Schlagschatz derselben für sich; er prägte ferner scharf, d. h. er machte das Geld am Silbergehalt um einen halben Gran schlechter, als es sein sollte (was gesetzlich noch erlaubt war), er schlug je 100 Mark am Gewicht um etwa vier Lot zu leicht, was von niemand gemerkt wurde, und wenn er wusste, dass das Geld sogleich in entfernte Gegenden, besonders nach Polen verführt werden sollte, so brach er am Gewicht noch dreister ab. Nicht sauberer war der Verkehr mit den Lieferanten, welche ihm das Metall herbeischafften. Durch ganz Deutschland zog sich damals ein heimlicher Handel, der vom Gesetz hart verpönt und von den städtischen Torwächtern mit vielem Spürsinn verfolgt wurde, der Handel mit gemünztem Metall und mit eingeschmolzenem Geld. Was der Soldat an Beute gewonnen, was der Dieb aus der Kirche gestohlen hatte, wurde von den Hehlern zu flachen Kuchen oder kegelförmigen Massen verschmolzen, welche in der Kunstsprache »Plantschen« und »Könige« hießen: Was dem Gelde durch Beschneiden abgekippt war und was sonst unter falschem Namen vorsichtig versandt werden musste, das wurde aus dem Schmelztiegel über nasse Besenreiser gegossen und so granuliert. Außerdem aber wurde von unermüdlichen Aufkäufern das gut geprägte Geld gegen schlechteres eingetauscht; kleine Wechsler, meist wandernde Juden, zogen von Dorf zu Dorf, bis weit über die Grenzen des deutschen Reiches, und sammelten, ähnlich wie jetzt die Lumpensammler, ihre Ware von dem Landmann, dem Kriegsknechte, dem Bettler. Aller Herren Angesicht, alle

Wappen und Umschriften, Ross und Mann, Löwe, Schaf und Bär, Taler und Heller, die Heiligen von Köln und Trier und die Denkmünzen des Ketzers Luther wurden für die Münzen zusammengekauft, getauscht, gesammelt. Die heimliche Ware wurde dann in Fässer mit Ingwer, Pfeffer, Weinstein gepackt, als Bleiweiß verzollt, in Tuchballen und Rauchwerk geschlagen. Es gab Reisewagen mit doppeltem Boden, welche besonders zu solchem Transport eingerichtet waren. Noch besserer Schutz war als Reisegefährte ein Geistlicher, für den allerbesten galt ein Trompeter, welcher dem Händler den Anschein eines fürstlichen Kuriers gab. Traf sich's, dass ein vornehmer Herr nach derselben Gegend reiste, so war es am bequemsten diesen zu bestechen, denn er und sein Gefolge, ihre Wagen und Pferde wurden an den Stadttoren nicht untersucht. Oder der Agent verkleidete sich selbst in einen vornehmen Herrn oder Soldaten, und ließ die Last durch die Reitpferde oder seine Knechte fortschaffen. Zuweilen musste der Münzmeister unter dem Vorwande eines Besuches bei guten Freunden dem Agenten bis an die Grenze entgegenfahren; dann gingen fern von Menschenwohnungen auf einsamer Heide oder in einer Waldeslichtung die kostbaren Waren auf Kaufmanns Parole aus einer Hand in die andere.

Unterdes trug der kleine jüdische Händler seinen Ledersack mit alten Groschen bei Nacht auf Seitenwegen über die Grenze, in zwiefacher Furcht, vor den Räubern und vor den Hütern des Gesetzes. Der lederne Sack, sein breitkrämpiger Hut und der gelbe Tuchring am Rocke, das Abzeichen des Juden im Reiche, wurde am häufigsten in der Münze gesehen. Und es bestand zwischen dem Händler und dem Münzmeister ein vertrauliches Geschäftsverhältnis: Der Münzmeister erlaubte zuweilen dem Juden, das Bruchsilber im versiegelten Ledersack in die Schmelztiegel zu werfen, damit nicht gestohlenes Gut an das Tageslicht komme*. Aber allerdings war auch diese Vertraulichkeit nicht ohne Hintergedanken. Denn dem Juden begegnete wohl, dass sich unter 100 Mark, die er in Talern lieferte, eine Mark falscher Taler mischte, oder dass ihm die Säcke mitsamt den Münzen unterwegs nass geworden waren, was ihrer Schwere einige Lot zusetzte, oder dass ihm zwischen granuliertes Silber feiner weißer Uhrensand kam, der doch mitwog. Dafür entschädigte sich der Münzmeister, indem er die Wagschalen so zu hängen wusste, dass die eine Seite des Balkens kürzer wurde, oder indem er durch Heraufschnellen und langsames Herunterlassen der Wagschalen trotz dem lotrechten Stand des Züngleins die Ware um einige Lot leichter machte, oder er fälschte gar die Gewichte. Und was der Meister nicht tat, das wagten die Münzjungen. Wenn der Lieferant noch so vorsichtig war, sie wussten ihm unter die Schmelzproben des bereits abgewogenen Silbers Kupferstaub zu mischen, um die Probe schlechter zu machen, als sie wirklich war. In solcher Weise war der Verkehr auch bei den Münzstätten, welche auf das Gesetz noch Rücksicht nahmen.

Außer den approbierten Münzern aber gab es in den meisten der zehn Kreise noch andere von leichterem Gewissen und kühnerer Tätigkeit. Nicht geradezu Falschmünzer in unserem Sinne, obgleich auch dergleichen Privatindustrie mit großer Rücksichtslosigkeit betrieben wurde. Es waren Münzer im Dienst eines Kreisstandes, welcher das Recht zu prägen hatte; dieser Standesherren und Städte waren aber zur Zeit sehr viele, und allen lag ihr Münzrecht am Herzen, weil es Einnahme brachte. Deshalb wurde von ihnen auch gegen die Reichsbeschlüsse, welche die Pflicht auferlegten, das Geld in einer

---

* Noch im 18. Jahrhundert, s. z.B. Entdeckter jüdischer Baldober. Coburg 1737. S. 408.

approbierten Kreismünze prägen zu lassen, auf ihrem eigenen Territorium kräftig gemünzt. Zuweilen verpachteten sie ihr Münzrecht gegen eine Jahresrente, ja sie verkauften ihre Münzstätte an andere Herren, sogar an Spekulanten. Dergleichen unregelmäßige Prägstellen wurden »Heckenmünzen« genannt. Und in ihnen fand eine systematische Korruption des Geldes statt. Nach der Berechtigung des Münzers wurde nicht gefragt, wer mit Feuer und Eisen umzugehen wusste, verdang sich zu solchem Werk. Auf den vorgeschriebenen Feingehalt und das Gewicht des Geldes ward wenig Rücksicht genommen, es ward mit falschen Stempeln geprägt und auf leichte Münzen Bild des Landesherrn und Jahreszahl aus einer bessern Zeit geschlagen, ja es wurden in wirklicher Falschmünzerei die Stempel fremder Münzen nachgestochen. Den neu geprägten Münzen ward dann durch Weinstein oder Lotwasser der neue Glanz genommen. Alles unter dem Schutz des Landesherrn. Das Vertreiben des so geprägten Geldes erforderte alle Schlauheit und Vorsicht der Agenten, und es bildete sich hier eine Industrie, bei welcher, wie sich vermuten lässt, viele Zwischenträger beschäftigt waren. Auf Reichstagen und Kreisversammlungen hatte man seit 70 Jahren gegen die Heckenmünzen donnernde Dekrete erlassen, aber ohne Erfolg. Ja, seit Einführung des guten Reichsgeldes waren sie häufiger und arbeitsamer geworden, denn seit der Zeit lohnte ihre Arbeit besser.

So war es schon vor dem Jahre 1618. Die kleinen wie die großen Landesherren brauchten Geld und wieder Geld. Da fingen einige Reichsfürsten an – die Braunschweiger waren leider unter den ersten – die Arbeiten der verrufensten Heckenmünzer zu übertreffen. Sie ließen statt von Silber in einer schlechten Mischung von Silber und Kupfer schwere und leichte Landesmünze schlagen. Bald wurde versilbertes Kupfer daraus. Zuletzt schlug man z.B. in Leipzig das kleine Geld gar nicht mehr von

Kupfer, das man höher verwerten konnte, sondern die Stadt gab stattdessen eckiges Blech mit einem Stempel aus. Wie die Pest griff diese Entdeckung, Geld ohne große Kosten zu machen, um sich. Aus den beiden sächsischen Kreisen verbreitete sie sich nach den rheinischen und süddeutschen. Hundert neue Münzen wurden errichtet. Wo ein verfallener Turm für Schmiede und Blasebalg fest genug schien, wo Holz zum Brennen vollauf und eine Straße war, das gute Geld zur Münze und schlechtes hinauszufahren, da nistete sich eine Bande Münzer ein. Kurfürsten und Herren, geistliche Stifter und Städte wetteiferten miteinander, aus Kupfer Geld zu machen. Auch das Volk wurde angesteckt. Seit Jahrhunderten hatten Goldmacherkunst und Schatzgräbern die Fantasie des Volkes beschäftigt, jetzt schien die glückliche Zeit gekommen, wo jeder Fischtiegel sich auf des Münzers Waage in Silber verwandeln konnte. Es begann ein tolles Geldmachen. Dass reines Silber und altes Silbergeld im kaufmännischen Verkehr auffallend und unaufhörlich teurer wurden, sodass endlich für einen alten Silbergulden vier, fünf und mehr Gulden gezahlt werden mussten, und dass die Preise der Waren und Lebensmittel langsam höher stiegen, das kümmerte die Menge nicht, solange das neue Geld, dessen Produktion sich ja ins Unendliche vermehren ließ, immer noch willig genommen wurde. Die Nation, ohnedies aufgeregt, geriet zuletzt in einen wilden Taumel. Überall schien Gelegenheit, ohne Arbeit reich zu werden. Alle Welt legte sich auf Geldhandel. Der Kaufmann machte Geldgeschäfte mit dem Handwerker, der Handwerker mit dem Bauer. Ein allgemeines Umherlungern, Schachern, Übervorteilen riss ein. Der moderne Schwindel mit Aktien und Börsenpapieren gibt nur eine schwache Vorstellung von dem Treiben damaliger Zeit. Wer Schulden hatte, jetzt eilte er sie zu bezahlen. Wem der gefällige Münzer einen alten Braukessel in Geld umschlug, der konnte dafür Haus und Acker kaufen*. Wer Gehalte, Sold und Löhne auszuzahlen hatte, der fand es sehr bequem, die Summen in weiß gesottenem Kupfer hinzuzahlen. In den Städten wurde nur noch wenig gearbeitet und nur um sehr hohes Geld. Denn wer einige alte Taler, Goldgulden oder anderes gutes Reichsgeld als Notpfennig in der Truhe liegen hatte – wie damals fast jedermann –, der holte seinen Vorrat heraus und setzte ihn vergnügt in das neue Geld um, da der alte Taler, merkwürdigerweise vier-, ja sechs- und zehnmal so viel zu gelten schien als früher. Das war eine lustige Zeit. Wenn Wein und Bier auch teurer waren als sonst, sie waren es doch nicht in demselben Verhältnis wie das alte Silbergeld. Ein Teil des Gewinnes wurde im Wirtshaus verjubelt. Auch geneigt zu geben war man in solcher Zeit. Die sächsischen Stände bewilligten auf dem Landtage zu Torgau mit Leichtigkeit einen hohen Zuschlag zur Landsteuer, war doch Geld überall im Überfluss zu haben! Auch zum Schuldenmachen war man sehr bereit, denn überall wurde Geld zu günstigen Bedingungen angeboten und überall konnte man Geschäfte damit machen. Deshalb wurden von allen Seiten große Verpflichtungen übernommen. – So trieb das Volk in starker Strömung zum Verderben.

Aber es kam die Gegenströmung, zuerst leise, dann immer stärker. Zuerst klagten alle die, welche von festem Gehalt ihr Leben bestreiten mussten, am lautesten die Pfarrgeistlichen, am schmerzlichsten die Schullehrer, die armen

---

* »Das neue Geld war fast lauter Kupfer, nur gesotten und weiß gemacht, das hielt etwa acht Tage, dann wurde es zunderrot. Da wurden die Blasen, Kessel, Röhren, Rinnen und was sonst von Kupfer war, ausgehoben, in die Münzen getragen und zu Gelde gemacht. Ein ehrlicher Mann durfte sich nicht mehr getrauen, jemanden zu beherbergen, denn er musste Sorge tragen, der Gast breche ihm in der Nacht die Ofenblase aus und laufe ihm davon. Wo eine Kirche ein altes kupfernes Taufbecken hatte, das musste fort zur Münze und half ihm keine Heiligkeit, es verkauften's, die darin getauft waren.« Müller, Chronika von Sangerhausen, S. 10.

Kalmäuser. Wer sonst von 200 Gulden gutem Reichsgeld ehrlich gelebt hatte, der bekam jetzt 200 Gulden leichtes Geld, und wenn auch, wie allerdings oft geschah, die Gehalte um einiges, bis zum vierten Teile, erhöht wurden, er konnte selbst mit dem Zuschuss nicht die Hälfte, ja bald nicht den vierten Teil der notwendigsten Ausgaben bestreiten. Die geistlichen Herren schlugen wegen dieses unerhörten Falles in der Bibel nach, fanden darin einen unverkennbaren Widerwillen gegen alle Heckenmünzerei und begannen gegen das leichte Geld von den Kanzeln zu predigen. Die Schullehrer auf den Dörfern hungerten, solange es gehen wollte, dann entliefen sie und vermehrten den Tross der Vagabunden, Bettler, Soldaten. Die Dienstboten wurden zunächst aussätzig. Der Lohn von durchschnittlich zehn Gulden aufs Jahr reichte ihnen jetzt kaum hin, ihre Schuhe zu bezahlen. In allen Häusern gab es Gezänk mit der Brotherrschaft, Knechte und Mägde entliefen, die Knechte ließen sich anwerben, die Mägde versuchten es auf eigene Hand. Unterdes verlor sich die Jugend von den Schulen und Universitäten. Wenige bürgerliche Eltern waren damals so wohlhabend, dass sie ihre Söhne in der Studienzeit ganz aus eigenen Mitteln erhalten konnten. Dafür gab es eine Menge Stipendien, seit Jahrhunderten hatten fromme Leute den armen Studenten Geld gestiftet. Der Wert der Stipendien schwand dem Schüler jetzt plötzlich dahin, sein Kredit in der fremden Stadt war bald erschöpft, vielen Studierenden wurde die Existenz unmöglich, sie verfielen der Armseligkeit und den Versuchungen der blutigen Zeit. Noch kann man in mehreren Selbstbiografien ehrbarer Theologen lesen, welche Not sie damals ertragen mussten. Dem einen wurde zur Rettung, dass er in Jena alle Tage für vier Pfennige Semmel auf das Kerbholz seines Magisters schneiden durfte, ein anderer vermochte durch Stundengeben in der Woche 18 Batzen zu erwerben, die er aber sämtlich für trockenes Brot ausgeben musste.

Die Unzufriedenheit griff weiter. Zunächst die Kapitalisten, welche ihr Geld ausgeliehen hatten und von den Zinsen (damals in Mitteldeutschland fünf, selten sechs Prozent) lebten. Sie waren vor Kurzem als wohlhabende Leute viel beneidet worden, jetzt reichten ihre Einnahmen vielleicht kaum hin, ihr Leben zu erhalten. Sie hatten 1000 gute Reichstaler ausgeliehen, und jetzt zählte ihnen der Schuldner eilig 1000 Taler in neuem Gelde auf den Tisch. Sie forderten ihr gutes altes Geld zurück, zankten und klagten vor Gericht; aber was sie zurückerhalten hatten, trug des Landesherrn Bild und das alte Wertzeichen, es war gesetzlich geprägtes Geld, und der Schuldner konnte sich mit Recht darauf berufen, dass auch er solches Geld in Kapital, Zinsen und für Arbeit empfangen hatte. So entstanden zahllose Prozesse und die Juristen kamen in arge Verlegenheit. Endlich gerieten die Städte, die Landesherren selbst in Bestürzung. Sie hatten gern das neue Geld ausgegeben, und viele von ihnen hatten es maßlos gemünzt. Jetzt aber bekamen sie bei allen Steuern und Abgaben auch nur schlechtes Geld wieder ein, für 100 Pfund Silber jetzt 100 Pfund versilbertes Kupfer, während auch für sie alles teurer geworden war und ein Teil ihrer Ausgaben durchaus in gutem Silber gemacht werden musste. Da versuchten die Regierungen sich durch neue Unredlichkeiten zu helfen. Sie hatten erst das gute Reichsgeld durch einen Zwangskurs niederzuhalten gesucht, jetzt setzten sie plötzlich den Wert ihres eigenen Geldes herab, wieder mit Zwangskurs und Strafdrohung für alle, die ihm weniger Wert gönnen würden. Aber das falsche Geld sank doch unaufhaltsam unter den verordneten Wert. Da verboten einzelne Regierungen ihr eigenes Landesgeld, das sie eben erst gemünzt hatten, für Steuern und Abgaben. Sie selbst weigerten sich wiederzunehmen, was sie in den letzten Jahren geprägt hatten. Jetzt erst merkte das Volk die ganze Gefahr seiner Lage. Ein allgemeiner Sturm gegen das neue Geld brach los. Es sank auch im Tagesverkehr bis auf ein Zehntel seines nominellen Wertes. Die neuen Heckenmünzen wurden als Nester des Teufels verschrien, die Münzer und ihre Agenten, die Geldwechsler und wer sonst aus dem Geldhandel Geschäft gemacht, wurden Gegenstände des allgemeinen Abscheus. Damals wurde in Deutschland für sie die Volksbezeichnung Kipper und Wipper allgemein. Die Wörter kamen von den Niedersachsen: *kippen* sowohl auf der Geldwaage betrügerisch wiegen als auch Geld beschneiden, und *wippen* das schwere Geld von der Waagschale werfen*. Man sang Spottlieder auf sie. In dem Rufe der Wachtel glaubte man ihren Namen zu hören, und der Pöbel schrie »kippediwipp« hinter ihnen her, wie »hep« hinter den Juden. An vielen Orten rottete sich das Volk zusammen und stürmte ihre Wohnungen. Noch lange Jahre nachher, nach allen Schrecken des langen Krieges, galt es für eine besondere Schande, wenn einer in der Kipperzeit zu Geld gekommen war. Überall entstanden Unordnungen, Tumulte; die Bäcker wollten nicht mehr backen, ihre Läden wurden zerschlagen; die Fleischer wollten zur vorgeschriebenen Taxe nicht mehr schlachten; Bergleute, Studenten, Soldaten tobten in wildem Aufruhr; die Stadtgemeinden versanken in Schulden bis zum Bankerott, z. B. das wohlhabende Leipzig. Aller Handel und Verkehr hörte auf, das alte Gefüge der bürgerlichen Gesellschaft krachte und drohte auseinander zu brechen. Die kleine Literatur trieb und steigerte die Stimmung, und wurde selbst durch den wachsenden Unwillen gehoben. Die Gassenlieder begannen, die fliegenden Bilderbogen folgten. Die Kipper wurden unermüdlich abkonterfeit, mit Höllenflammen an Haupt und Füßen, auf einer unsicheren Kugel stehend,

---

* In den Reichstagsabschieden kommen die Worte vor dem Dreißigjährigen Kriege nicht vor, sie erschienen 1621 noch ziemlich neu.

von zahlreichen, düsteren Emblemen umgeben, worunter der Strick und lauernde Raben nicht fehlten, oder in ihrer Münzstätte, Geld einsammelnd und ausfahrend, ihnen gegenüber die betende Armut; die verschiedenen Stände wurden abgeschildert, wie sie den Geldwechslern ihren sauren Verdienst aufzählen, Soldaten, Bürger, Witwen und Waisen; der Höllenrachen wies sich geöffnet und die Wechsler wurden durch einige Teufel emsig hineingeschleppt, alles im Zeitgeschmack mit allegorischen Figuren und lateinischen Devisen verziert und durch zornige deutsche Verse für jedermann verständlich gemacht.

Wie im Volke erhob sich der gewaltige Sturm unter den Gelehrten. Die Pfarrgeistlichen schrien und verdammten laut, nicht nur von der Kanzel, auch durch Flugschriften, Eine Broschürenliteratur begann, welche anschwoll wie ein Meer. Einer der ersten, welche gegen das neue Geld schrieben, war W. Andreas Lampe, Pfarrer zu Halle. In einer kräftigen Abhandlung: »Von der letzten Brut und Frucht des Teufels, Leipzig 1621«, bewies er mit zahlreichen Zitaten aus dem Alten und Neuen Testament, dass alle Handwerke und Berufsarten durch göttliche Anordnung in die Welt gekommen seien, sogar die Scharfrichter, die Kipper aber durch den Teufel, worauf er mit guten Strichen das Unheil, welches sie angerichtet, charakterisierte. Er hatte noch harte Anfechtungen zu erdulden, und wie loyal er auch die Obrigkeit schonte, es wurde ihm doch mit Klagen gedroht, sodass er für gut fand, ein rechtfertigendes Urteil des Schöppenstuhls zu Halle zu erwerben. Bald aber folgten ihm zahlreiche Amtsbrüder. Die Streitschriften dieser geistlichen Herren erscheinen uns unbehilflich; man tut doch gut sie mit Achtung durchzusehen, denn die protestantische Geistlichkeit vertrat immer noch die Bildung und Redlichkeit des Volkes. Im Jahre 1621 freilich waren die Herren nicht gewöhnt irdisches Behagen zu entbehren, und die Rücksicht auf ihr eigenes Wohlbefinden hatte einen reichlichen Anteil an dem Feuer, mit welchem sie die Kipperei verfolgten.

Die Prediger exorzisierten den bösen Feind, die theologischen Fakultäten ließen bald das schwere Geschütz ihrer lateinischen Gründe folgen, und wie grimmig Priesterhass sei, zeigte z.B. das Konsistorium zu Wittenberg, als es den Kippern den Genuss des Abendmahls und ehrliches Begräbnis versagen wollte. Endlich kamen auch die Juristen mit ihren Fragen, Informationen, ausführlichen Münzbedenken und Rekapitulationen. Die Antworten, welche sie in dicken Broschüren gaben, waren fast immer sehr weitschweifig und ihre Argumente nicht selten spitzfindig; aber sie waren doch dringend nötig geworden, denn der Streit über Mein und Dein, zwischen Gläubiger und Schuldner schien unabsehbar, und unzählige Rechtshändel drohten die Leiden des Volkes ins Unerträgliche zu verlängern. Ob, wer schweres Geld ausgeliehen, Kapital und Zinsen in leichtem Gelde zurücknehmen müsse, und wieder, ob einer, der leichtes Geld ausgeliehen, die Rückzahlung der vollen Kapitalsumme in schwerem Gelde beanspruchen dürfe, das war am häufigsten Gegenstand der Untersuchung. Es muss hier bemerkt werden, dass in vielen Fällen, wo das Gesetz und der Scharfsinn streitender Juristen nicht ausreichten, ein gutes Billigkeitsgefühl, welches im Volke lebte, den Streit beendigte. Denn damals, wo die Regierungen im Allgemeinen schlecht und auch das gewissenhafte Recht sehr umständlich und kostspielig war, musste der praktische Sinn den Einzelnen über vieles weghelfen. Ein kleines Flugblatt, worin erzählt wird, wie sich in einem bestimmten Falle der gesunde Menschenverstand des Dorfschulzen zu Justiz geholfen hatte, hat sicher nicht weniger genützt, als eine massive, halb lateinische halb deutsche »*Informatio*«.

In der papiernen Flut, welche uns von der damaligen Aufregung Kunde gibt, sind es einzelne Bogen, an denen unser Interesse am meisten haftet, die Äußerungen gebildeter und welterfahrener Männer, welche in populärer Form kurz und wirksam zu sagen wissen, worauf es ankommt. Aus verschiedenen Zeiten des Dreißigjährigen Krieges sind uns einzelne solcher Flugschriften erhalten, in denen wir noch heute entweder Energie des Charakters oder Kraft der Sprache oder echt staatsmännische Einsicht zu bewundern haben. Vergebens fragen wir nach dem Namen der Verfasser. Hier sei nur an eine solche Schrift erinnert. Ihr Titel ist: »*Expurgatio* oder Ehrenrettung der armen Kipper und Wipper, gestellt durch Kniphardum Wipperium. 1622. Fragfurt.«

Der Verfasser hat den wackeren Lampe zum Gegenstand seines Angriffs gewählt; der vorsichtige Eifer des sächsischen Geistlichen, dessen vornehme Kollegen selbst in dem Rufe standen Kipper zu sein (z.B. der berüchtigte Hofprediger Hoe, der böse Geist des Kurfürsten), hatte die Entrüstung eines stärkeren Geistes hervorgerufen. Es ist ein männliches Urteil und eine sehr berechtigte demokratische Stimmung, welche aus den starken Ausdrücken dieser Schrift zu uns redet. Was ihr eigentlicher Inhalt sei, mag man nach folgenden Stellen beurteilen.

»Ich habe noch keinen einzigen Pfennig, geschweige gröbere Münze gesehen, worauf der Kipper und Wipper Namen, Wappen oder Gepräge stände, noch viel weniger wird man als Umschrift den neuen Wachtelgesang ›Kippediwipp‹ darauf finden. Sondern man sieht darauf wohl ein sonst bekanntes Gepräge oder Bild und wird der Kipper oder Wipper nicht mit dem geringsten Buchstaben gedacht.«

»Kann aber der Herr Magister die Sache noch nicht recht verstehen, so frage er doch, wer die alten Kessel am teuersten eingekauft hat, damit die Münzen befördert würden; wenn das geschieht, wird der Herr Magister in Wahrheit erfahren, wer das kupferne und blecherne Geld geprägt hat. Denn wahrlich, so mancher alte Kessel, worin so mancher gute Grütz- oder Hirsebrei gemacht ist, auch so manche gute alte Pfanne, worin so viel gutes Bier und so mancher schöne Trunk Breihahn gekocht wurde, ist verschmolzen und vermünzet worden, und dieses ist nicht von den gemeinen Kippern, sondern von den Erzkippern geschehen. Denn die anderen haben keine Regalia zu münzen, und ob sie gleich als die Spür- und Jagdhunde solches aufgespürt und aufgetrieben, so haben sie es doch nur auf Befehl andern abgejagt und sind also nicht in so schwerer Verdammnis als diejenigen (sie mögen heißen wie sie wollen), so die Regalia vom Reich haben und dieselben zum merklichen Schaden deutschen Landes missbrauchen.« –

»Keiner will in jetziger Zeit der Katze die Schelle anhängen, oder, wie Johannes dem Herodes, die Wahrheit sagen. Aber auf die armen Schelme, die Kipper und Wipper, schimpft jedermann, während diese doch bei solchem Wechselgeschäft nichts aus eigener Macht tun, sondern was sie tun, geschieht alles mit Wissen, Willen und Beifall der Obrigkeit. Und leider bekommen sie in jetziger Zeit viel Konkurrenten. Denn sobald jemand einen Pfennig oder Groschen bekommt, der ein wenig besser ist als ein anderer, so will er sogleich damit wuchern. Deshalb geht es auch so her, wie die Erfahrung zeigt: Die Ärzte verlassen ihre Kranken und denken viel mehr an den Wucher als an Hippokrates und Galenus; die Juristen vergessen ihre Akten, hängen ihre Praxis an die Wand, nehmen die Wucherei zur Hand und lassen über Bartholus und Baldus lesen, wer da will. Dasselbe tun auch andere Gelehrte, studieren mehr Arithmetik als Rhetorik und Philosophie; die Kaufleute, Krämer und andere Handelsleute treiben jetziger Zeit ihr größtes Gewerbe mit der kurzen Ware, die mit dem Münzstempel bezeichnet ist.« –

»Aus diesem ist nun zu ersehen, dass zwar die ›ungehangenen, diebischen, eidvergessenen, ehrlosen‹ Kipper und

Wipper nicht ganz zu entschuldigen, aber doch auch nicht in so großer Verdammnis sind, als wenn sie eben *causa principalis* von dem Verderben des deutschen Landes wären. Leider habe ich allerdings große Sorge, wenn's einmal an ein Teufelholen oder Aufhenken gehen wird, so werden die Kipper und Wipper, Wechsler und Wucherer, Juden und Judengenossen, Helfer und Helfershelfer ein Dieb mit dem andern zum Teufel hinschlendern oder miteinander zugleich aufgehenkt werden, wie jener Wirt mit seinen Gesellen. Doch mit einem Unterschied. Denn es behalten ihre Prinzipale und Patrone billig die Prärogative und Präeminenz, wie denn etliche davon allbereits dahin vorausgesandt sind. Die andern werden in Kurzem auch an den vorbestimmten Ort folgen, und es hilft alsdann nichts, man mache ihnen *carmina* oder *crimina* Verhöre oder Lobgedichte zu dieser Hinnenfahrt – *facilis descensus Averni* –, sie werden den Weg wohl finden und bedürfen kein Glück dazu, der Teufel wird sie kuppeln all an einen Strick, und wären die Schelme noch so dick. *Fiat.*« –

Es ist nicht unwahrscheinlich, dass den Landesherren von mehreren Seiten eine ähnliche Auffassung ihrer sozialen Aussichten im Jenseits zu Ohren kam. Jedenfalls erkannten auch sie, dass nur die schleunigste Hilfe retten könnte. Es gab keine andere Hilfe als die Herabsetzung und die eiligste Einziehung der neuen Münzen und eine Rückkehr zu den alten guten Reichsmünzen. Die Fürsten und Städte verriefen also in der ersten Sorge ihr neues Geld, benutzten diese Dekrete, um ihren – nicht eben alten – Abscheu vor schlechter Münze auszusprechen, und ließen wieder ehrlich mit dem soliden Schrot und Korn prägen, die das Reichsgesetz vorschrieb. Und um der maßlosen Teuerung zu steuern, beeilten sie sich Tarife der Waren und Löhne bekannt zu machen, worin die höchsten erlaubten Preise festgesetzt wurden. Es versteht sich, dass dies letztere Heilmittel auf die Dauer so wenig nutzen konnte, als das berühmte Edikt Diokletians 1300 Jahre vorher. Allein für den Augenblick half der Zwang, welchen es z.B. den städtischen Wochenmärkten, den Tagearbeitern wie den Innungen antat, doch dazu, die ausgetretenen Fluten in das alte Bett zurückzuführen.

Und jetzt folgte dem Taumel, dem Schrecken, der Wut eine trostlose Ernüchterung. Die Menschen sahen einander an wie nach einer großen Pest. Wer sicher auf seinem Reichtum gesessen hatte, war heruntergekommen. Mancher schlechte Abenteurer ritt jetzt als vornehmer Herr in Samt und Seide. Im Ganzen war das Volk viel ärmer geworden. Es war lange kein großer Krieg gewesen und viele Millionen in Silber und Gold, die Ersparnisse der kleinen Leute, hatten sich in Dorf und Stadt vom Vater auf den Sohn vererbt; dieses Sparbüchsengeld war in der bösen Zeit zum größten Teil verschwunden, es war verjubelt, für Tand ausgegeben, zuletzt für Lebensmittel zugesetzt. Aber nicht dies war das größte Unheil, ein größeres war, dass in dieser Zeit Bürger und Landmann gewaltsam aus dem Gleise ihrer redlichen Tagesarbeit herausgerissen wurden. Leichtsinn, abenteuerndes Wesen und ein ruchloser Egoismus griffen um sich. Die zerstörenden Gewalten des Krieges hatten einen ihrer bösen Geister vorausgesandt, das feste Gefüge der bürgerlichen Gesellschaft zu lockern und ein friedliches, arbeitsames und ehrliches Volk zu gewöhnen an das Heer von Leiden und Verbrechen, welches kurz darauf über Deutschland hereinbrach.

Die Jahre 1621–23 hießen fortan die Zeit der Kipper und Wipper. Die Verwirrung, die Aufregung, die Händel und die Flugschriftenliteratur dauerten bis in das Jahr 1625. – Die Lehre, welche sich die Fürsten aus den Folgen ihres frevelhaften Tuns ziehen konnten, hielt gegenüber spätern Versuchungen nicht stand. Es schien noch am Ende des 17. Jahrhunderts unmöglich, den Heckenmünzen und der immer wieder eintretenden Verschlechterung des Geldes gründlich abzuhelfen. –

Während Tilly die Niedersachsen besiegte, als Wallenstein im nördlichen Deutschland hauste, wogte die kleine Literatur in niedrigeren Wellen. Nach jedem Treffen, jeder Einnahme einer Stadt erschienen Kupferstiche mit Text, welche die Aufstellung der Truppen, das Aussehen der Stadt schilderten; unregelmäßige Zeitungen und Trauerlieder gaben Kunde von den Fortschritten der Kaiserlichen, dem Untergange des Mansfelders. Dazwischen entsetzten gräuliche Verordnungen des Kaisers, der jetzt die Evangelischen aus seinem gesicherten Besitz hinauswarf oder durch Gewalt zu seiner Kirche zurückzwang, fruchtlose Schreiben des Kurfürsten von Sachsen an den Kaiser. Der Kurfürst ließ endlich gegen die wachsenden Angriffe der katholischen Theologen eine Verteidigung der Augsburgischen Konfession drucken. Dieses umfangreiche Werk, »Notwendige Verteidigung des Augapfels« genannt (1628), rief sogleich einen theologischen Krieg hervor, massenhaft eilten Gegner und Bundesgenossen ins Feld. »Brill auf den evangelischen Augapfel«, »Scharfes rundes Auge auf den römischen Papst«, »Wer hat das Kalb ins Aug' geschlagen?«, »Katholischer Okulist oder Starstecher«, »Venetische Brillen auf lutherische Nasen« usw., das sind die herausfordernden Titel einiger der gelesensten Zankschriften. Aber dieser gelehrte Streit wurde übertönt zuerst durch lautes Klagegeschrei gegen Wallenstein, das von Pommern her durch alle Landschaften drang; der Kampf um Stralsund, die schändliche Behandlung des Pommernherzogs und seines Landes, zuletzt noch die gräuliche Misshandlung der Männer und Frauen von Pasewalk. Und wieder schwand die Klage in einem Freudengeschrei aller Protestierenden. Wieder erhob sich Hoffnung und Zuversicht; diesmal war es ein Mann, dem die Nation in dem echt deutschen Bedürfnis zu lieben und zu verehren entgegenjauchzte. Was die Deutschen seit hundert Jahren entbehrt hatten, das stieg aus dem Norden zu ihnen ans Land, ein Liebling, ein Held. Aber er war ein Fremder.

Auch für uns liegt in der Gestalt Gustav Adolfs noch viel von dem hellen Glanze, der ihn vor den Augen der Mitlebenden so sehr von allen Feldherren und Fürsten unterschied. Es sind nicht seine Siege, nicht sein ritterlicher Tod, auch nicht der Umstand, dass er wie eine letzte Hilfe dem hoffnungsarmen Volkstum erschien, was ihn zu einer einzigen Gestalt in dem langen Kampfe machte. Es war der Zauber einer großen Persönlichkeit, die fest geschlossen, sicher, wie unfehlbar über die blutigen Kampffelder dahinritt, von Kopf zu Fuß Konsequenz, Entschlossenheit, markige Tatkraft. Und sieht man näher zu, so erstaunt man, welch starke Gegensätze sich in diesem Charakter zu bewundernswerter Einheit banden. Kein Feldherr war systematischer, planvoller, größer im methodischen Kriege. Zucht im Heere, Ordnung in der Verpflegung, sichere Basen und Rückzugslinien für jede strategische Operation, das waren die Forderungen, die er bei seiner Ankunft auch an die deutsche Kriegführung stellte. Auch ihn, den starken Kriegsfürsten, drängte eine unwiderstehliche Notwendigkeit von seiner guten Methode ab, aber unaufhörlich stemmte er die ganze Kraft seines Wesens wider den wilden Flibustierkrieg, der um ihn raste. Und doch denselben regelmäßigen Mann trieb still im Innersten ein tollkühner Mut zu dem Gewagtesten, auch in der Schlacht war sein Wesen wunderbar gehoben, wie bei einem edlen Kampfross. Dann leuchtete es wie ein Wetter in seinen Augen, höher war seine Gestalt, ein Lächeln auf seinem Antlitz, Und wieder, wie wundervoll ist in ihm, dem Menschen, die innige Verbindung von offener Biederkeit und von schlauer Politik, von aufrichtiger Frömmigkeit und von sehr irdischer Klugheit, von hochsinnigem Opfermut und von rücksichtslosem Ehrgeiz, von herzlicher Humanität und erbarmungsloser Strenge! Und alles dies wird verklärt durch eine innere Freiheit und Sicherheit, die ihm möglich macht, humoristisch auf die verworrenen Verhältnisse, die verkümmerten Fürsten Deutschlands zu blicken. Darin zumeist ruht die unwiderstehliche Wirkung, die er auf alle ausübt, welche vor sein Antlitz treten, in der Frische seiner Natur, der überlegenen Laune und, wo es not tat, einer ironischen Bonhomie. Unübertrefflich ist die Art, wie er die stolzen, aber unsichern Herren, die bedenklichen Städte der protestantischen Partei behandelt; er wird nicht müde, sie zum Kriege, zum Bündnis zu treiben, immer wieder predigt er dasselbe Thema gegen den Abgesandten des Brandenburgers, wenn er den Nürnbergern schmeichelt, den Frankfurtern eine Strafrede hält.

Er war durch Stamm und Glauben mit dem deutschen Norden eng verbunden, aber er war ein Fremder. Wohl empfanden die Fürsten das jeden Augenblick. Es war nicht nur Misstrauen gegen die höhere Kraft, was die Unentschlossenen, z.B. den Kurfürsten von Brandenburg, von ihm entfernt hielt, bis die bitterste Not zur Vereinigung zwang. Wenn sie in ihm einen neuen Herrn ahnten, so scheuten sie doch auch eine unberechenbare nichtdeutsche Gewalt, welche so plötzlich und drohend in dem Reiche aufstieg. Es war in wenigen von ihnen immer noch etwas von Luthers volkstümlicher Anschauung des Reiches. Sie hatten kein Bedenken, mit Frankreich, den Niederlanden, Dänemark, ja mit dem unzuverlässigen Bethlen Gabor zu verhandeln; alle diese waren außerhalb des Reiches. Innerhalb der Grenzen aber standen der fanatische Kaiser und sein unerträglicher Feldherr immer noch als neue Leute, sie mochten wieder vergehen, wie sie groß geworden waren, alt aber war die Herrlichkeit des deutschen Reiches, und Grundpfeiler derselben war ihre eigene Würde. Solche Empfindung hatte nicht mehr die höchste politische Berechtigung, denn der deutsche Kaiser war des deutschen Reiches tödlicher Feind geworden. Aber solcher Sinn verdient doch keine Verachtung. Und wie mehrere der Fürsten, empfand im Grunde auch die Nation, ihr Streit mit dem Kaiser war doch wie ein häuslicher Streit, der die Fremden nichts angehen sollte. Aber solche Empfindung ward dem Volke verdeckt durch die Freude an der schönen Heldenkraft des protestantischen Königs. Während zwei Jahren huldigte ihm die öffentliche Meinung, wie sie seitdem nur dem großen Friedrich von Preußen gehuldigt hat. Jedes Wort, jede kleine Anekdote wurde von Stadt zu Stadt getragen, jedem Fortschritt seiner Waffen folgte ein lauter Jubelruf. Und es waren nicht nur die eifrigen Protestanten, welche so empfanden; auch in den katholischen Heeren und in den Landschaften der Liga verstummte schnell der Spott, den die Landung des »Schneekönigs« hervorgerufen hatte, fortwährend wuchs die Zahl seiner Bewunderer. Viele charakteristische Züge von ihm sind uns aufbewahrt, fast jede Unterredung, die er mit Deutschen hatte, gibt Gelegenheit, einiges von seiner Art zu erkennen. Hier möge ein kurzes Gespräch folgen, das nach seiner Landung in Pommern von einem klugen Unterhändler aufgezeichnet wurde.

Der Kurfürst von Brandenburg hatte einen Bevollmächtigten, von Wilmerstorff, abgeschickt, den König zu seinem Waffenstillstand mit dem Kaiser zu bringen, dann wollte der Kurfürst die Friedensvermittelung übernehmen, er, dem bereits Wallenstein die Herrschaft über das eigene Land genommen und der Kaiser jede Nichtachtung gezeigt hatte. Die Unterredung des Königs mit dem Gesandten* gibt ein gutes Bild von der Methode des Kö-

---

* Abgedruckt in K. G. Helbig: Gustav Adolf und die Kurfürsten von Sachsen und Brandenburg – einem wertvollen Beitrag zur Geschichte des Krieges.

nigs zu verhandeln. Er ist auch hierbei kurz, fest und geradeaus, trotz allen Hintergedanken, und von so überlegener Sicherheit, dass sein lebhaftes Temperament ohne Gefahr durchblitzen darf. Der Gesandte berichtet:

»Nachdem Seine Königliche Majestät mich gnädigst angehört, aber, da ich an den Vorschlag des Waffenstillstandes kam, etwas gelächelt hatte, so hat Sie mir selbst, da niemand dabei gewesen, weitläufig geantwortet:

›Ich hätte mich wohl einer andern Legation von meines Herrn Schwagers Liebden versehen, nämlich, dass Sie mir vielmehr entgegenkommen und sich mit mir zu Ihrer eigenen Wohlfahrt konjungieren werde, nicht aber, dass Seine Liebden so schlecht sein sollte, diese Gelegenheit, die Gott sonderlich geschickt, nicht zu gebrauchen. Seine Liebden will die helle und klare Intention Ihrer Feinde nicht verstehen, Sie unterscheidet nicht den Prätext von der Wahrheit, und bedenkt nicht, wenn dieser Vorwand aufhören sollte, das heißt, wenn man von mir nichts mehr zu besorgen hätte, dass bald ein anderer gefunden werden würde, dennoch in Seiner Liebden Lande zu bleiben.

Ich hätte nicht erwartet, dass Seine Liebden sich vor dem Kriege so sehr entsetzen würde, dass Sie sich darüber stillsitzend um all das Ihrige bringen ließe. Oder weiß denn Seine Liebden noch nicht, dass des Kaisers und der Seinigen Intent dieses ist, nicht eher aufzuhören, bis die evangelische Religion im Reiche ganz ausgerottet werde, und dass Seine Liebden nichts anderes zu erwarten habe, als entweder Ihre Religion zu verleugnen oder Ihr Land zu verlassen. Meinet Sie, dass Sie mit Bitten und Flehen und dergleichen Mitteln etwas anderes erlangen werde? Um Gottes willen, bedenke Sie sich doch ein wenig und fasse einmal *mascula consilia*. Sie sehe diesen frommen Herrn, den Herzog von Pommern an, welcher auch so unschuldigerweise, da er gar nichts verwirkt, sondern nur sein Bierchen in Ruhe getrunken hat, so jämmerlich um das Seine gebracht worden ist, und wie wunderbarlich Gott ihn *fato quodam necessario* – denn er musste wohl – errettet hat, dass er sich mit mir verglich. Was derselbe aus Not getan, das mag Seine Liebden freiwillig tun.

Ich kann nicht wiederum zurück, *jacta est alea, transivimus Rubiconem*. Ich suche bei diesem Werke nicht meinen Vorteil, gar keinen Gewinn als die Sicherheit meines Reiches, sonst habe ich nichts davon als Unkosten, Mühe, Arbeit und Gefahr an Leib und Leben. Man hat mir Ursach genug dazu gegeben; man hat zuerst den Polen, meinen Feinden, zweimal Hilfe geschickt und versucht, mich herauszuschlagen, dann hat man sich der Ostseehäfen bemächtigen wollen; daraus konnte ich wohl ersehen, was man mit mir im Sinne hatte. Eben solche Ursachen hat Seine Liebden, der Kurfürst, auch, und es wäre nunmehr Zeit, die Augen aufzumachen und sich etwas von den guten Tagen abzubrechen, damit Seine Liebden nicht länger in Seinem Lande ein Statthalter des Kaisers, ja eines kaiserlichen Dieners sein möge; *qui se fait brebis, le loup le mange*.

Jetzt gerade ist die beste Gelegenheit, da Ihr Land der kaiserlichen Soldateska ledig ist, dass Sie Ihre Festungen selbst gut besetze und verteidige. Will Sie das nicht tun, so gebe Sie mir eine, etwa nur Küstrin, so will ich sie defendieren und bleibet dann in Eurer Untätigkeit, die Euer Herr so sehr liebt.

Was wollt Ihr sonst machen? Denn das sage ich Euch klar voraus: Ich will von keiner Neutralität nichts wissen noch hören. Seine Liebden muss Freund oder Feind sein. Wenn ich an Ihre Grenzen komme, muss Sie sich kalt oder warm erklären. Hier streitet Gott und der Teufel. Will Seine Liebden es mit Gott halten, wohl, so trete Sie zu mir, will Liebden es aber lieber mit dem Teufel halten, so muss Sie fürwahr mit mir fechten; *tertium non habitur*, des seid gewiss.

Und nehmt diese Kommission auf Euch, es Seiner Liebden recht zu hinterbringen; denn ich habe nicht Leute bei mir, die ich entbehren könnte, an Sie zu schicken. Wenn mit Seiner Liebden zu traktieren wäre, so wollte ich sehen, wie ich selber an Sie kommen könnte; aber so, wie Sie sich anstellt, ist nichts zu tun.

Seine Liebden trauet weder Gott noch Ihren guten Freunden. Darüber ist es Ihr schlecht gegangen in Preußen und in diesen Landen. Ich bin Seiner Liebden Diener und liebe Sie von Herzen, mein Schwert soll zu Ihren Diensten sein, das soll Sie bei Ihrer Hoheit, bei Land und Leuten erhalten. Aber Sie muss dazu auch das Ihrige tun.

Seine Liebden hat ein großes Interesse an diesem Herzogtum Pommern, dasselbe will ich defendieren Ihr zu gut; aber unter derselben Bedingung, wie in dem Buche Ruth dem nächsten Erben das Land angeboten wird, dass er nämlich die Ruth selbst zum Weib nehme, so muss auch Seine Liebden diese Ruth mitnehmen, das heißt, sich in dieser gerechten Sache mit mir verbinden, wenn Sie überhaupt das Land erben will. Wo nicht, so sage auch ich klar heraus, dass Sie es nimmer bekommen soll.

Dem Frieden bin ich nicht abgeneigt, habe mich genugsam dazu bequemt. Ich weiß gar wohl, dass der Würfel des Krieges zweifelhaft ist, ich habe das in so vielen Jahren, in denen ich Krieg mit verschiedenem Glück geführt habe, wohl erfahren. Aber dass ich jetzt, da ich durch Gottes Gnade so weit gekommen bin, wieder hinausziehen sollte, das kann mir niemand raten, auch der Kaiser selber nicht, wenn er Vernunft gebrauchen will.–

Einen Waffenstillstand könnte ich auf einen Monat wohl geschehen lassen. Dass Seine Liebden mit vermitteln, kann mir recht sein. Aber Sie muss sich zugleich in Positur stellen und die Waffen zur Hand nehmen; sonst wird alles Vermitteln nichts helfen. Etliche Hansestädte sind bereit sich mit zu verbinden. Ich warte nur darauf, dass sich ein Haupt im Reiche erst hervortue. Was könnten die beiden Kurfürsten Sachsen und Brandenburg mit diesen Städten nicht durchsetzen! Wollte Gott, dass ein Moritz da wäre!‹

Darauf habe ich repliziert, dass ich von Seiner Kurfürstlichen Durchlaucht keinen Befehl hätte, mit Seiner Majestät über ein bewaffnetes Bündnis zu reden. Für meine geringe Person aber zweifelte ich sehr daran, dass Kurfürstliche Durchlaucht sich dazu werde verstehen können, ohne Ehre und Treue zu verletzen, *salvo honore et fide sua*.

Da unterbrach Seine Majestät stracks: ›Ja, man wird Euch bald honorieren, dass Ihr um Land und Leute kommen werdet. Die Kaiserlichen werden Euch wohl Treue halten, wie sie die Kapitulation gehalten haben.‹

Ich: ›Man muss die Zukunft vor Augen haben und bedenken, wie alles über den Haufen fallen würde, wenn das Unternehmen übel glückte.‹

König: ›Das wird doch geschehen, wenn Ihr still sitzet, und wäre schon geschehen, wenn ich nicht wäre hereingekommen. Seine Liebden sollten so tun, wie ich tue, und den Ausgang Gott befehlen. Ich habe in vierzehn Tagen nicht auf dem Bett gelegen. Möchte der Mühe auch wohl überhoben sein und bei meiner Gemahlin sitzen, wenn ich nicht mehr bedenken wollte.‹

Ich habe darauf weiter geredet: ›Weil Eure Königliche Majestät zufrieden sind, dass Kurfürstliche Durchlaucht sich zum Vermittler mache, so müsste doch Seiner Kurfürstlichen Durchlaucht wenigstens die Neutralität gelassen werden.‹

König: ›Ja, solange bis ich an Ihr Land komme. Solch Ding ist doch nichts als lauter Spreu, die der Wind aufhebt und wegweht. *Was ist doch das für ein Ding: Neutralität? – Ich verstehe es nicht!*‹

Ich: ›Eure Königliche Majestät hat es in Preußen doch wohl verstanden, wo Sie es selbst seiner Kurfürstlichen

Durchlaucht und der Stadt Danzig an die Hand gegeben haben.‹

König: ›Dem Kurfürsten nicht, aber der Stadt Danzig wohl, denn da war es zu meinem Vorteil.‹ –

Hernach ist er wieder auf den Herzog von Pommern gekommen, dass der gute Herr gar wohl mit ihm zufrieden wäre. Er hätte ihm Stralsund, Rügen, Usedom, Wollin und alles schon wiedergegeben. Der Herzog habe begehrt, Seine Majestät solle sein Vater sein. ›Aber ich‹, sagte Seine Majestät, ›habe gesagt, ich wolle lieber sein Sohn sein, weil er doch keine Kinder hätte.‹

Darauf habe ich geantwortet: ›Ja, Königliche Majestät, das möchte wohl sein, wenn nur Kurfürstliche Durchlaucht Ihr Recht der Erstgeburt in Pommern behielten.‹

König: ›Ja, das soll Seine Liebden wohl behalten, Sie müssen's aber mit defendieren und nicht wie Esau um einen Brei verkaufen.« –

So weit der Bericht.

Als der große König, Herr des halben Deutschlands, im Staube der Schlacht dahinsank, ging ein Wehruf durch alle protestantischen Territorien. In Stadt und Land ward ein Trauergottesdienst gehalten, endlos flossen die Klagegedichte dahin, selbst die Feinde bargen ihre Freude hinter einer männlichen Teilnahme, wie sie in jenen Zeiten dem Gegner selten gegönnt wurde.

Als ein nationales Unglück wurde sein Ende betrachtet, dem Volke war der »Befreier«, der »Erretter« verloren. Auch wir, ob Protestanten, ob Katholiken, vermögen nicht nur mit innigem Anteil auf ein reines Heldenleben zu sehen, welches in den Jahren der höchsten Kraft so plötzlich erlosch, wir sollen auch mit großem Dank die Einwirkung betrachten, die der König auf den deutschen Krieg hatte. Denn er hat in verzweifelter Zeit das, was Luther für die ganze Nation errungen, die Freiheit der Geister und die Fähigkeit zu nationaler Kraftentwicklung, gegen die furchtbarsten Feinde deutschen Wesens, gegen einen gemütlosen Despotismus in Staat und Kirche, verteidigt. Aber wir vermögen auch bei ihm zu ersehen, dass das Schicksal, welches ihn traf, vorzugsweise deshalb tragisch wirkt, weil es selbstverschuldet war. Die Geschichte lehrt einige Charaktere kennen, welche nach mächtigen Taten, schnellem Wechsel des Geschickes plötzlich auf der Höhe ihres Ruhmes, mitten unter gewaltigen, aber unfertigen Bildungen endeten. Solche Helden hatte eine populäre Mischung von Seeleneigenschaften einige Mal zu bevorzugten Lieblingen der Nachwelt wie der Kunst gemacht. So geschah der fast märchenhaften Heldengröße des Altertums dem mazedonischen Alexander, so in beschränkterer Tätigkeit, bei kleineren Mitteln auch dem Schwedenkönige Gustav Adolf. Aber wie zufällig uns das tödliche Fieber oder die Kugel erscheint, welche sie fortriss, auch an ihnen ist das Verderben durch die eigene Größe eingetreten. Der Besieger Asiens war zum asiatischen Despoten geworden, bevor er starb; den »Befreier« Deutschlands erschoss ein kaiserlicher Söldner, als er durch den Staub des Schlachtfeldes stürmte, nicht wie ein Feldherr des 17. Jahrhunderts, sondern wie ein Seekönig der alten Zeit, der seine Schlachten in wilder Kampfesfreude ficht unter dem Schutz der Schlachtjungfrauen Odins. Schon oft hatte den König ein unvorsichtiger Heldenmut zu tollkühnem Wagnis und unnötiger Gefahr gebracht, und lange hatten seine Getreuen gefürchtet, dass er einmal so enden werde. Ja noch mehr. Es war eine weise Politik, dass er sich an den deutschen Küsten festzusetzen suchte, um seinen Schweden die Herrschaft über die Ostsee zu sichern, dass er die Seestädte in sein Interesse zog und feste Stützpunkte an der Oder, Elbe und Weser begehrte. Welche Pflicht hatte er gegen das deutsche Reich, dessen eigener Kaiser nationales Leben und volkstümliche Bildung durch romanisches Geld und die herbeigerufenen Kriegshorden von halb Europa unterdrücken wollte? Aber als Gustav Adolf daran dachte, sich zum Oberherrn der deutschen Fürsten zu machen, als er darauf ausging, sich in Süddeutschland eine eigene Hausmacht zu gründen, da war er nicht mehr der große Zeitgenosse Richelieus, sondern wieder der Nachkomme eines alten Normannenhäuptlings. Möglich, dass seine humane Kraft in längerem Leben nach vielen Siegen den größeren Teil Deutschlands mit oder ohne Kaiserkrone untergezwungen hätte; aber das die Grundlage seiner Gewalt, dass Schweden nicht imstande war, auf die Dauer eine Suprematie über Deutschland auszuüben, ein entferntes kleineres Land über das größere, das durfte auch damals keinem nüchternen Politiker zweifelhaft sein. Der König konnte noch einige Jahre Schwedens Bauernsöhne auf den deutschen Schlachtfeldern opfern und den schwedischen Adel durch deutsche Kriegsbeute verderben, ein festes Haus vermochte auch er nicht für beide Völker zu zimmern. Bald hätten gewöhnliche Menschenkräfte wieder in natürliches Verhältnis gebracht, was sein Genie vielleicht verrücken konnte. Daher meinen wir, er starb gerade da, wo sein gewaltiges Begehren gegen ein Grundgesetz des neuen Staatenlebens zu ringen begann, und wir dürfen außerdem annehmen, dass auch ein längeres Leben voll Erfolge für uns nicht viel geändert hätte. Als er starb, war sein natürlicher Erbe in Deutschland bereits zwölf Jahre alt. Dieser Erbe war Friedrich Wilhelm, der große Kurfürst von Brandenburg, Gustav Adolf aber starb als der vorletzte Fürst des Nordens, welchem der alte Zug der Skandinavier nach den Südländern Verhängnis wurde. Karl XII., der vor Friedrichshall blieb, war der letzte.

Als die Leichenklagen in Deutschland verhallt waren, trat auch in der öffentlichen Meinung die Reaktion gegen die Fremden hervor. Die katholische Faktion hatte während des ganzen Krieges den zweifelhaften Vorzug, dass ihre Händel und inneren Gegensätze in der Presse nicht zutage kamen; die protestantische Opposition aber zerfiel wieder in Parteien. Zumal seit Sachsen 1635 im Prager Separatfrieden eine ruhmlose Versöhnung mit dem Kaiser gesucht hatte, gab es im Norden wie im Süden eine kaiserliche und eine schwedische Partei, daneben liefen schwächere Gegensätze. Die Franzosen suchten am Rhein auch durch die Presse sich Anhänger zu schaffen, ohne Erfolg. Bernhard von Weimar fand warme Verehrer, welche in ihm den Nachfolger Gustav Adolfs prophezeiten. Er besaß Feldherrntalent und einige von den herzgewinnenden Eigenschaften des großen Königs, aber sein Erbe wurde er nur darin, dass er das übergroße politische Wagnis seines Lehrers in der gefährlichsten Weise wiederholte. Er wollte eine fremde Macht benutzen und tauschen, welche größer und stärker war als er selbst; es war ein ungleicher Kampf, er selbst als der Schwächere wurde von Frankreich beiseite gebracht, und die Fremden bemächtigten sich seiner politischen Hinterlassenschaft, seiner Festung und seines Heeres.

Während so Liebe und Hass in finsterer Zeit geteilt waren, bildete sich in den Besten der Nation ein eigentümlicher Patriotismus, der das deutsche Volk mit seinen Leiden und Bedürfnissen den egoistischen Interessen der Gewalthaber, von denen jeder das Ganze verderben half, gegenüberstellte. Es gab keine Partei mehr, welcher ein kluger Mann von ganzem Herzen den Sieg wünschen konnte. Der Gegensatz im Glauben hatte sich abgeschwächt, die Soldaten quälten ohne Rücksicht auf Konfession. Da begannen zunächst die Politiker eine neue Politik, *Ratio status* genannt, der alten rücksichtslosen und doch intriganten Eigensucht der Regierenden gegenüberzustellen. Auch die Staatsraison, der Vorteil des Ganzen, wie sie ihn verstanden, war noch ohne Größe, ohne tiefen sittlichen Inhalt, ohne Scheu im Gebrauch der schlechtesten Mittel. Und doch war es ein Fortschritt. Aber auch der ruhige Bürger war durch achtzehn Jahre der Not gezwungen worden, sich um diese Politik zu kümmern. Die Charaktere der Mächtigen und ihre Interessen wurden überall besprochen. Jedermann war aus seiner provinziellen Beschränktheit aufgeschreckt und hatte dringende Gründe, auch um die Schicksale entfernter Gegenden zu sorgen. Hunderttausende von Flüchtlingen, die kräftigsten ihrer Heimat, hatten sich in entfernten Landschaften verbreitet, auch sie Landsleute, durch dasselbe Unglück geschlagen. So bildete sich unter den Schrecken des Krieges eine deutsche Gesinnung voll Misstrauen gegen die Regierenden, voll Sehnsucht nach einer besseren Lage der Nation. Es war ein großer, aber teuer erkaufter Fortschritt der öffentlichen Meinung. Er ist in der politischen Literatur vorzugsweise seit dem Prager Frieden zu erkennen. Eine Probe von solcher Stimmung sei hier aus einer kleinen Flugschrift mitgeteilt, welche 1636 unter dem Titel: »Der Deutsche Brutus. Das ist: Ein abgeworfenes Schreiben«* erschien.

»Ihr Schweden beklagt euch, Deutschland sei undankbar, es stoße euch mit Gewalt aus, man habe der Guttaten vergessen, die Gott durch Josua erzeigt, man gedenke keiner Bündnisse, in Summa, ihr seiet weniger wert geworden als ein altes abgemergeltes Pferd oder ein kraftloser Jagdhund, die man beide, wenn sie nicht mehr taugen, mit der Welt Danke belohnet. So geschehe euch groß Unrecht vor Gott und der Welt. –

Wohlan. Noch sind Leute übrig, die euch euer Glück von Herzen gönnen, die für euch beten und ihre Devoti-

---

* Der Titel ist in Erinnerung an das Pseudonym Hubert Languets, des Verfassers der *Vindiciae contra tyrannos*, gewählt. Die Flugschrift hat auf dem Titel den fliegenden Merkur, das Zeichen der Latomus in Frankfurt a. M. Sie enthält einige – hier ausgelassene – Stellen, welche zum Sinn des Ganzen nicht passen und vielleicht von den flüchtigen Lohnschreibern jenes literarischen Fabrikgeschäfts zugefügt sind.

on nach Möglichkeit erweisen. Solcher Leute Land kann man keiner Undankbarkeit beschuldigen. Und dass solcher Personen noch viel Tausende gewesen sind, das wissen selbst eure Feinde recht gut. Dass aber Eigennutz, dass heimlicher Neid, dass vertuschte Ratschläge, dass heimlich abgesonderte Verhandlungen sich gegen euch erhoben, muss man nicht alsbald der ganzen hochlöblichen Nation Deutschlands zuschreiben, sondern nur den Ursachen, welche solche Partikularitäten zur Folge haben. Nun habt ihr für euren Teil selbst doppelten Eigennutz gezeigt.

Zuerst dadurch, dass ihr die Zölle an der Ostsee nach eurem Gefallen erhöht habt; maßen ich von glaubwürdigen und redlichen seefahrenden Leuten berichtet bin, dass ihr nicht nur 15 bis 30, sondern bis 40, ja sogar 50 vom Hundert den Leuten abgedrungen und durch diese Blutsaugerei die Herzen betrübt habt. Und weil keine Besserung erfolgte, sondern die Kommerzien dadurch elendiglich gehemmt und viele redliche Leute jämmerlich an den Bettelstab gebracht und dadurch die Gemüter heftig erbittert wurden, sind eure besten Freunde zuerst insgeheim schwierig, und endlich durch ihr sinkendes Glück zu euern ärgsten Feinden gemacht worden. Wollt ihr die Schuld auf die Zöllner werfen? Sie sind eure Diener. Es ist eine bekannte Regel des Rechts: Was ich durch meinen Diener tue, das ist so, als hätte ich's selbst getan. Und ihr kommt mir gerade so vor wie jener, der ein Paar Schuh heimlich entführte und nachher dem heiligen Benno opferte.

Droben im Reich haben euch Stände und Städte, solange ihr sie in Händen gehabt, voll und zur Genüge kontribuiert, Unterhalt gegeben, viel, ja überviel durch die Finger gesehen und zum Zeugnis ihrer Treue Leib und Leben, Gut und Blut, ja alle ihre Freiheiten und die Religion selbst zum guten Teil verloren. Regensburg bezeugt's, Augsburg beweint's, alle miteinander bereuen's. Ihr habt die alten Regimenter zergehen lassen, keine Kompanie komplettiert, weder neue noch alte bezahlt, und gleichwohl starke Geldposten auf vielen Tagsatzungen gefordert und in der Tat empfangen; geschweige, was ihr euren Feinden in ihren Landen abgedrungen. Wozu ist das Geld verwendet? Zu übermäßiger Pracht und männlich verhasster Üppigkeit. Das hat man mit Stillschweigen angesehen und aus der Not eine Tugend gemacht. Die Kinder Israel, da sie mit den Töchtern ihrer Feinde gebuhlet und zu anderer Zeit sich ihres Sieges überhoben und ihre Brüder Juda mit dem härtesten Joch der Dienstbarkeit geplaget haben, sind beide Mal von Gott heftig gestraft worden. Sollt' es euch besser gehen, die ihr mehr als türkische Grausamkeit an vielen evangelischen Orten verübt habt? Man hat das Korn in dem Stift Magdeburg, Herzogtum Braunschweig und anderen Orten mehr ausgedroschen, in Haufen aus dem Lande geführt, um großes Geld verkauft, die Gelder zu eigenem Nutzen verwendet, dem armen Soldaten nichts gegeben, das Landvolk bis auf den Tod geplagt, durch Hunger getötet, aus Geldgeiz viele Festungen entweder nicht verproviantiert oder nicht genug mit Kraut und Lot versehen, in Summa sehr übel Haus gehalten. Jetzt sieht man sich aller Orten vom Glück verlassen, sodass man nun endlich selbst bekennt, es seien keine Geldmittel vorhanden, man könne kein Volk bekommen, das vorhandene verlaufe, die Bleibenden ließen sich vom Kriegsrecht nicht mehr bändigen. Liebe, bedenkt den Spruch Boccalini, wenn er sagt: So der Fürst ein Leben führet wie der Luzifer, was ist's wunder, dass die Untertanen Teufel werden?

Unsere Politici wissen gar wohl, dass die Kurfürsten im Reich königliche Würde haben. Wer hat sich aber in königlicher Magnifizenz mehr über sie erhoben mit großem Komitat, mit unermesslichen Unkosten, als euer Haupt (Oxenstierna)? Meinet ihr, es sei nicht an allen Höfen darüber geklagt worden? Die königliche Majestät, christseligen Andenkens, hätte dergleichen nimmermehr getan. Aus diesen und unzähligen andern Ursachen sind euch Fürsten, Stände und Städte erst heimlich, dann öffentlich gram geworden. – Zudem ist aller eingesessenen Einwohner Art, dass sie nicht wohl vertragen, wenn sich Fremde höher stellen als ihre eingeborenen Fürsten.

Ihr sagt, Kursachsen hätte mit gewappneter Hand den Frieden machen sollen. Das lassen wir dahingestellt. Es ist jedermann kund, dass etliche den Karren haben in den Dreck schieben helfen und sind danach davongegangen. Hat Kursachsen unrecht, so seid ihr mit euern Prozeduren nicht weniger schuldig. In Summa, jedweder, er sei wer er wolle, hat nur sein eigenes Bestes gesucht; darüber liegt Magdeburg in der Asche, Wismar in Steinhaufen, Augsburg an der Dienstkette, Nürnberg in Todesnöten, Ulm am täglichen Fieber, Straßburg an den Franzosen, Frankfurt an der Gelbsucht, und das ganze Reich ist aufgezehrt. Die Feinde haben's mit Peitschen geschlagen, ihr habt's angefangen mit Skorpionen zu züchtigen. Der Wallensteiner hat's verwundet und ihr Ärzte habt anstatt des Öls der Linderung Ziehpflaster aufgelegt, das Blut in Fäulnis gebracht und euch selbst gleich dem Krebs angehängt. Solchen Krebs muss man jetzt entweder mit Gewalt ausschneiden oder täglich durch unerträgliches Geld sättigen. Das Letztere vermögen wir nicht, das Erstere wünschen wir euch nicht, können's aber nicht wehren. Dass euch Gott also plagt, ist eure eigene Schuld. Unterdes meinet ihr, Gott habe einen flächsernen Bart und lasse sich so eine Nase drehen. O nein, er sieht wohl, dass ihr den Namen Freiheit vorschützet, dass ihr den Deckmantel des Evangelii braucht und dabei wie die Türken lebt.

Ihr schreit viel von der spanischen Monarchie. Ich fürchte mich nicht vor ihr. Gebt mir einen der besten Chemiker, der so viel Kunst hat und Erde und Erz so zu vermengen weiß, dass sie fest und unverbrüchlich aneinander halten, alsdann lasset uns zusehen, ob wir uns vor der spanischen Monarchie zu fürchten haben. Ich aber fürchte, Frankreich sei uns Deutschen der zerbrochene Rohrstab Ägypti, welcher dem, so sich darauf lehnet, die Hand durchbohrt. Alle Reiche haben ihren von Gott gesteckten Termin und ein Ziel, darüber sie nicht schreiten dürfen. Denn zuerst, so entstehen sie, dann wachsen sie wie ein Knabe, etliche nehmen zu wie ein Jüngling, stehen mit ihrem männlichen Alter eine Zeitlang still, nehmen wiederum ab, werden alt, verschmachten, sterben endlich, ja werden so zunichte, dass man schier nicht weiß, wenn sie gewesen sind. Solches lässt sich mit keiner menschlichen Weisheit verhindern. Der Weise sieht das und verwahrt sich vorher, der Tor glaubt's nicht und geht mit zugrund, wie Alexandri Magni hinterlassene Generäle, die so lange sein Erobertes teilten, bis die Römer ihre Meister wurden. Und wahrlich, das Reich hat's hoch vonnöten, dass es endlich die fremden Ärzte loswerde.

Ich bin hart gewesen, aber zu solchem harten Knorren gehört eine stählerne Axt, mit dem Pelzrock kann man's nicht spalten.

Man fragt: Was wird der Ausgang sein? Er steht bei Gott dem Herrn. – Habt ihr des Blutvergießens zu wenig gemacht? – Lasset Gott richten, weichet seinem Zorn. Leidet auch noch seine Kirche, so ist er doch nicht gestorben. Ihr könnt nicht klagen, dass ihr gegen aufgewandte Kosten, gegen ausgestandene Gefahr nichts bekommen habt. Kupfer habt ihr aus eurem Lande geführt, Silber und Gold aber hinein. Schweden war vor diesem Krieg hölzern und mit Stroh gedeckt, jetzt ist's steinern und prächtig zugerichtet. Und das habt ihr von den entführten Gefäßen Ägypti. Das missgönnet euch niemand, wenn ihr nur selbst Gott dafür danken wolltet. Die Deutschen lassen sich wohl bewegen gegen ihren Kaiser aufzustehen, aber sie nehmen keinen an, der nicht ihrer Sprache und ihrer Geburt ist. Hat das Haus Österreich missgetan, so wird Gott es wohl finden. Den Franzosen betreffend, so weiß ich wohl, dass Gott Deutschland mit ihm strafen wird, denn wir haben dieser Nation Affengebärden, Schlaraffenkleider und leichtfertige Unart täglich in Sitten, Zeremonien, Gebärden, Gastmählern, in Sprache und Kleidung samt der Musik nachgeahmt. Wie soll es uns besser gehen, als dass wir ihnen in die Hände fallen? Aber der Franzose wird deshalb nicht zum Kaiser. Ihm gehört die Lilie, der Adler ist der Deutschen, der Orient des Türken, der Westen des Spaniers. Keiner unter ihnen kann's höher bringen.

Ich will verhoffen, man soll mir's zum Besten aufnehmen, dass ich so rund heraus den Handel beschreibe. Denn Freimütigkeit steht einem Deutschen wohl an. Wollte Gott, dass jeder beizeiten euch so unter die Augen getreten wäre. Jetzt können wir's wohl beklagen, helfen will und kann niemand. Gott allein ist nunmehr der Mann, der helfen will und kann, den müssen wir bitten, dass er sich endlich unser erbarme und hoher Potentaten Herzen zum lieben und lang gewünschten Frieden lenke.«

So weit die Flugschrift. Der Verfasser gehört, ohne kaiserliche Sympathien in den Vordergrund zu stellen, doch weniger der schwedischen Partei an, als noch wir ihr angehören. Allerdings, die schwedischen Söldner und Obersten waren erbarmungslose Teufel geworden wie die kaiserlichen, sie verdarben Land und Volk gerade wie die kaiserlichen. Aber nicht ihre maßlosen Forderungen verhinderten den Frieden, sondern das Unrecht des Kaisers, der immer noch den fluchwürdigen Anspruch erhob, Leben und Freiheit der Nation seinen Interessen unterzuzwingen. Wäre den Habsburgern möglich gewesen, den Konfessionen Freiheit, Selbstständigkeit den Reichsgerichten zu gewähren, fast alle deutschen Fürsten hätten sich zu ihnen geschlagen, die Fremden zu verjagen. Aber der Kampf stand so: Entweder musste die Nation gebrochen werden und alle Bildungen niedergeschlagen, welche seit 140 Jahren aus deutschem Boden erwachsen waren, oder die Prätension des Kaiserhauses musste bewältigt werden, gründlich, sicher. Und das Letztere vermochten die Deutschen ohne Hilfe der Schweden nicht mehr. So soll jetzt beim Rückblick auf jene Jahre jeder gut schwedisch sein, der für keinen Zufall hält, dass später wohlbekannte Männer, wie Lessing, Goethe, Schiller, Kant, Fichte, Hegel, Humboldt, nicht aus den Landschaften erblühten, in denen die Jesuiten Ferdinands II. Hunderttausende aus Kirche und Schule verjagten. Damals aber fühlte der Patriot allerdings vor allem das furchtbare Elend der Menschen, die Schwäche des Reiches. Und höchster Grund war zu Sorge um die Zukunft. Und von diesem Standpunkt ist die Broschüre für uns eine der ersten Äußerungen derselben Gesinnung, welche noch heut Hunderttausende von Deutschen verbindet. Im Dreißigjährigen Kriege erwuchs aus den bedrängten Seelen unserer Ahnen die Liebe zu einem Vaterlande, welches noch nicht durch einen einigen Staatsbau zu politischem Leben gekommen ist. Solche Empfindung lebte damals freilich nur in den Edelsten. Wir aber wollen die Wenigen ehren, welche in hoffnungsarmen hundert Jahren die Idee eines deutschen Reiches in Lehre und Schrift auf ihre Nachkommen vererbten.

Nach Baners verheerenden Zügen wird es in Deutschland still. Fast nur die Neuigkeiten und Staatsschriften laufen aus den Pressen, die der Krieg übrig gelassen. In den letzten Jahren füllen die Friedensverhandlungen Tausende von Druckbogen.

Zuletzt wird in großen Plakaten dem armen Volk der Friede gemeldet.

Kapitel 5
Die Städte

Als der Krieg ausbrach, waren die Städte bewaffnete Hüter der deutschen Kultur, welche reich und geräuschvoll in engen Straßen zwischen hohen Häusern arbeitete. Fast jede Stadt, nur die kleinsten Märkte ausgenommen, war gegen das offene Land abgeschlossen durch Mauer, Tor und Graben, eng und leicht zu verteidigen waren die Zugänge, oft stand die Mauer doppelt, noch ragten häufig die alten Türme über Zinnen und Tor. Dieses mittelalterliche Befestigungswerk war bei vielen der größeren seit hundert Jahren verstärkt worden, Bastionen aus Feld- und Backsteinen trugen schwere Geschütze, ebenso einzelne starke Türme; oft war ein altes Schloss des Landesherrn, ein Haus des frühern Vogtes oder des Grafen, den der Kaiser gesetzt, besonders befestigt. Es waren nicht Festungen in unserm Sinne, aber sie vermochten, wenn die Mauer dick und die Bürgerschaft zuverlässig war, auch einem größeren Heere wenigstens eine Zeit lang zu widerstehen. So hielt sich Nördlingen im Jahre 1634 achtzehn Tage gegen die vereinigten kaiserlichen Heere von König Ferdinand, Gallas und Piccolomini – zusammen mehr als 60 000 Mann –; die Bürger schlugen mit nur 500 Mann schwedischer Hilfstruppen sieben Stürme ab. Für solche Verteidigung wurden Erdschanzen als Außenwerke aufgeworfen und schnell durch Gräben und Pfahlwerk verbunden. Viele Plätze aber, bei Weitem mehr als jetzt, waren wirtliche Festungen. Dann bestand ihre Hauptstärke schon in Außenwerken, die mit niederländischer Kunst angelegt waren. Längst hatte man erfahren, dass die Kugeln der Kartaune an Steinwand und Brüstung mehr zerstörte als an Erdwällen.

In den größern Städten wurde schon viel auf Reinlichkeit der Straßen geachtet. Sie waren gepflastert, auch ihr Fahrweg, die Pflasterung zum Wasserabfluss gewölbt, Hauptmärkte, z. B, in Leipzig, schön mit Steinen ausgesetzt. Längst war man eifrig bemüht gewesen, der Stadt sicheres und reichliches Trinkwasser zu schaffen, unter den Straßen liefen hölzerne Wasserleitungen; steinerne Wasserbehälter und fließende Brunnen, oft mit Bildsäulen verziert, standen auf Markt und Hauptstraßen. Noch gab es keine Straßenbeleuchtung; wer bei Nacht ging, musste durch Fackel oder Laterne geleitet werden, später wurden auch die Fackeln verboten; aber an den Eckhäusern waren metallene Feuerpfannen befestigt, in denen bei nächtlichem Auflauf oder Feuersgefahr Pechkränze oder harziges Holz angebrannt wurden. Es war Sitte, bei ausbrechendem Feuer das Wasser aus den Behältern oder fließenden Brunnen in die gefährdeten Straßen laufen zu lassen. Dafür hingen an den Straßenecken Schutzbretter, und es war Pflicht einzelner Gewerke – in Leipzig der Gastwirte – mit solchen Schutzbrettern das Wasser an der Brandstätte zu stauen, indem man aus ihnen und zugetragenem Dünger einen Querwall zog*. Die Straßen- und Sicherheitspolizei war seit etwa 60 Jahren sehr verbessert worden, Kurfürst August von Sachsen hatte in seinem Lande die gesamte Verwaltung mit nicht gemeinem Geschick neu organisiert. Seine zahlreichen Ordnungen waren im ganzen Reiche Muster geworden, nach denen Fürsten und Städte ihr neues Leben einrichteten.

---

* z.B. Braunschweiger Feuerordnung von 1647, § 33, Leipziger Feuerordnung von 1596. Leipzig ist gut zum Beispiel geeignet, es war noch eine mäßige Stadt, aber in starkem Fortschritt.

Der Hauptmarkt war am Sonntage Lieblingsaufenthalt der Männer. Dort standen nach der Predigt Bürger und Gesellen in ihrem Feststaate, plaudernd, Neuigkeiten austauschend, Geschäfte beredend. In allen Handelsstädten hatten die Kaufleute besondere Räume zu ihrem »Konvent«, den man schon damals die Börse nannte. Auf dem Ratsturme durfte über der Uhr auch der Gang nicht fehlen, von dem der Türmer seine Rundschau über die Stadt hielt, wo die Stadtpfeifer mit Posaunen und Zinken bliesen.

Die Stadtgemeinde unterhielt für ihre Bürger Bier- und Weinkeller, worin die Preise des ausgeschenkten Trunkes sorglich bestimmt wurden, für die Vornehmen besondere Trinkstuben zu anmutiger Unterhaltung. In den alten Reichsstädten hatten die Patrizier wie die Zünfte häufig ihre besonderen Klubhäuser oder Stuben, und der Luxus solcher Geselligkeit war damals verhältnismäßig größer als jetzt. Auch die Gasthäuser waren zahlreich, sie werden in Leipzig als schön und herrlich eingerichtet gerühmt. Selbst die Apotheken standen unter Aufsicht, hatten besondere Ordnungen und Preise; sie verkauften noch viele Spezereien, Delikatessen und was sonst dem Gaumen behagte. Mehr Bedürfnis als jetzt waren die Badestuben. Auch auf dem Lande fehlte selten dem Bauernhof ein kleines Badehaus, eine Badestube war in jedem größeren Gebäude der Stadt. Die ärmeren Bürger gingen zu den Badern, welche auch einigen Chirurgendienst verrichteten. Außerdem aber unterhielten die Städte auch große öffentliche Bäder, in denen umsonst oder gegen geringe Bezahlung mit allen Bequemlichkeiten warm und kalt gebadet wurde. Dieser uralte deutsche Brauch ging durch den Krieg fast verloren; noch jetzt ist er nicht im alten Umfange wiedergefunden.

In den ansehnlichen Städten waren die Häuser der innern Stadt um das Jahr 1618 in großer Mehrzahl aus Stein, bis drei und mehr Stock hoch, mit Ziegeln gedeckt. Die

Räume des Hauses werden oft als sauber, zierlich und ansehnlich gerühmt, die Wände häufig mit gewirkten und gestickten Teppichen, sogar von Sammet, und mit schönem kostbarem Täfelwerk, auch anderem Zierrat geschmückt, nicht nur in den alten großen Handelsstädten, auch in solchen, die in jüngerer Kraft aufblühten. Zierlich und sorgfältig gesammelt war auch der Hausrat. Noch war das Porzellan nicht erfunden, reichliches Silbergeschirr fand sich nur an großen Fürstenhöfen und in wenigen der reichsten Kaufmannsfamilien. An dem einzelnen Stück von edlem Metall erfreute noch mehr die kunstvolle Arbeit des Goldschmiedes als die Masse. Die Stelle des Silbers und Porzellans aber vertrat bei dem wohlhabenden Bürger das Zinn. In großer Menge, hell glänzend aufgestellt, war es der Stolz der Hausfrauen; daneben feine Gläser und Tongefäße aus der Fremde, oft bemalt, mit frommer oder schalkhafter Umschrift versehen. Dagegen war Kleidung und Schmuck auch der Männer weit bunter und kostbarer als jetzt. Noch war darin der Sinn des Mittelalters lebendig, eine Richtung des Gemüts, der unsern gerade entgegengesetzt, auf das Äußere, das Auge Fesselnde, auf stattliche Repräsentation. Und diese Neigung wurde durch nichts so sehr erhalten als durch die entsprechenden Bemühungen der Obrigkeit, auch das äußere Aussehen des Einzelnen zu regeln und jeder Bürgerklasse ihr eigenes Recht zu geben gegen Vornehme und Geringere. Die endlosen Kleiderordnungen gaben der Kleidung eine unverhältnismäßige Wichtigkeit, sie nährten mehr als etwas anderes die Eitelkeit und die Sucht, sich über seinen Stand herauszuheben. Es ist für uns ein komischer Kampf, den durch vier Jahrhunderte bis zur französischen Revolution die würdigsten Behörden gegen alle Launen und Ausschreitungen der Mode führen, stets erfolglos.

In solcher Ordnung tummelte sich ein kräftiges, arbeitsames, wohlhabendes Volk mit Selbstgefühl, eifersüchtig hielt der Bürger auf Privilegien und Ansehen seiner Stadt, gern bewies er sich unter seinen Mitbürgern reich, tüchtig und unternehmend. Noch war Handwerk und Handel in starkem Gedeihen. Zwar im Großverkehr mit dem Ausland hatte Deutschland bereits viel verloren, der Glanz der Hansa war längst verblichen, auch die großen Handelshäuser Augsburgs und Nürnbergs lebten bereits wie Erben von dem Reichtum ihrer Väter. Italiener, Franzosen, vor allem Niederländer und Engländer waren gefährliche Rivalen geworden, auf der Ostsee flatterten schwedische, dänische, holländische Flaggen schon fröhlicher als die von Lübeck und den Ostporten, der Verkehr mit den beiden Indien lief in neuen Straßen und fremden Stapelplätzen. Aber noch hatte der deutsche Heringsfang große Bedeutung, noch waren die ungeheuren Slawenländer des Ostens auch dem Landverkehr ein offener Markt. Und in dem weiten Reiche selbst blühte die Industrie, und ein weniger gewinnreicher, aber gesünderer Export der Landesprodukte hatte einen mäßigen Wohlstand allgemeiner gemacht. Die Woll- und Lederarbeiten, Leinwand, Harnische und Waffen, die zierliche Industrie Nürnbergs wurden vom Ausland eifrig begehrt. Fast jede Stadt hatte damals eine besondere Handwerksindustrie, massenhaft unter Zucht und Kontrolle der Innungen entwickelt. Töpfe, Tuche, Lederarbeit, Bergbau, Metallarbeiter gaben den einzelnen Orten eine besondere Physiognomie, auch kleineren einen Ruf, der weit durch das Land reichte und den Bürgern zu wohlberechtigtem Stolze half. Was am meisten störte, waren die unsicheren Valutenverhältnisse. In allen Städten aber, kaum die größten ausgenommen, hatte der Ackerbau mehr Wichtigkeit als jetzt. Nicht nur in den Vorstädten und Vorwerken des Stadtgrundes, auch in der inneren Stadt lebten viele Bürger von Ackernahrung. In kleineren Städten hatten die meisten Eigentum in der Stadtflur, die Reicheren wohl auch außerhalb. Deshalb waren in den Städten viel mehr Nutz- und Spanntiere als jetzt, und die Hausfrau erfreute sich eines eigenen Kornbodens, von dem sie selbst das Korn buk und, wenn sie geschickt war, landesübliches feines Backwerk verfertigte. Auch an dem Weinbau, der im Norden bis an das Land der Niedersachsen reichte, hatten die Städter großen Anteil; die Braugerechtigkeit galt für einen wertvollen Vorzug einzelner Häuser, fast jeder Ort braute das Bier auf eigene Art, unzählig sind die lokalen Namen des uralten Getränkes, auf Kraft, süßen Weingeschmack und öligen Fluss ward viel gehalten, geschätzte Biere wurden weit versendet.

Größer als jetzt war das sinnliche Behagen im Volke, lauter und unbefangener die Fröhlichkeit. Auch der Luxus der Gastmähler, zumal bei Familienfesten, war nach dem Range der Stadtbürger gesetzlich bestimmt; auch er war durch Verordnungen nicht einzuschränken. Es wurde in Gängen aufgesetzt, wie noch jetzt in England, bei jedem Gange eine Anzahl ähnlicher Gerichte. Schon wurden die Austern so weit versandt, als sie selbst die Reise vertragen wollten, zumal seit dem Eindringen der französischen Kochkunst zu feiner Sauce verwendet; Kaviar war wohlbekannt und in der Herbstmesse waren Leipziger Lerchen ein berühmtes Gericht. Noch hatte in der volkstümlichen Küche außer den indischen Gewürzen die Lieblingswürze des Mittelalters, der Safran, viel zu färben, noch wurden schön verzierte Schaugerichte hoch gepriesen, zuweilen wurden auch essbare Speisen vergoldet aufgesetzt und der Marzipan war an anspruchsvoller Tafel das vornehmste Konfekt.

Eifrig suchte der Bürger jede Gelegenheit, sich gesellig zu vergnügen. Fastnachtsmummereien waren auch im nördlichen Deutschland allgemein, dann schwärmten die Masken durch die Straßen, das Lieblingskostüm war Türken, Mohren, Indianer. Als im Kriege der Rat von Leipzig die Masken verbot, erschienen sie bewaffnet mit Spieß und Pistolen, und es gab Tumult mit den Stadtwächtern. Nicht weniger beliebt waren die Schlittenfahrten, zuweilen auch sie im Kostüm. Weit seltener als jetzt war der öffentliche Tanz, selbst bei Hochzeiten und Handwerkerfesten wurde er misstrauisch beaufsichtigt, schwer war dabei der Ungebühr wilder Knaben zu steuern. Sie wollten ohne Mantel tanzen, sie hoben, schwenkten und verdrehten ihre Tänzerinnen, das war streng verboten; auch dass die Dienstleute sich gaffend in den Saal drängten, war der Obrigkeit zuwider. Und mit der Abenddämmerung musste jedes Tanzvergnügen aufhören.

Die größeren Städte hatten Rennbahnen, in denen die Patriziersöhne ritterliche Übungen hielten und nach dem Ringe stachen, Schießhäuser und Schießgräben für Armbrust und Büchse. Große Volksfreude waren durch das ganze Land die Schützenfeste, dazu wurden Buden, Zelten und Garküchen aufgeschlagen. Auch an den Festen einzelner Zünfte nahm das Volk lebendigen Anteil, und fast jede Stadt hatte ihre eigenen Volksfeste, z.B. Erfurt ein jährliches Wettlaufen für die Ärmeren, dann liefen die Männer um Strümpfe, die Frauen um einen Pelz. Ein beliebtes Spiel der jungen Bürger, das leider in der Verkümmerung des nächsten Jahrhunderts fast verschwand, war das Ballspiel. Es gab eigene Ballhäuser und einen städtischen Ballmeister. Kamen vornehme Herren in die Stadt, so wurde wohl gar eine Lage Sand auf den Markt gestreut und durch Pflöcke und Schnuren dort ein Spielraum abgesteckt. Dann spielten die vornehmen Herren, und aus den Fenstern sah die Bürgerschaft fröhlich zu, wie ein junger Prinz von Hessen den Ball warf und einer von Anhalt das Beste tat. Bei großen Jahrmärkten aber war seit mehr als hundert Jahren der Glückstopf ein beliebtes Spiel. Zuweilen stellte ihn die Stadt selbst auf, in der Regel wurde einem Spekulanten die Erlaubnis gegeben. Wie das Volk sich dafür interessierte, erkennen wir daraus, dass die Stadtchroniken nicht selten Einzelheiten darüber berichten. So war 1624 in der Michaelismesse zu Leipzig ein Glückstopf von 17 000 Gulden eingerichtet; der »Zettel« kostete 18 Pfennige. Siebzehn ledige Zettel gingen auf einen Gewinn, der höchste Gewinn betrug 350 Gulden, es waren an 300 000 Nieten. Die vielen Nieten machten zuletzt die Studenten zornig, sie stürmten und zerschlugen die Glücksbude. – Auch die Schaulust des Volkes war größer als jetzt, jedenfalls genügsamer. Häufig waren Aufzüge und städtische Feierlichkeiten, die Komödie allerdings ein seltenes Vergnügen, dafür wurde den Bürgerkindern fast immer die Freude, selbst die Rollen darzustellen, denn die Banden fahrender Komödianten waren etwas Neues und Seltsames. Schon war die Geistlichkeit den weltlichen Stücken nicht günstig, dafür wurden geistliche Stoffe und Allegorien mit sittlicher Tendenz immer mit burlesken Szenen verziert, und groß war die Anzahl der Spieler. Auf den Jahrmärkten standen die Schaubuden häufiger als jetzt. So war auf der Leipziger Ostermesse von 1630 unter anderem zu sehen: ein Vater mit sechs Kindern, die sehr schön auf der Laute und Geige musizierten; ein Weib, das mit den Füßen nähen, schreiben, Speise und Trank zum Munde führen konnte; ein einjähriges Kind ganz voll Haare mit einem Bart; von fremden Tieren zwei Mammonetaffen, ein Meerschwein, eine Löffelgans, und wie jetzt wurden die fremden Ungeheuer durch Bilderbogen dem Volke empfohlen. Dazu Seiltänzer, Feuerfresser, Taschenspieler, starke Männer, zahlreiche Bänkelsänger und Liederverkäufer.

Was aber um 1618 dem Bürger das größte Selbstgefühl gab, war seine Wehrhaftigkeit. Wohl jeder hatte einige Übung im Gebrauch der Waffen. Jede größere Stadt besaß ein Zeughaus; auch die schweren Geschütze der Wälle wurden von Bürgern bedient, und eine Bürgerschaft, welche ihre Stadt verteidigte, war unter gewöhnlichen Verhältnissen den jungen Kompagnien der belagernden Soldaten fast vorzuziehen. Auch Magdeburg hätte widerstanden, wäre nicht Zucht und Pflichtgefühl der Bürger bereits schwächer gewesen als bei früheren Belagerungen, in denen die Jungfrau des Stadtwappens ihr Kränzlein so tapfer verteidigt hatte.

Außer den Stadtbürgern gab es aber in den meisten Kreisen des Reiches eine Landmiliz, das Defensionswerk. Etwa den zehnten Mann in Stadt und Land hatte man ausgehoben, regelmäßig bewaffnet, während des Dienstes besoldet und zur Verteidigung innerhalb der Landesgrenzen bestimmt. Die Anfänge solcher Landwehr stammten aus dem 16. Jahrhundert. Von militärischen Theoretikern war die Einrichtung als vortrefflich empfohlen, von Zeit zu Zeit war sie erneuert worden. So wurde sie in Sachsen 1612 durch die Landstände eingeführt, 1618 renoviert. Es sollten im Kurfürstentum 9000 Defensioner sein, der gemeine Mann täglich vier, der Feldwebel zehn und einen halben Groschen Sold erhalten, die Kosten wurden auf die Häuser verteilt. Aber diese Miliz erwies sich im Kriege als unbrauchbar. Viel zu gering war die Disziplin; wenn nicht die Gefahr der eigenen Stadt drängte, suchte der fleißige Bürger sich zu entziehen; die Folge war, dass viel loses Volk in Waffen lief und ritt. Wenn sie von den Ortschaften requiriert wurden, die Pflüge auf dem Felde gegen streifende Marodeure zu beschützen, so forderten sie besondere Vergütigung oder sie liefen davon; bald wurden sie dem eigenen Lande mehr zur Plage als zum Nutzen.

Wie der Krieg in den Städten zerstörte, lehrt jede Stadtchronik. Zuerst schlug die Unordnung der Kipperzeit tiefe Wunden in Wohlstand und Sittlichkeit. Dann kamen die Leiden, welche auch entfernter Krieg auf den Bürger legt, Nahrungslosigkeit und Teuerung. Alles war unsicher geworden, zuletzt wollte jeder den Tag genießen.

Roher und wilder wurde die Vergnügungssucht; fremde Moden, welche man den Soldaten und viel umherreisenden Hofleuten absah, nahmen überhand. Von 1626 ab beginnt in den deutschen Städten das Stutzertum nach französischem Zuschnitt. Die *à la mode Messieurs* stolzierten und belästigten auf dem steinernen Fußpfad der Straßen. Kurze Spitzbärte, das Haar lang, in gekräuselten Locken oder gar auf der einen Seite kurz geschnitten, auf der andern in Zopf oder Locke auf die Schulter hängend, große Schlapphüte, Sporen an den Füßen, den Degen vor dem Herzen, gerissene und zerschnittene Kleider, geckenhafte Gebärden, dazu eine korrumpierte Sprache voll französischer Wörter. Die Frauen blieben nicht zurück; sie fingen an die welsche Larve vor dem Gesicht zu tragen, in der Hand einen Federfächer, Fischbein in den Kleidern, verpönten Zobel-, Gold- und Silberstoffe und zu allem – was sehr bedenklich erschien – silberne, endlich gar weiße Spitzen.

Solches Wesen empörte als fantastisch und unsittlich Obrigkeiten und Seelsorger. Uns erscheint es als charakteristisches Leiden einer Zeit, in welcher das sichere Selbstgefühl des deutschen Bürgertums dahinschwand.

Näherten sich aber die Heere einer Stadt, dann hörte der Verkehr mit der Landschaft fast ganz auf, dann wurden die Tore sorgfältig bewacht, die Bürger erhielten sich von den aufgesammelten Vorräten. Die Pressuren begannen, Durchmärsche, Einquartierung befreundeter Heere mit allen ihren Schrecken. Noch ärger hausten die durchziehenden Feinde. Jede Art von unsicherer Schonung musste erkauft werden. Es war Gnade des Feindes, wenn er nicht anzündete, nicht den Stadtwald niederschlug, das Holz zu verkaufen, nicht die Stadtbibliothek auf seine Trosswagen warf; alles, was zum Raube einlud, die Orgel, die Kirchenbilder, musste ausgelöst werden, sogar die Kirchglocken, welche nach Kriegsgebrauch der Artillerie gehörten. Waren die Städte nicht imstande, den Forderungen der Kriegsobersten zu genügen, dann wurden die angesehensten Bürger als Geiseln mitgeschleppt, bis die auferlegte Summe bezahlt wurde.

Galt eine Stadt aber für fest genug, um dem feindlichen Heere Widerstand zu leisten, dann wurde sie beim Herannahen des Feindes mit Flüchtlingen gefüllt, deren Zahl so hoch stieg, dass an ein Unterbringen bei Bürgern gar nicht zu denken war. In Dresden z. B. kamen 1637 nach der Einnahme von Torgau in drei Tagen, vom 7.–9. Mai, 12 000 Wagen mit flüchtigem Landvolk an. Umschloss der Feind den überfüllten Ort, dann raste um die Mauern der Kampf und innerhalb nicht weniger gefräßig Elend, Hunger und Krankheit. Der wehrhafte Flüchtling wurde zu strengem Besatzungsdienst gebraucht; auch der Adel der Nachbarschaft half zuweilen. Dehnte sich die Belagerung in die Länge, dann hatte die Teuerung einen schändlichen Wucher zur Folge, die Müller mahlten nur den Reichen, die Bäcker forderten Unerschwingliches. Die Bilder der Hungersnot, einer Not, wie sie damals viele Städte erlebt haben, sind zu gräulich, um dabei zu verweilen. Als in Nördlingen ein Mauerturm von den Belagerern eingenommen war und die Bürger selbst ihn ausbrannten, stürzten sich hungernde Weiber über die halbgebratenen Leichname der Feinde und trugen Stücke derselben für ihre Kinder nach Hause.

Wurde aber die Stadt im Sturm erobert, so widerholte sich an ihr das Schicksal Magdeburgs, massenhaftes Niedermetzeln, Entehrung der Frauen, scheußliches Quälen und Verstümmeln. Dazu kam die Pest. Wie die Seuchen damals in den Städten wüteten, ist für uns kaum glaublich. Sie rafften oft mehr als die Hälfte der Bewohner hinweg. Schon 1626 und in den nächsten Jahren hatten sie weite Landstriche geleert, von 1631–1634 und am ärgsten um 1636 kehrten sie wieder. –

Allerdings gab es für jede Stadt jahrelange Zwischenräume verhältnismäßiger Ruhe, und die – nicht zahlreichen – Ortschaften, welche nur einmal im Kriege zerschlagen wurden, vermochten sich wohl wieder zu erholen. Aber das Fürchterlichste von allem war die zweite, dritte, vierte Wiederholung des alten Leidens. Leipzig wurde fünfmal belagert, Magdeburg sechsmal, die meisten kleineren Städte noch öfter mit fremden Soldaten gefüllt. So verdarben die großen Städte wie die kleinen.

Aber noch nicht genug. Weite Territorien traf eine Plage ganz anderer Art, die religiöse Verfolgung. Sie wurde von der kaiserlichen Partei fast überall geübt, wo sie sich festgesetzt hatte. Den Heeren folgte ein Haufen Bekehrer, Jesuiten und Bettelmönche, auf dem Fuße. Diese verrichteten ihr Amt mithilfe der Soldaten. Wo der Katholizismus noch einen Boden hatte, wurden die Führer der protestantischen Partei weggefegt, vor allen die Seelsorger. Am gründlichsten in den Provinzen, in denen der Kaiser selbst Landesherr war. Viel war dort schon vor dem langen Kriege geschehen, aber noch war beim Anfang des Krieges in Oberösterreich, Mähren, Böhmen und Schlesien die politische Majorität, die rührigste Intelligenz, die Mehrzahl der Gemeinden evangelisch. Da wurde gründlich gebessert. Bürger und Landvolk wurden scharenweise durch die Soldaten in die Beichte getrieben; wer – oft nach Gefängnis und Körperqualen – seinen Glauben nicht aufgeben wollte, musste das Land verlassen und viele, viele Tausende taten das; es wurde als Gnade betrachtet, wenn den Flüchtlingen eine unzureichende kurze Frist zum Verkauf ihrer beweglichen Habe gelassen wurde.

Aus einer solchen Provinz, der einzigen, welche dem geistigen Leben der Deutschen in späterer Zeit wieder erobert wurde, sei hier das Geschick einer kleinen Stadt mitgeteilt, gerade deshalb, weil nicht die Monotonie des

Elends, sondern andere charakteristische Seiten des alten Bürgerlebens zu erkennen sind.

Da, wo das Riesengebirge in die schlesische Ebene hinabfällt, liegt in fruchtbarem Tale, am Ufer des Bobers, die alte Stadt Löwenberg, einer der ersten Orte, welche in Schlesien nach deutschem Recht eingerichtet wurden. Schon im Mittelalter eine kräftige Gemeinde, zählte sie im Jahre 1617 in Stadt und Vorstädten 738 Häuser und wenigstens 6500 Einwohner*. Stattlich erhob sie sich zwischen Wiesenstreifen und Wald mit starken Mauern, Gräben und Tortürmen. Sie war angelegt wie fast alle deutschen Städte Schlesiens, in der Mitte ein großer Markt, »der Ring«, welcher das Rathaus und vierzehn »Bauden«, privilegierte Häuser mit Schank- und Handelsgerechtigkeit, umschloss; die Häuser der inneren Stadt von Stein, den hohen Giebel der Straße zugewendet, bis zu seiner Spitze vier bis fünf Stockwerke. Einst war der Unterstock zu »Lauben« gemauert gewesen; diese bedeckten Gänge waren seit etwa 60 Jahren abgeschafft. Die Häuser enthielten im Unterstock eine große Hausflur und ein starkes Gewölbe, dahinter eine große Stube, in ihr den Backofen und über diesem eine hölzerne Bühne, die den hinteren Teil des Zimmers einnahm, zu ihr führte eine Treppe, die Bühne war Speiseraum, der vordere Teil Schlafraum der Familie. Im Stock darüber war eine gute Stube, mit Holzwerk getäfelt, alles Übrige war Kammer und Bodenraum, zu Waren, reichlichem Hausrat, dem Getreide, der Wolle. Denn Löwenberg war eine berühmte Tuchmacherstadt; im Jahre 1617 verfertigten 300 Tuchmacher 13702 Tuche**, und bis tief nach Böhmen und in das Reich, vorzüglich aber nach Polen trug der Händler ihre

---

* Im Jahre 1770 erst 2126 Einw., im Jahre 1845 4500 Einw.
** Ein »Tuch« hielt nach Nürnberger Rechnung 32 Ellen, ein »Saum« 22 Tuch; ein »Barchat« (halb Leinen, halb Wolle) 22 Ellen; »Tuch« und »Barchat« bezeichnen den Stoff und sein Maß.

dauerhafte Arbeit. Das Stadtsiegel, ein Löwe im Mauertor, war von lauterem Gold.

Im Jahre 1629 hatte die Stadt bereits viel vom Kriege gelitten. Die Bürger verwildert, zerquält, hatten den größten Teil ihres alten Mutes verloren. In den Nachbarstädten hauste das kaiserliche Dragonerregiment Liechtenstein, welches mit Säbel und Pistolenschrauben die bekehrenden Jesuiten unterstützte. Die Bürgerschaft der Stadt Löwenberg, mit ihrer Ankunft bedroht, wurde gezwungen ihre alten Geistlichen zu entlassen. Mit Tränen schieden sie, laut weinend begleitete sie die Volksmenge in ihre Wohnungen und trug ihnen wie zur Sühne die letzten Abschiedsgeschenke zu. Die Jesuiten folgten; in der Nacht, bevor sie kamen, richtete sich ein Uhu zum Schrecken der Bürgerschaft auf dem Kirchturme häuslich ein und ängstigte die Stadt allnächtlich durch sein Geheul. Die Jesuiten predigten, wie ihre Art war, täglich, versprachen Freiheit von aller Kontribution und Einquartierung, besondere Gnade und Privilegien des Kaisers, den Widerspenstigen aber auch das zeitliche Verderben. Sie brachten es so weit, dass die geängstete Bürgerschaft selbst den Rat drängte, die »Konfirmation« anzunehmen; die meisten Männer der Gemeinde genossen das Abendmahl nach katholischem Brauch, den Kelch ungesegnet. Die standhaften Bürger aber mussten in das Elend ziehen. Doch kaum hatten die Jesuiten die Stadt verlassen, so fiel das Volk wieder ab, die Bürger liefen auf die benachbarten Dörfer, wo sich noch evangelische Geistliche erhalten hatten, ließen dort trauen und taufen; ihre Kirche stand unter einem katholischen Pfarrer leer. Neue Drohungen, neue Gewalttaten. Der redliche Bürgermeister Schubert ward in hartes Gefängnis abgeführt, aber der Rat erklärte jetzt männlich, bei der augsburgischen Konfession sterben zu wollen; die Bürgerschaft bedrängte sogar den Landeshauptmann in wildem Tumult. Da ritten die Exekutoren des Kaisers, die »Seligmacher«, durch die Tore.

Der größte Teil der Bürger floh mit Weib und Kind aus der Stadt, alle Dörfer waren voll Exulanten, sie wurden durch Soldaten und abtrünnige Bürger mit Gewalt zurückgeholt und ins Gefängnis gesetzt, bis sie Beichtzettel vorwiesen; die weiter Geflohenen wurden nach Sachsen getrieben. Jetzt wurde ein neuer Rat eingesetzt, wie es in solcher Zeit zu gehen pflegt, aus übel berüchtigten und untüchtigen Männern, die verlassenen Bürgerhäuser wurden geplündert, viele schwer beladene Wagen mit Hausrat von katholischen Nachbarn den Soldaten abgekauft und fortgeführt. Der neue Rat wirtschaftete gewissenlos, der Königsrichter – ein bekehrter Löwenberger Advokat – und die Ratsherrn misshandelten die heimlichen Protestanten und suchten sich aus dem Stadtvermögen zu bereichern. 250 Bürger lebten mit ihren Familien als Exulanten, die eine Seite des Marktes war ganz unbewohnt; dort wuchs langes Gras und das Vieh weidete darauf. Im Winter trieb Hunger und Kälte wenigstens Frauen und Kinder in die zerstörten Häuser zurück. Einige Zeit war der leitende Geist des neuen Rates ein zugezogener Franziskaner, Julius, gewesen, ein verwegener Gesell, gar nicht wie ein Mönch, der unter seiner Kutte goldene Armbänder trug. Dann wurde ein katholischer Pfarrer Exelmann, Sohn eines evangelischen Predigers, eingesetzt. Aber wie zerschlagen auch die Bürgerschaft war, das Amt des Pfarrers und der neuen Stadtregenten war doch nicht ohne Widerspruch. Noch waren nicht alle Mächte der Stadt bezwungen. Wie die Opposition widerstand, sei hier nach dem Bericht eines Zeitgenossen*, welchen der fleißige Sutorius in seiner Geschichte von Löwenberg (1782 Teil II) abgedruckt hat, mitgeteilt.

---

* Die Handschrift – es existieren mehrere alte Abschriften – ist nach Sutorius II. S. 234, vom Jahre 1631, jedenfalls von einem Augenzeugen verfertigt. Hier wurden nur wenige Längen gekürzt, ein paarmal raue Scheltworte gemildert.

»Am Morgen (9. April 1631) früh kamen die nachfolgenden Herren, als erstlich der Pfaffe, zweitens der Königsrichter, welcher ein Advokat Elias Seiler war, drittens Georg Mümer Se. Wollenweisheit, ein Tuchmacher, viertens Schwob Franze, ein Tuchmacher, fünftens Doktor Melchior Hübner, ein gewesener Mühlknecht und verdorbener Bäcker, sechstens Meister Daniel Seiler, ein Tischler, siebentens Peter Beier, der Stadtschreiber, auf dem Rathause zusammen und besetzten den Ratsstuhl. Der Herr Bürgermeister lag an Podagra krank. Da proponierte der Pfaffe, der die Oberhand im Rate hatte, mit diesen Worten: ›Ihr meine geliebten Kirchkinder, nachdem ich von euch vernommen, dass ihr an Königlicher* Majestät Hof nach Wien eine Absendung tun wollt, so habe ich und der Herr Königsrichter reiflich befunden, dass vor eurem Aufbruch alle Weiber zu unserer Religion gezwungen würden. Dadurch werdet ihr euch bei Hofe eine große Gnade zuwege bringen. Ich will auch nicht unterlassen, euch durch Handbriefe bei meinem hochgeehrten Herrn Vetter, dem Herrn Pater Lemmermann, jetzo Königlicher Majestät Beichtvater, der gewiss in allen geheimen Ratschlägen viel gilt, zu rekommandieren, wie fleißig und eifrig ihr gewesen und die Weiber zurecht gebracht habt, sodass euch allen, die ihr jetzo beisammen seid, ein sonderlich Gratial gegeben werden soll. Derowegen fahret eifrig fort. Wollen sie nicht gutwillig, so habt ihr Türme und Gefängnisse genug, sie damit zu zwingen.‹

Auf diese Proposition wurde herumvotiert, und sagte zuerst der Königslichter: ›Ja, ihr Herren, weil ich solche Reise zum Besten gemeiner Stadt gutwillig auf mich nehmen will, so befinde auch ich für sehr gut, man nehme diese Geschöpfe mit Eifer und Ernst vor. Wollen sie nicht gutwillig, so sperre man die vornehmsten ein. Was gilt's,

---

* Der Kaiser war als König von Böhmen Oberherr Schlesiens.

die andern werden bald nachgeben. Sie werden kommen und bitten, dass man sie herauslasse. Es würde auch mancher froh sein, dass die seine wegliefe und er sie los würde. Haben wir die Männer zurecht gebracht, so wollen wir's mit diesen Bestien auch machen.‹

Herr Mümerus, Seine Wollenweisheit, sagte: ›Ihr Herren, ich bin nun ein Witwer bald ein halbes Vierteljahr; ich weiß davon zu sagen, was einer für Kreuz hat, wenn ihm von seinem Weibe Tag und Nacht das Gewissen gerührt wird. Es wäre wohl gut, wenn Mann und Weib einen Glauben und ein Vaterunser hätten, mit den zehn Geboten möchte es nicht so dringend sein. Es wäre auch gut, dass die Weiber täten wie wir, weil sie unser Einkommen mit genießen und Ratsfrauen werden. Allein ich besorge, es wird schwer angehen. Ich wollte lieber fast raten, man konsultierte hierüber zuvor den Herrn Landeshauptmann, wie er es mit seinem eigenen Weibe anstellen wollte. Man könnte dann einen bessern Nachdruck geben, wenn man einen bestimmten Befehl dazu hätte. Mein Weib hätte ich wohl nimmermehr dazu gebracht!‹

Schwob Franze sagte: ›Ihr Herren, mein Weib ist mir, wie ihr wisst, dieser Tage gestorben, sodass ich nunmehr wieder frei und ein Witwer bin; ich weiß auch davon zu sagen, wie ich von meinem bösen Weibe wegen des Papsttums geplagt worden bin. Gleichwohl weiß ich nicht, wie man die Sache recht angreifen soll. Es hat gleichwohl noch hübsche Weiber und Witwen unter den lutherischen Ketzern. Wäre es auch gut und übers Herz zu bringen, dass man sie alle auf einmal wegjagte und einsperrte? Ihr Herren, ihr werdet's wohl machen. Ich bin der Meinung wie mein Herr Kollege Mümer. Wenn ich heut oder morgen freie, muss mein Weib meinen Glauben haben, oder den Mund über den Glauben halten.‹

Hierauf fing nun Doktor Melcher an: ›Ihr Herren, Gotts Sakrament, ma – ma – man sperre sie nur zusammen ein, und la – la – lasse keine heraus, wenn sie gleich im Gefängnis verfaulen sollten, bis sie es zusagen. Ich habe gestern mein Hauskreuz darüber geschlagen. Der Teu – Teufel ho – ho – hole mich, sie muss es tun, oder ich jage sie ganz davon.‹

Meister Daniel Seiler sagte: ›Ihr meine hohen und wohlgroßgünstigen Herren, fahret in solchem guten Werke nur mit Gewalt fort. Der Landeshauptmann hat uns hierin nichts zu befehlen, er sehe selbst zu, wie er seine ketzerische Frau zurecht bringt, welche kein geringes Ärgernis und ein Spiegel für unsere Weiber ist. Derowegen bitte ich, man fahre gegen die Weiber mit der Exekution fort.‹

Des Herrn Stadtschreibers Peter Baiers Votum war: ›Ihr Herren, ich weiß nicht, was ich dazu sagen soll. Ich habe eine böse Sieben, die beißt um sich wie der Teufel. Ich traue mir nicht sie zu bändigen. Könnt ihr's tun, so versucht's. Ich rate aber, dass man anfangs freundlich mit den Frauen rede, ihnen Bänke setzen lasse in der Ratsstube und sie niedersitzen heiße, ob es möglich wäre, dass man sie mit guten Worten und hernach erst mit Drohung bekehren könnte. Vielleicht nehmen sie sich's zu Herzen.‹

Hierauf wurde das Konklusum gemacht von dem Pfaffen und Königsrichter. Sie sagten: ›Die Zeit ist kurz, man kann nicht viel Frist geben, es heißt hier: Friss, Vogel, oder stirb.‹

Es läutete deswegen der Königslichter dem Stadtknecht und fragte: ›Sind die Weiber draußen?‹ Er sagte: ›Nein, es ist noch keine da.‹ Darauf befiehlt ihm der Richter: ›Geht hin, ihr werdet sie entweder bei mir oder bei der Frau Geneußin finden.‹ Der Stadtknecht fand aber bei dem Königsrichter niemand, bei der Frau Geneußin etwa eine Mandel Weiber beisammen. Zu diesen sagte er: ›Ihr Frauen, es lässt der Herr Pfarrer nebst dem Herrn Königsrichter und Einen ehrbaren Rat den Frauen einen guten

Morgen sagen und dass sie aufs Rathaus kommen sollten, die Herren wären beisammen.‹

Darauf gab die Königsrichterin zur Antwort: ›Ja, ja, sagt ihnen einen guten Morgen wieder; wir werden bald kommen.‹ Also gingen die Frauen Paar und Paar, die Königsrichterin und Bürgermeisterin voran, und stiegen die Ratstreppe hinauf. Die anderen Frauen aber, so sich in den Brotbänken und sonst hin und wieder in Häusern gesammelt hatten, kamen in großer Anzahl truppweise hinterdrein. Als nun der Diener im Rat angesagt, dass die Frauen da wären, fing der Königsrichter an: ›Lasst sie herein.‹ Der Diener sprach: ›Herr, sie alle haben hier drin nicht Raum. Ich halte dafür, dass ihrer ein halbes Tausend beisammen ist. Das Rathaus ist bald ganz voll. Sie sitzen auch schon zum Teil auf den Pfeiferstühlen.‹

Da fing der Pfaffe an: ›Ei, ei, halt still, das ist nicht gut. Ich habe nicht anders gemeint, als dass zuerst nur die vornehmsten Frauen von Rat, Schöppen und Geschwornen herausgefordert würden. Ei, ei, was habt ihr getan!‹ Da sprach der Diener: ›Ew. Ehrwürden lassen sich berichten: Als mir gestern der Herr Königsrichter befahl, ich sollte alle Weiber, die nicht belehrt wären oder es nicht werden wollten, herausfordern und bei seiner Frau anfangen, habe ich solches bestellt, und weil es ziemlich spät war, sagte ich den meisten, die mir begegneten, eine sollte es der andern anzeigen, dass sie morgen bei Strafe kämen und nicht ausblieben. Ich vermeine, dass ich nicht Unrecht getan habe.‹

Da sprach der Pfaffe abermals: ›Ei, ei, ihr Herren, ihr Herren, das ist nicht gut. Ich weiß nicht, wie man's macht, dass man einen Teil der Weiber loswerde.‹

Darauf sagte der Königsrichter zum Pfaffen: ›Geben sich Ew. Ehrwürden nur zufrieden; wir wollen die Sache schon machen und anfangs nur die vornehmsten Weiber hereinfordern. Wenn sie sehen, dass man ihnen durch den Sinn fährt oder sie gar einsperren lassen will, werden sie die andern bald verlieren und davonlaufen.‹ Es wurde deshalb beschlossen und dem Diener angedeutet, er solle den erwähnten Frauen ansagen, dass sie allein hereinkommen sollten.

Als nun der Diener solches ausgerichtet, fing die Königsrichterin an: ›Mitnichten, wir lassen uns nicht trennen; wo ich bleibe, da bleibt auch mein Schwanz. Sprecht, wir lassen bitten, man solle uns nur vorlassen.‹ Solches berichtete der Diener wieder dem Rate hinein. Da entrüstete sich der Königsrichter und sagte mit großem Ernste: ›Geht wieder hinaus und saget den elementischen Weibern, sie sollen sich nicht widerspenstig und ungehorsam zeigen, oder sie sollen erfahren, wie man mit ihnen umgehen werde.‹ Dann ging der Diener wieder hinaus und überbrachte den Befehl ernstlich; aber die guten Weiber bestanden auf ihrer vorigen Meinung und sagten, sie begehrten zu wissen, warum man sie gefordert hätte; keine lasse sich von der andern trennen, wie es einer ergehe, solle es allen ergehen. Es war darüber unter den Weibern ein großes Getümmel und Gemurmel, dass es die Herren in der Stube wohl hören konnten.

Als der Diener solche Antwort wieder hereinbrachte, erschraken sie, dass sie lieber gesehen hätten, die Weiber wären ich weiß nicht wo. Es wurde daher einhellig beschlossen, den Herrn Stadtschreiber hinauszusenden, damit er ihnen beweglich, doch freundlich mit guten Worten zuspräche, dass doch die vornehmsten Frauen hereinkommen wollten, die andern möchten nach Hause gehen; keiner solle ein Leid widerfahren. Aber alles war vergeblich. Die Weiber blieben fest, nicht voneinander zu weichen. Und die Königsrichterin fing an und sagte zum Stadtschreiber: ›Ja, ja, Lieber, ja, meint Ihr auch, dass wir so einfältig sind und den Possen nicht merken, wie man uns arme Weiber wider unser Gewissen zwingen und dringen will, den Glauben zu wechseln? Mein Mann und der Pfaffe sind in diesen Tagen nicht vergebens zusammengelaufen, haben fast Tag und Nacht beieinander gesteckt, gewiss haben sie einen Teufel gekocht oder gebraten, den mögen sie auch selber aufessen; ich gehe nicht mit hinein. Wo ich bleibe, da bleibt auch mein Schwanz und Anhang.‹ Sie wandte sich herum zu dem andern Haufen und sprach: ›Ihr Frauen, ist das euer Wille?‹ Da ward abermals von allen Weibern großes Geschrei: ›Ja, ja, nun wohlan, wir stehen alle für einen Mann.‹

Hierüber erschraken nun der Herr Stadtschreiber heftig, er lief eilend wieder in den Rat und brachte mit Wehmut den Handel vor, dass der Rat in nicht geringer Gefahr wäre, denn er habe gesehen, dass fast jede Frau ein großes Gebund Schlüssel an der Seite hangen hätte*. Darüber entfiel ihnen der Mut ganz und gar, sie hingen die Köpfe und wussten weder aus noch ein; einer wünschte sich hier, der andere dort hinaus. Doktor Melcher fasste noch einen Mut und sprach zum Pfaffen: ›Potz Sakrament, wohlehrwürdiger Herr, hätte ich nur jetzt ein paar hundert Musketiere, ich wollte das Pa – Pa – Pack wohl niedermachen lassen, außer denen, die auf die Knie niederfielen.‹

Zuletzt kolligierte sich der Herr Stadtschreiber etwas. ›Ihr Herren, ich wüsste wohl Rat, wie wir hinab und von den Weibern fortkämen. Wenn die Herren beide Türen am Rathause zuschließen lassen, wollen wir stillschweigend aus der untersten Ratsstube durch die Turmtüren hinaus und uns davonmachen; so werden sie nicht gewahr, wo wir hinkommen. Doch ich weiß nicht, wo die Schlüssel zu den Turmtüren sind.‹ Dieser gute Rat gefiel allen wohl, die Schlüssel wurden fleißig gesucht, unterdes aber die Stadtknechte hereingerufen und befehligt den Wei-

---

* Das Schlüsselbund war im Mittelalter nicht nur bedeutsames Rechtssymbol, auch die volkstümliche Waffe der Frau.

bern anzudeuten, sie möchten sich ein wenig gedulden. Die Stadtknechte aber sollten sehen, wie sich einer zur vordern, der andere zur hintern Tür spielen könnte, daraus sollten sie jählings hinauslaufen und die Tür hinter sich zuschlagen.

Dieser Anschlag glückte, die guten Weiber, deren 263 waren, wurden so eingesperrt. Der Stadtschreiber aber machte die Turmtüren, die seit etlichen Jahren nicht eröffnet worden, geschwinde auf, kam gelaufen und rief: ›Ihr Herren, fort, fort, das Loch ist offen: Aber still, still, um Gottes willen still, dass es die Weiber nicht inne werden, sonst betrügt uns der Teufel.‹

Darauf liefen sie, was jeder laufen konnte, zum Teil ohne Hut und Handschuh, einer lief heim, der andere zum Nachbar, und wo jeder in der Eile sicher zu sein vermeinte. Alle wussten von erschrecklicher Angst zu sagen. Der Pfaffe lief in vollem Trabe die Kirchgasse hinauf, sah mehr rückwärts als vor sich, ob die Weiber etwa nachfolgen und ihm mit den Schlüsseln zur Messe läuten wollten. Er schloss das Pfarrhaus hinter sich zu, wie die Stadtknechte das Rathaus. Er war so matt, dass er weder essen noch trinken mochte, seine beiden Damen hatten genug an ihm zu kühlen.

Als nun die versperrten Weiber, welche zum Teil an den Fenstern saßen, das Geschrei hörten, so unten in der Stadt umherging, dass die ehrenfesten Herren so fein ausgerissen wären, lief die Königsrichterin zur Ratstubentür, klinkte auf, rief überlaut mit großer Verwunderung: ›Der Teufel hat die Schelme alle hinabgeführt; seht, da liegt ein Hut, ein Handschuh, ein Schnupftüchel, alle Türen sind offen. Kommt, lasst uns selbst zu Rate sitzen und nach unsern Männern schicken, sie sollen bei Strafe kommen und unsern Bescheid anhören.‹ Darauf ward von allen Weibern ein großes Geschrei und Gelächter, dass man's über den ganzen Ring hören konnte.

Zuletzt aber traten die Frauen doch zu Häuflein, zu zehnen und zwölfen, sie beklagten ihre Männer, Kinder und Säuglinge, die würden nichts zu essen haben. So wurden sie einig, durch etliche Weiber, die draußen vor der Tür warteten und auch gern drinnen bei den versperrten gewesen wären, den Königsrichter zu bitten, sie loszulassen und ihnen anzuzeigen, weshalb man sie heut auf das Rathaus gefordert.

Unterdes aber empfand der Königsrichter, dass er jetzt beim Heimgange vom Rathaus klüger geworden, als er heut früh beim Hinaufgehen gewesen, ihm deuchte, nicht alle Männer möchten so gegen ihre Frauen gesinnt sein als er. Auch sah er ein ziemliches Laufen um das Rathaus von Kindern und Gesinde, die den Frauen gern etwas von Speise und Trank zutragen wollten, ja es war von einem guten Freunde schon angestellt, den lieben Weibern ein ganzes Viertel Bier zum Labsal zuzustoßen. Überdies fand sich auch schon eine Anzahl Männer zusammen, welche zu wissen begehrten, was ihre Frauen getan, dass man sie eingesperrt hätte. Da fasste der Königsrichter wieder einen Mut und ließ die Herren *cito citissime* in sein Haus zu einer notwendigen Unterredung zusammenbitten. Die vier Herren des Rats und der Stadtschreiber wurden mit großer Mühe gefunden, der Paffe aber hatte sich tief versteckt und ließ sich wegen Mattigkeit und weil er Ruhe nötig hätte, entschuldigen. Es ward aber eine wiederholte Absendung an ihn beschlossen, die dem Pfaffen zu Gemüt führte, er müsse sich unfehlbar einstellen, weil er diese Händel mit verursacht habe.

Unterdes kam der Ratsdiener ans Rathaus gelaufen, auf wessen Geheiß, weiß man nicht, rief durch die verschlossene Tür seine Frau, die mit im Konklave war, und sagte ihr: ›Deutet den andern Frauen an, dass die Herren jetzt wieder beim Königsrichter zusammengekommen sind; man wird bald heraufschicken und das Rathaus öffnen

221

lassen, damit eine jede wieder heimgehe.‹ Darauf gab die Königsrichterin Antwort: ›Ja, gar gern wollen wir uns gedulden, sitzen wir doch im Trocknen. Aber sagt ihnen auch, sie sollen uns berichten, warum man uns herausgefordert und ohne Verhör eingesperrt hat.‹

Der Pfaffe ließ sich endlich bewegen und kam zum Königsrichter in den Rat. Sie klagten einander anfangs heftig ihre Mattigkeit wegen großer ausgestandener Angst und Gefahr, weshalb ihnen auch geschwinde ein Labetrunk Wein herumgegeben ward; was sie aber sonst damals für Anschläge gemacht, habe ich so genau nicht erfahren können, weil alles in Eile und stehend geschah und kein Protokoll daneben gehalten ward. Gewiss aber ist es, dass sie sich, wie bei Lumpenleuten Gebrauch ist, ziemlich gebissen und einer dem andern bald dies bald das an den Bart geworfen haben. Doch zuletzt wurden sie einhellig, eine Absendung an die versperrten Frauen zu tun, dieselben *cito* loszulassen und auf das allerfreundlichste zu bereden, damit sie das Rathaus wieder quittieren möchten. Zur Absendung wurden vermocht Herr Mümer, Meister Daniel und Herr Notarius. –

Als diese ankamen, wurde die Tür sogleich geöffnet, und die Abgesandten traten mitten unter die Weiber in einen Kreis.

Da fing der Stadtschreiber so an: ›Ehrbare, viel ehr- und tugendsame, insonders großgünstige, liebe Frauen! Der Herr Pfarrer nebst dem Herrn Königsrichter und ein wohlweiser Rat lassen den Frauen samt und sonders einen guten Tag vermelden, verwundern sich höchlich, dass die Frauen die Sache so übel aufgenommen und anders verstanden haben, als sie gemeint war. Und weil die Frauen so inständig begehrt haben zu wissen, warum dies geschehen, so haben gemeldete Herren uns abgefertigt, mit Wahrheit dies zu vermelden. Erstens, weil nunmehr die Marterwoche herbeikäme, an welcher in der Kirche vornehmlich von dem heiligen Sakrament gepredigt wird, so hätte man die Frauen christlich und treulich vermahnen wollen, dass sie sich dazu fleißig einstellen möchten. Zweitens wird gebeten, dass am bevorstehenden Osterfest sich die Frauen ebenfalls sämtlich einstellen und mildreich erzeigen wollen, weil des Herrn Pfarrers Akzidenzien bei so geringer Anzahl der Bürger gegenwärtig schlecht wären.‹

Nach solchem Anbringen des Stadtschreibers wollte es Meister Daniel, der Tischler, noch besser machen und sprach: ›Meine großgünstigen Frauen! Die Frauen sollen es nicht anders verstehen, als dass dies eine freundliche Unterredung ist, und dass gar keine Gewalt angewendet werden soll. Denn meine Herren und ein hochweiser Rat haben nicht den Gebrauch einen henken zu lassen, bevor sie ihn haben.‹

Auf diese leichtfertige, unbesonnene Rede, die doch ganz und gar nicht dem Rat diente, stießen ihn Herr Mümer und Herr Notarius selbst auf der Stelle an, unter den gesamten Weibern aber wurde ein großes Gelächter und Getümmel. ›Ja, ja, jetzt hören wir wohl, sie vergleichen uns Leuten, die gehenkt werden sollen. Ihr selber seid solche Gesellen untereinander. O ihr ungetreuen Schelme, ihr Kornwucherer, ihr Wolldiebe!‹ Darauf schrie die Königsrichterin: ›Still, still, ihr Weiber!‹, und sprach zu Meister Daniel: ›Hört, lieber Schwager, Ihr versteht's nicht, seid auch viel zu geringe, uns wider unser Gewissen zu zwingen. O wie wird Euch Gott strafen und meinen Mann dazu, der so öffentlich wider sein Gewissen handelt. Euer beider lieber seliger Vater ist ein stattlicher lutherischer Geistlicher gewesen, der hat Euch etwas anderes gelehrt. Jetzt sprecht Ihr, Ihr seid gut katholisch. Zu Euren Schelmstücken braucht Ihr Euren neuen Glauben; wenn Ihr betrunken seid, redet Ihr selber schandlos genug von der Mutter Gottes, und wenn Ihr zu Euren schlechten Dirnen geht, nennt Ihr Euch nicht anders als Marienbrüder. O, wenn man Euch Euren Gewinn abschaffen wollte, den Ihr aus Euren Ämtern und aus den Gütern gemeiner Stadt macht und den Ihr doch alle wieder verfresst und vertrinkt, wenn Ihr wieder Hobelspäne machen und tapfer arbeiten müsstet, dass Euch warm würde, wie bald solltet Ihr Euer Papsttum wieder los werden. Dass Euch Gott strafe! Nimmermehr sollt Ihr uns unsern Glauben nehmen, Ihr selbst werdet noch darüber gehenkt werden.‹

Die Frau Bürgermeisterin sagte: ›Habt ihr sonst nichts mit uns zu reden gehabt, so hätte das auch der Pfarrer von der Kanzel tun können, und man hätte uns deshalb nicht einsperren dürfen. Ich lasse mich nicht so zur Kirche zwingen. Bei unseren vorigen Pfarrern und Predigern bin ich mit großer Freude zur Kirche gegangen, habe dort Trost aus Gottes Wort genommen; jetzt werde ich nur noch mehr darin betrübt und geärgert, dass es Gott im Himmel zu klagen ist. Was den Opferpfennig anbelangt, so steht es einem jeden frei, wer ihn zu geben hat, der mag ihn geben.‹ Hierauf schrien die andern Weiber überlaut: ›Ja, einen Teufel wollen wir dem Pfaffen auf den Kopf geben.‹ Die Herren Abgesandten erschraken über solche Reden, baten um ihren Abtritt, sagten kein Wort weiter und gingen davon.

Als nun die Herren Abgesandten beim Königsrichter wieder ankamen, war der Pfaffe und die anderen Herren schon wieder davongegangen; sie machten ihre Relation und gingen auch nach Hause. Die Frauen waren nun gleichfalls ihres Arrestes entledigt. Dem Königsrichter aber stieg die Sache ernstlich zu Kopfe, er nahm es sich zu Herzen, dass ihn seine Gedanken so schändlich betrogen und die Sache zu einem ewigen Spott für ihn ausgelaufen war. Er ging in der Stube auf und ab, murmelte mit sich selbst, zuletzt sagte er: ›Gebt mir was zu essen.‹ Als der Tisch gedeckt und von seiner Magd und Kindern aufgetragen wird, eine Schüssel Krebse und ein Stück Weißbrot und Käse, auch Butter, erzürnt sich der gute Herr heftig, nimmt zuerst das liebe Brot, dann die Butter mit der zinnernen Buttermulde, und wirft sie zum Fenster hinaus auf den Markt. Auch die Krebse alle wirft er in der Stube herum, greift auch nach der Wurst, die auch auf dem Tische stand, welche die Kinder aus Hunger wohl gemocht hätten, weil sie damals den ganzen Tag noch nichts gegessen hatten. Ja, er war so ergrimmt, dass er aus der Stube hinauslief, Schüsseln und Tiegel zerschlug und alles, was ihm unter die Hände kam, dass darüber ein Zulauf von den Nachbarn geschah. Danach lief er ins Stübel hinauf und hielt ein großes Geschrei und Wesen nur mit sich selbst, als wenn alles voller Leute wäre. Den andern Tag stand er früh auf, verreiste und übertrug sein Amt dem Doktor Melcher. –

An diesem Tage ruhten die Herren aus bis gegen Abend. Da rief der Pfarrer den Stadtknecht zu sich und befahl ihm, dass er in seinem und des Doktor Melchers als des Vize-Königrichters Namen die Frau Bürgermeisterin und die Frau Geneußin auf morgen früh nach der Messe zu ihm auf den Pfarrhof fordern solle. Das bestellte der Stadtdiener. Die Bürgermeisterin gab zur Antwort: ›Ja, ja, ich will kommen, will es aber zuvor meinem Herrn sagen.‹ Als sie aber zur Frau Geneußin kam und es ihr auch anmeldete, war bei dieser der Eidam, Herr Krekler, der nachher Bürgermeister wurde, der gab den Bescheid: ›Ist der Pfaff und Doktor Melcher euer Herr? Oder sind die Herren meiner Frau Schwiegermutter? Antwortet, dass sie nicht kommen, es befehle ihnen denn der Herr Bürgermeister.‹ Das sagte der Stadtknecht dem Bürgermeister; der besann sich etwas, endlich sagte er: ›Meinetwegen, sie sollen gehen, ich bin es zufrieden, damit man mir nicht die Schuld gebe.‹

Am Morgen Freitag um die angeordnete Stunde ging die Frau Bürgermeisterin zum Pfaffen; die Frau Königsrichterin, welche doch gar nicht gefordert war, ebenfalls mit der Frau Geneußin. Da fing der Pfaffe an aufs Freundlichste mit ihnen zu reden und bat sehr höflich, sie sollten sich doch bequemen und die heilige, allein selig machende Religion annehmen, wie ihre Herren auch getan hätten. Sie würden sehen, wie wohl man sich dabei befände, und wie wohl es ihnen ergehen würde. Darauf gaben die Frauen sogleich zur Antwort: ›Nein, wir sind von unsern Eltern und vorigen Predigern anders unterrichtet worden; dabei befinden wir uns gar wohl. In eure Religion können wir uns nicht schicken.‹ Darauf sagte der Pfarrer: ›So kommen die Frauen doch nur zur Kirche, oder wenn sie Kummer oder Bedenken haben, zu mir, sooft sie wollen; ich will sie gewiss fleißig unterrichten.‹ Die Frauen gaben zur Antwort: ›Nein, der Herr darf sich unsertwegen keine Mühe geben, wir tun's nicht.‹ ›Ei‹, sprach der Pfaffe, ›so geben die Frauen doch gute Exempel, und gehen sie wenigstens zur Kirche und zur Messe, und ärgern nicht etwa andere, die schon erklärt haben, wenn die Frauen gingen, so wollten sie auch gehen.‹ Die Frauen antworteten: ›Aber wir tun's nicht. Wir wollen auch niemandem wehren. Das sind Gewissenssachen, darüber hat niemand als Gott zu richten.‹ Als nun der Pfaffe sah, dass alles vergebens war, bat er: ›Ei, ei, sagen sie doch wenigstens zu den andern Frauen und Weibern, sie hätten sich 14 Tage Bedenkzeit ausgebeten und auch erlangt.‹ Darauf antworteten die Weiber fast im Zorn: ›Nein, lieber Herr, wir haben von unsern Eltern nicht lügen gelernt, wir wollen's von Euch auch nicht lernen; wir bitten, Ihr wollt uns verschonen.‹ So gingen sie davon.

Während aber die drei Frauen beim Pfaffen waren, fanden sich unterdes zum Verwundern schnell eine große Menge Weiber zusammen, viel mehr als das erste Mal beieinander gewesen. Dies nahm Herr Schwob Franze wahr, kam eilend und keuchend zum Bürgermeister gelaufen und sagte: ›Herr, ich bitte Euch um Gottes willen, habt ein Einsehen und wehrt dem Pfaffen die Händel mit den Weibern, es sind ihrer wieder eine große Menge beisammen, die ganzen Brotbänke und alle Häuser in der Kirchgasse sind voll. Hilf mir Gott, sie erschlagen uns mitsamt dem Pfaffen; ich laufe davon.‹

Der gute Bürgermeister lag so krank zu Bette, dass er weder Hand noch Fuß regen konnte. Er schickte eilend nach dem Pfaffen und sagte ihm ziemlich deutsch, was er für abenteuerliche Händel anfinge, dergleichen sonst in keiner Stadt gehört worden. Würde ihm von den Weibern Ungelegenheit begegnen, so wolle er nicht schuldig sein.

Darauf fing der Pfaffe an: ›Ei, nein, Herr Bürgermeister, der Herr erzürne sich nicht so. Ich sehe, dass ich von dem leichtfertigen Mann, dem Doktor Melcher, betrogen bin, der die Sache ganz anders berichtet hat. Ich bitte, der Herr lasse den Weibern andeuten, dass sie wieder nach Hause gehen; es soll gewiss nicht mehr geschehen, was geschehen ist, das versichere ich dem Herrn hiermit.‹

Als dies die Weiber hörten und dass den Frauen nichts weiter begegnet war, als was oben erzählt ist, waren sie auch zufrieden, gingen heim und legten ihre Schauben und Schlüsselbunde weg, jedoch nicht weit von sich, damit sie solche im Falle der Not bei Tag und Nacht sogleich zur Hand hätten.«

So weit der alte Bericht. Der Geistliche musste das Jahr darauf Löwenberg schimpflich verlassen, weil seine ärgerlichen Händel nicht aufhörten. Er hatte unter anderm einen öffentlichen Bierschank mit Schöps, dem alten schlesischen Biere, errichtet. Der böse Doktor Melchior wurde später in Desperation Soldat und bei Prag gehenkt. Und die tapfern Frauen? – Wir hoffen, sie sind mit ihren Männern nach Breslau oder nach Polen geflüchtet.

Von 1632 verfiel die Stadt mit jedem Jahre mehr; bald Schweden, bald Kaiserliche, bald evangelische, bald katholische Seelsorger; im Jahre 1639 hatte die Stadt noch vierzig Bürger und eine Schuldenlast von anderthalb Tonnen Goldes; 1641 deckten die Bürger selbst ihre Häuser ab, um keine Steuern mehr zu zahlen, und hausten in Strohhütten. Als der Friede kam, war die Stadt fast ganz »über den Haufen gefallen«. Im Jahre 1656, acht Jahre später, waren wieder 121 Bürger, ungefähr 850 Einwohner in Löwenberg; etwa 87 Prozent der Bevölkerung waren untergegangen.

Kapitel 6
Der Friede

Der Friede war unterzeichnet, die Gesandten hatten einander zur Bestätigung feierlich die Hand gereicht, auf allen Straßen ritten die Trompeter, das glückliche Ereignis zu verkünden.

Zu Nürnberg hielten die Kaiserlichen und die Schweden im großen Saale des Rathauses das Friedensbankett*. Die hoch gewölbte Halle war glänzend erleuchtet, zwischen den Kronleuchtern hingen dreißig Arten Blumen und lebendige Früchte in Goldlahn eingebunden herab; vier Musikchöre waren zu lustigem Spiel aufgestellt, in sechs verschiedenen Zimmern versammelten sich die sechs Klassen der eingeladenen Gäste. Auf den Tafeln standen die beiden ungeheuren Schaugerichte, ein Siegesbogen und ein sechseckiger Berg, bedeckt mit mythologischen und allegorischen Figuren, lateinischen und deutschen Sinnbildern. Aufgetragen wurde in vier Gängen, jeder Gang 150 Speisen, dann kamen die Früchte in silbernen Schüsseln und an »lebendigen« Zwergbäumen, mit denen die ganze Tafel besetzt war, dazwischen brannte feines Rauchwerk, das einen sehr guten Geruch von sich gab. Danach wurde das oberste Blatt der Tafel stückweis abgenommen, der Tisch von Neuem mit Tellern und Servietten besetzt und mit kandierten Blumen überstreut, und jetzt folgte das Konfekt, dazu riesige Marzipane auf zwei Silberschalen, von denen jede zehn Pfund schwer

---

* Kurtze Beschreibung des schwedischen Friedenmahls, gehalten zu Nürnberg den 25. Herbst-Monat des 1649. I. 4. 4 Bll.

war. Und wenn die Gesundheit Seiner Kaiserlichen Majestät zu Wien und Ihrer Königlichen Majestät von Schweden ausgebracht und auf das Gedeihen des geschlossenen Friedens getrunken wurde, musste auf der Burg aus 15 großen und kleinen Stücken geschossen werden. Zuletzt, als dies Friedensfest bis tief in die Nacht gedauert hatte, wollten die anwesenden Kriegsherren und Generäle zum Abschied noch einmal Soldaten spielen. Sie ließen sich Ober- und Untergewehr in den Saal bringen, erwählten zu Hauptleuten die beiden Gesandten, Seine hochfürstliche Durchlaucht den schwedischen Generalissimus Herrn Karl Gustav, Pfalzgrafen bei Rhein, der nachher König von Schweden wurde, und Seine Exzellenz den General Piccolomini, zum Korporal aber den Feldmarschall Wrangel; alle Generäle, Obersten und Oberstleutnants wurden zu Musketieren gemacht. So marschierten die Herren um die Tafel, schossen eine »Salve«, zogen in guter Ordnung auf die Burg und brannten dort vielmals die Stücke los. Bei ihrem Rückmarsch aber wurden sie von dem Herrn Oberst Kraft scherzweis abgedankt und des Dienstes entlassen, weil nunmehr Friede sei. Für die Armen aber wurden zwei Ochsen geschlachtet und vieles Brot ausgeteilt, und aus einem Löwenrachen lief sechs Stunden lang weißer und roter Wein herab. Aus einem größeren Löwenrachen waren dreißig Jahre lang Tränen und Blut geflossen.

Und wie die Herren Gesandten, rüstete das Volk in jeder Stadt, in jedem halbzerstörten Dorfe eine Festfeier. Welche Wirkung die Friedensbotschaft auf die Überreste der deutschen Nation machte, ist noch aus rührenden Einzelheiten zu erkennen. Den alten Landleuten erschien der Friede als eine Rückkehr ihrer Jugend, sie sahen die reichen Ernten ihrer Kinderzeit wiederkehren, dicht bevölkerte Dörfer, die lustigen Sonntage unter der umgehauenen Dorflinde, die guten Stunden, die sie mit ihren getöteten und verdorbenen Verwandten und Jugendgenossen verlebt hatten; sie sahen sich selbst glücklicher, männlicher und besser, als sie in fast dreißig Jahren voll Elend und Entwürdigung geworden waren. Die Jugend aber, das harte, kriegerzeugte, verwilderte Geschlecht, empfand das Nahen einer wunderbaren Zeit, die ihm vorkam wie ein Märchen aus fernem Lande. Die Zeit, wo auf jedem Ackerstück des Winter- und Sommerfeldes dichte gelbe Ähren im Winde wogen, wo in jedem Stalle die Kühe brüllen, in jedem Koben ein rundes Schweinchen liegen sollte, wo sie selbst mit zwei Pferden und lustigem Peitschenknall auf das Feld fahren würden und wo kein feindlicher Soldat die Schwestern oder ihr Mädchen mit rohen Liebkosungen an sich reißen durfte; wo sie nicht mehr mit Heugabeln und verrosteten Musketen dem Nachzügler im Busch auflauern, nicht mehr als Flüchtlinge in unheimlicher Waldesnacht auf den Gräbern der Erschlagenen sitzen würden; wo die Dächer des Dorfes ohne Löcher, die Höfe ohne zerfallene Scheuern sein sollten; wo man den Schrei des Wolfes nicht in jeder Winternacht vor dem Hoftor hören müsste, wo ihre Dorfkirche wieder Glasfenster und schöne Glocken haben würde, wo in dem beschmutzten Chor der Kirche ein neuer Altar mit einer seidenen Decke, einem silbernen Kruzifix und einem vergoldeten Kelch stehen sollte, und wo einst die jungen Burschen wieder Bräute zum Altar führen müssten, die den jungfräulichen Kranz im Haare trügen. Eine leidenschaftliche, schmerzliche Freude zuckte damals durch alle Seelen, auch die wildeste Brut des Krieges, das Soldatenvolk, wurde davon ergriffen. Fühlten doch selbst die harten Regierenden, die Fürsten und ihre Gesandten, dass der große Friedensakt die Rettung Deutschlands vor dem letzten Verderben sei. Feierlich und mit aller Inbrunst, deren das Volk fähig war, wurde das Fest begangen. Aus demselben Kreise von Dorferinnerungen, welchem frühere Beispiele entnommen sind, sei auch die nachfolgende Festbeschreibung dem Bankett der Fürsten und Feldherren entgegengestellt.

Döllstedt, ein stattliches Kirchdorf des Herzogtums Gotha, hatte schwer gelitten. Im Jahre 1636 hatte das Hatzfeldische Korps den Ort überfallen, großen Schaden getan, die Kirche geplündert, das Holzwerk ausgebrochen und verbrannt, wie solches der Herr Pfarrei Deckner kurz vorher prophezeit hatte. »Dieser liebe Mann«, so schrieb sein Nachfolger, Herr Pfarrer Trümper, »hatte seine Zuhörer mit gerechtem Eifer ihrer Sünden wegen gestraft.« Aber seine Strafen und Warnungen hatte man verlacht, ihm allen Verdruss und Undank erwiesen, den Hopfen von den Stangen geschnitten, das Korn von den Feldern entführt, wie er Anno 1634 mit weinenden Augen klagte. So hatte er auch nichts anderes als Gottes gerechte Strafe solchen verstockten Herzen ankündigen können. Nicht nur öffentlich von der Kanzel, sondern auch noch wenige Stunden vor seinem seligen Abschied hatte er solche Klage geführt: »Ach, du armes Döllstedt! Wie wird dir's nach meinem Abschied übel gehen!« Und darauf hat er sich gegen die Kirche gewendet und sein mattes und mit dem Tode ringendes Haupt über Vermögen mithilfe des Wärters aufgerichtet, als wollte er aus der Kammerecke, wo er sein Leben beschlossen, die Kirche noch einmal ansehen, und hat gesagt: »Ach, du liebe, liebe Kirche! Wie wird dir's nach meinem Tode gehen! Mit Besen wird man dich zusammenkehren.«

Seine Prophezeiung traf ein: Das Dorf hatte im Jahre 1636 an 5500 Gulden Kriegsschaden zu liquidieren, von 1627–1637 zusammen 29595 Gulden, sodass die Einwohner sich nach und nach verloren und die Stätte fast ganz wüst stand; im Jahre 1636 waren noch zwei Paar Eheleute im Dorfe; im Jahre 1641, nachdem Baner und im Winter wieder die Franzosen gewirtschaftet hatten, war ein halber Acker Korn bestellt und vier Einwohner vorhanden. Die eifrige Sorge Herzog Ernst des Frommen von Gotha bewirkte, dass sich in seinem Lande die verlassenen Dörfer verhältnismäßig schnell wieder mit Menschen besetzten. Im Jahre 1650 konnte auch in Döllstedt das »Jubel- und Friedensfest« gefeiert werden. Die Beschreibung desselben folgt hier, wie sie der damalige Pfarrer Trümper im Kirchenbuch aufgezeichnet hat.

»Den 19. August, morgens vier Uhr, sind wir mit unsern Adjuvanten und den Hausleuten von Gotha auf unsern Turm gestiegen und haben den Morgensegen musiziert. Gegen sechs Uhr ist, wie den vorigen Tag um ein Uhr auch geschehen, mit allen Glocken angefangen worden zu läuten, eine ganze Viertelstunde, halb acht wieder so lange. Unterdes hat sich das Volk, Mann und Weib, Jung und Alt, außer was beim Geläute bleiben müssen, vor dem Tore versammelt, und ist 1. das Weibervolk auf einer Seite gestanden, und vor demselben der Friede, welchen die adeligen Jungfrauen mit einem schönen grünseidenen Kleide und anderem Zierrat ganz schön ausstaffieret hatten, auf dem Haupt einen schönen grünen Kranz mit eingemengten gelben Flittern und einen grünen Zweig in der Hand haltend. 2. Auf der andern Seite gegen das Dorf standen die Mannspersonen, und vor denselben die Gerechtigkeit in einem schönen weißen Hemde, einen grünen Kranz auf dem Kopfe, ein bloßes Schwert und gelbe Waage in den Händen tragend. 3. Gegen das Feld auf dieser Seite standen die Junggesellen mit Röhren, etliche mit bloßen Schwertern, und vor denselben der Mars, als ein Soldate gekleidet und eine Armbrust in den Händen tragend. 4. In der Mitte standen die Schüler, Hausleute und Adjuvanten neben mir. Da habe ich eine Erinnerung getan, dass wir oft mit tränenfließenden Augen zu unsern Toren hätten ausfliehen und räumen müssen, und wenn der Sturm vorüber, mit Freuden wieder heimgegangen wären, ungeachtet wir alles verwüstet, zerschlagen und umgekehrt gefunden. Also wären wir billig itzund, dem lieben Gott zu Ehren, vor unser Tor herausgegangen, und weil er uns durch gnädige Verleihung des edlen, lang erwünschten Friedens von dergleichen Verwüstung, Fliehen und Flüchten errettet habe, wollten wir auch jetzt zu demselben Tore hineingehen mit Danken und zu seinen Vorhöfen mit Loben, und wollten dazu unsere Stimmen einmütig erheben und singen: ›Allein Gott in der Höh' sei Ehr' usw.‹ 5. Unter Musizierung dieses Gesätzleins näherten sich der Friede und die Gerechtigkeit einander mehr und mehr. Auf die Worte: ›All' Fehd' hat nun ein Ende‹ steckten die mit bloßen Schwertern dieselben ein, die mit den Büchsen taten einige Salven und kehrten sie darauf auch um. Der Friede winkte denen hierzu Bestellten; die nahmen dem Marti, welcher tat, als wollte er sich wehren, seine Armbrust und zerbrachen sie ihm; Friede und Gerechtigkeit traten zusammen und küssten sich. 6. Darauf wurde der angefangene Gesang fortgesungen, und schickte man sich an zu gehen. Vor den Schülern ging Andreas Ehrhardt nach Vermögen ausgeputzt, einen Stab über der Hand, mit einem grünen Kranz umwunden. Darauf folgten die Schüler alle mit grünen Kränzen auf den Häuptern, grüne Zweige in den Händen, und hatten die Kleinen weiße Hemden an, darauf die Adjuvanten und Spielleute, nach diesen ich, der Pfarrer, neben dem Herrn Pfarrer von Vargula, welcher zu mir gekommen war. Nach uns gingen die Mägdlein, die kleinen vorher, die großen danach, alle nach ihrem Vermögen geschmückt und grüne Kränze auf ihren Häuptern. Nach diesen ging der Friede und hinter ihnen Knaben, die trugen einen Korb mit Wecken, eine Schüssel mit Äpfeln, welche hernach unter die Kinder ausgeteilt wurden, item allerlei Früchte des Feldes.

Auf diese folgten die adeligen Jungfrauen neben ihren Muhmen, welche sie zu sich gebeten, nach ihnen die

Edelleute von Seebach, Sachsen und andere, die zu ihnen gekommen waren. Nach diesen ging die Gerechtigkeit und hinter ihr her die Heimbürger und Gerichtsschöppen, alle weiße Stäbe in den Händen tragend, mit grünen Kränzen umwunden. Hierauf folgte der Fähnrich Christian Heum in seinem besten Schmuck, mit einem Stab, daran er ging, in der Hand, aber mit einem grünen Kranz umwunden. Nach diesen gingen die Mannspersonen zu Paaren mit grünen Sträußen in den Händen. Auf die Mannspersonen folgte der Mars gebunden, und hinter ihm die jungen Burschen mit den umgekehrten Röhren. Darauf folgte der Wachtmeister Herr Dietrich Grün in seinem Schmuck, einen Stab in der Hand wie der Fähnrich; auf ihn folgten die Weibspersonen, alle auch zu Paaren in ihrer Ordnung, alle singend durch das Dorf nach der Kirche. Als der obgedachte Gesang ausgesungen war, sangen wir: ›Nun lob, mein Seel, den Herren.‹

In der Kirche wurde es mit Singen und Predigen der fürstlichen Ordnung gemäß gehalten. Nach vollendetem Gottesdienst gingen wir in voriger Ordnung aus der Kirche auf den Platz vor der Schenke, da die Mannspersonen auf einer Seite, die Weibspersonen auf der andern Seite einen halben Zirkul und alsdann einen seinen weiten Kreis schlossen, und wurde unter dem Hingehen gesungen: ›Nun freut euch, liebe Christen gemein.‹ Nach geschlossenem Kreise bedankte ich mich gegen sämtliche, dass sie nicht allein dem Ausschreiben unserer hohen landesfürstlichen Obrigkeit zu diesem Mal gehorsamlich nachgelebt, sondern auch auf mein Begehren allesamt, Adlige und Unadlige, vor das Tor gegangen und in so schöner Ordnung mir zur Kirche gefolgt usw., mit Vermahnung, nachmittags dem Gottesdienste wieder fleißig beizuwohnen. Und ob ich zwar sagte, es möchte ein jeder nachmittags aus seinem Hause zur Kirche gehen, so hatten sie sich doch allesamt wie vormittags vor der Schenke versammelt, waren auch der Friede und die Gerechtigkeit wieder in ihrem Schmuck da, Mars aber hatte sich verloren. Als ich dessen berichtet wurde, ging ich unter dem letzten Puls mit den Schülern, Adjuvanten und Hausleuten zur Hintertür hinaus, durch die Kirchgasse nach der Kirche, da mir jedermänniglich wiederum, wie früh geschehen, in die Kirche folgete. Darinnen wurde damals gesungen: ›Nun lasst uns Gott dem Herrn usw.‹ Aus der Kirche gingen wir in solcher Ordnung wieder singend: ›Lobet den Herrn, lobet den Herrn usw.‹ auf gedachten Platz, wo ich abermals gegen Fremde und Einheimische mit einem herzlichen Friedenswunsch mich bedankte. Und wurden hier vor sechs Groschen Wecken und etliche reife Äpfel unter die Kinder ausgeteilt.« –

Bekannt ist, dass der große Friede sehr langsam kam, wie Genesung aus einer tödlichen Krankheit. Die Jahre 1648–50 vom Friedensschluss bis zur Feier des Friedensfestes gehörten noch zu den schwersten der eisernen Zeit; unerschwingliche Kriegssteuern waren ausgeschrieben, die Heere der verschiedenen Parteien lagen bis zur Abzahlung auf den Landschaften, und der Druck, welchen sie auf die elenden Bewohner ausübten, war so furchtbar, dass mehr als ein Verzweiflungsschrei der Völker sich in den Hader der immer noch verhandelnden Parteien mischte. Dazu kamen Plagen anderer Art, alle Länder wimmelten von »herrenlosem Gesindlein«. Banden entlassener Kriegsknechte mit Dirnen und Trossbuben, Scharen von Bettlern, große Räuberhaufen streiften aus einem Gebiet in das andere, sie quartierten sich gewaltsam in den Dörfern ein, welche noch Einwohner hatten, und setzten sich wohl gar in den verlassenen Hütten fest. Auch die Dorfbewohner, mit schlechten Waffen versehen, der Arbeit entwöhnt, fanden es zuweilen bequemer zu rauben als das Feld zu bestellen, und machten heimliche Streifzüge in benachbarte Territorien, die Evangelischen in katholisches Land und umgekehrt. Sogar die fremden Söhne eines gesetzlosen Lebens, die Zigeuner, waren an Zahl und Dreistigkeit gewachsen und lagerten, fantastisch aufgeputzt, mit ihren hoch beladenen Karren, mit gestohlenen Pferden und nackten Kindern um den Steintrog des Dorfplatzes. Wo gerade ein kräftiger Regent und eifrige Beamte tätig waren, wurde dem wilden Wandern nach Kräften entgegengearbeitet. Die Dorfleute des Herzogtums Gotha mussten noch im Jahre 1649 von den Kirchtürmen Wache halten, Brücken und Fährten über die Bäche des Landes besetzen und Lärm machen, sooft sie einen marschierenden Haufen erblickten. Ein System von Polizeiverordnungen, durchaus notwendig und heilsam, war das erste Zeichen des neuen Selbstgefühls, welches die Regierungen erhalten hatten. Wer sich niederlassen wollte, dem wurde die Ansiedelung leicht gemacht. Wer fest sah, musste angeben, wie viel Land er bebaut hatte, in welchem Zustande ihm Haus und Hof war, ob er Vieh hatte. Neue Flurbücher und Verzeichnisse der Einwohner wurden angefertigt, neue Steuern in Geld und Naturalien wurden ausgeschrieben und auch durch solchen harten Druck die Dorfbewohner zur Arbeit gezwungen. Allmählich besetzten sich die Dörfer wieder mit Menschen. Viele Familien, die sich zur Kriegszeit in die Städte geflüchtet hatten, besserten ihre verwüsteten Höfe aus, andere zogen aus dem Gebirge oder der Fremde zurück; auch verabschiedete Soldaten und Trossknechte kauften von dem Rest ihrer Beute zuweilen Acker und ein leeres Haus, oder liefen zu dem heimischen Dorfe. – Es wurde viel geheiratet und eifrig getauft.

Aber die Erschöpfung des Volkes war doch jämmerlich groß; die Ackerstücke, deren viele geruht hatten, wurden ohne Dünger notdürftig bestellt, nicht wenige blieben mit wildem Buschholz und Unkraut bewachsen noch lange als Weideland liegen. Den Grund verwüsteter Ortschaften kauften zuweilen die Nachbardörfer, an einigen Stellen zogen sich zwei oder drei kleine Gemeinden zu einer zusammen.

Noch viele Jahre nach dem Kriege muss das Aussehen der Dörfer trostlos gewesen sein. In Thüringen ist das zuweilen aus Verhandlungen mit der Obrigkeit erkennbar. Die Hausbesitzer von Siebleben und einigen andern Gemeinden um Gotha haben seit dem Mittelalter das Recht auf freies Bauholz aus dem Waldgebirge. Im Jahre 1650 forderte die Regierung auf, dieses Recht gegen Entrichtung einer herkömmlichen kleinen Abgabe von Hafer auszuüben. Da entschuldigten sich einige der Gemeinden, sie seien noch zu sehr herunter, um ans Aufbauen der schadhaften Häuser denken zu können. Zehn Jahre darauf hatte die Gemeinde Siebleben doch schon zweiundvierzig Schulknaben, welche ein geringes Schulgeld bezahlten, und das jährliche Opfergeld in der Kirche betrug über 14 Gulden. Ein Teil dieses Opfergeldes wurde auf kleine Almosen an Fremde verwendet, und man kann aus der sorgfältig geführten Berechnung ersehen, welcher Strom von Bettlern jeder Art durch das Land zog. Abgedankte Kriegsleute, Krüppel, Heimatlose, Greise und Kranke, darunter auch Aussätzige mit Legitimationen ihres Siechhauses, dann Exulanten aus Böhmen und Ungarn, die der Religion wegen ihre Heimat aufgegeben haben wollen, vertriebene Edelleute aus England, Irland, Polen; Sammler, welche gefangene Verwandte aus der türkischen Gefangenschaft loskaufen wollen, Reisende, welche von Wegelagerern ausgeplündert sind, ein blinder Pfarrer aus Dänemark mit fünf Kindern. Bereits sucht sich jeder Fremde durch Zeugnisse zu empfehlen. Die Regierung aber wird nicht müde, gegen das Beherbergen solcher bittenden Leute zu eifern.

Wie der Kampf, waren auch die Zustände, welche nach dem Kriege eintraten, außer allem Vergleich mit andern Niederlagen kultivierter Völker. Gewiss sind in einzelnen Zeiträumen der Völkerwanderung große Landschaften Europas noch mehr verödet worden, zuweilen hat im Mittelalter eine Pest die Bewohner großer Städte ebenso sehr dezimiert; aber solches Unglück war entweder lokal und wurde leicht durch den Überschuss von Menschenkraft geheilt, der aus der Umgegend auf den geleerten Grund zusammenströmte, oder es fiel in eine Zeit, wo die Völker nicht fester auf dem Boden standen als lockere Sanddünen am Strande, welche leicht von einer Stelle zur andern geweht werden. Hier aber wird eine große Nation mit alter Kultur, mit vielen hundert fest gemauerten Städten, vielen tausend Dorffluren, mit Acker- und Weideland, das durch mehr als dreißig Generationen desselben Stammes bebaut war, so verwüstet, dass überall leere Räume entstehen, in denen die wilde Natur, die so lange im Dienste des Menschen gebändigt war, wieder die alten Feinde der Völker aus dem Boden erzeugt, wucherndes Gestrüpp und wilde Tiere. Wenn ein solches Unglück plötzlich über eine Nation hereinbräche, es würde ohne Zweifel auch eine kleine Zahl der Überlebenden unfähig machen ein Volk zu bilden, ja schon das Entsetzen würde sie vernichten; hier hatte das allmähliche Eintreten der Verringerung den Überlebenden das Schreckliche zur Gewohnheit gemacht. Eine ganze Generation war aufgewachsen innerhalb der Zeit der Zerstörung. Die gesamte Jugend kannte keinen andern Zustand als den der Gewalttat, der Flucht, der allmählichen Verkleinerung von Stadt und Dorf, des Wechsels der Konfession; man musste schon auf der Höhe des Lebens stehen, sich daran zu erinnern, wie es im Dorfe vor dem Kriege ausgesehen hatte, wie viel Paare unter einer Dorflinde getanzt hatten, wie stark die Viehherde im Riedgras und auf den Weidehöhen gewesen war, und wie viel einst durch den Klingelbeutel oder Opferpfennig in der Kirche eingesammelt werden konnte. Nicht viel anders war es in den Städten; innerhalb der meisten halb zerstörten Ringmauern gab es wüste Plätze, welche vor dem Kriege mit Häusern besetzt gewesen waren, in den schadhaften Häusern aber hatte vor dem Kriege die doppelte Zahl arbeitsamer Menschen gewohnt. Es gab Landschaften, wo ein Reiter viele Stunden umhertraben musste, um an eine bewohnte Feuerstätte zu kommen; ein Bote, der von Kursachsen nach Berlin eilte, ging von Morgen bis Abend über unbebautes Land, durch aufschießendes Nadelholz, ohne ein Dorf zu finden, in dem er rasten konnte. Und doch bezeichnet das Ende des Krieges im Ganzen nicht den niedrigsten Stand der Bevölkerung und Produktion. Die Zeit der größten Depression liegt etwa sechs Jahre vorher, Jahre, aus welchen Sammlungen statistischer Notizen gar nicht vorhanden sind. Denn wie es nach der Pest und Baners Zügen aussah, davon geben nur einzelne Ortschroniken spärliche Kunde. Seit dieser Zeit half die Politik der Neutralitäten, durch welche die größeren Landesherren den Krieg von ihren Grenzen abzuhalten suchten, doch etwas dazu, die Schäden nicht zu heilen, aber die Bevölkerung und selbst den Viehstand wieder festzusetzen. Selbstverständlich aber ist der Zuwachs unter den Überlebenden nach so großer Verwüstung ein verhältnismäßig starker. Die Ehen sind massenhaft durch den Tod eines Ehegatten gelöst, neue Ehe wird leicht, leere Hütten, unbebaute Acker, fast wertlos, vermag auch der Arme leicht zu besetzen. Der Friede fand in vielen Landschaften schon wieder neue kleine Brut. Und dennoch sind zwei Dritteile bis drei Vierteile der Menschen verloren. Noch größer sind die Verluste an Zug- und Nutzvieh, an Hausrat.

Viel ist über die Verwüstungen des Krieges geschrieben worden, aber noch fehlt die große Arbeit, welche aus allen Territorien die erhaltenen statistischen Notizen zu einem Bild zusammenstellte. Wie ungeheuer die Arbeit sei, sie muss doch unternommen werden, denn erst aus unwiderleglichen Zahlen wird die volle Größe des Unheils verständlich. Was bisher von Einzelheiten bekannt wurde, berechtigt kaum zu einer ungefähren Schätzung der Einbuße, welche Deutschland an Menschen, Nutztieren und produktivem Vermögen erlitten hat. Auch die folgenden Schlüsse machen nur den Anspruch, eine persönliche Ansicht auszudrücken; wenige Beispiele sollen dieselbe unterstützen.

Die Verhältnisse von Thüringen und Franken sind nicht übel geeignet, die Vergangenheit mit der Gegenwart zu vergleichen. Beide Landschaften sind durch den Krieg nicht ausnahmsweise mehr heimgesucht worden als andere Länder, die Kulturverhältnisse beider entsprechen bis zur Gegenwart ziemlich genau dem mittlern Durchschnitt deutscher Industrie und Landwirtschaft. Beide sind im Ganzen nicht reich, Hügellandschaften ohne großen Fluss, ohne beträchtliche Steinkohlenlager, mit einem Ackerboden, der nur in einzelnen Strichen durch besondere Fruchtbarkeit ausgezeichnet ist, waren sie bis zur Neuzeit vorzugsweise auf Landbau, Gartenkultur und kleine Gebirgsindustrie angewiesen. So hat dieser Teil von Deutschland kein massenhaftes Einströmen von Menschenkraft und Kapital erfahren, er ist dagegen auch nicht Schauplatz der zerstörenden Kriege Ludwigs XIV. gewesen, und die Landesherren, zumal die Enkel Friedrichs des Weisen, sind auch in argen Zeiten ziemlich schonend mit der Volkskraft umgegangen.

Hier im Herzen Deutschlands lag die alte geforstete Grafschaft Henneberg, ein stattliches Gebiet von zirka 30 Quadratmeilen und – im Jahre 1634 – von 177 Ortschaften, welche jetzt zwischen Preußen, Meiningen und Weimar geteilt sind. Mit seinem nördlichen Teil streckte es sich in die Talschluchten des Thüringer Waldes, ja ein kleiner Teil – Ilmenau – lag auf der Nordseite des Gebirges. Nur am Westrand führte die Heerstraße, das große Gebirge deckte von Norden, und die Einwohner hatten gute Gelegenheit, sich und ihre Habe durch die Flucht in den Bergwald zu schützen. So war die Grafschaft Henneberg in verhältnismäßig günstiger Lage. Auch war ihr gerade in den ärgsten Jahren des Krieges das Glück einer besonders sorgfältigen Verwaltung zuteil geworden, welche in der schlechtesten Zeit mit bewunderungswürdiger Ausdauer bemüht war, die Menschen zusammenzuhalten und zum Aufbau der eingeäscherten Dörfer zu ermuntern. Endlich kam ihr noch zustatten, dass die Gräuel des Krieges verhältnismäßig spät, erst um 1633, eine massenhafte Zerstörung begannen; denn während Pommern und die Mark, Schlesien und Böhmen, die Länder der Nordsee und der Westen Deutschlands schon unter den Geißelhieben der Kriegsfurie todwund lagen, waren dort noch friedliche Jahre. Noch 1634 erstaunten die räuberischen Kroaten über den Wohlstand der Bauern und Bürger, die Schätze und reichen Vorräte, die in den festgebauten Häusern aufgesammelt waren. Das glückliche Land hatte durch fast hundert Jahre Frieden gehabt und mehrere hausväterliche und wohlwollende Regenten. Nicht weniger wichtig war, dass der ärgste Druck des Krieges dort auch eher endete als in andern Territorien; denn seit dem Jahre 1643 genoss das Land durch die Neutralitätspolitik seines Verwalters, Ernst des Frommen, verhältnismäßige Ruhe. Wir sind demnach zu der Annahme berechtigt, dass diese Grafschaft besser daran war als die Mehrzahl der deutschen Gebiete.

Von diesem Lande sind uns amtliche statistische Notizen erhalten, welche die Zahl der Familien und Häuser sowohl im Anfang der schwersten Kriegszeit – aus dem Jahre 1631, bei einigen 1634 – als nach dem Ende des Krieges – aus dem Jahre 1649, bei einigen 1652 – angeben*. Danach verlor das Land in dem Kriege 70 Prozent der Familien, 66 Prozent der Wohnungen. Dies furchtbare Ergebnis wird noch grauenhafter, wenn man in Betracht zieht, was aus Hunderten kläglicher Eingaben seit dem Frieden ersichtlich wird, in welchem Zustande die überlebenden Menschen und die Häuser waren: Ein Teil der Wohnungen waren Nothütten, aus Trümmern zusammengeschlagen. Da nun die Bevölkerung des Landes schon in den Jahren 1631 und 1634 zuverlässig geringer geworden war, als sie im ersten Jahre des Krieges gewesen, und da ein Teil der erhaltenen Verzeichnisse bereits den Zuwachs dreier Friedensjahre enthält, so wird die Annahme mäßig sein, dass 75 Prozent der Familien durch den Krieg vernichtet worden sind. Nun aber ist außer Zweifel, dass auch die Kopfzahl einer Familie im Durchschnitt beim Beginn des Krieges größer war als am Ende desselben**, dass also der Menschenverlust noch größer als 75 Prozent gewesen sein muss.

Ferner aber sind uns aus 20 Ortschaften derselben Landschaft sorgfältige Verzeichnisse der Ortsbehörden auch über das Verhältnis des Viehstandes und der Scheuern aufbewahrt; danach waren in diesen Orten von Pferden 85 Prozent, von Ziegen über 83, von Kühen über 82 Prozent eingegangen, die vorhandenen Pferde werden als lahm

---

* Diese wertvollen Mitteilungen sind Herrn Prof. G. Brückner in Meiningen zu verdanken; ein Teil derselben wurde in »Denkwürdigkeiten aus Frankens und Thüringens Geschichte und Statistik« 1852, und weitere Ermittlungen des verdienstvollen Mannes in der »Zeitschrift für deutsche Kulturgeschichte« 1857, Aprilheft, mitgeteilt.

** Das Verhältnis ist Folgendes. Es waren in den vierzehn Ämtern der Grafschaft:
    Familien i. J. 1634 (1631): 13095 – i. J. 1649 (1652): 3969.
    Häuser i. J. 1634 (1631): 11850 – i. J. 1649 (1652): 4053.
Rechnet man die Kopfzahl einer Familie vor dem Kriege im Durchschnitt zu 4½, und nach dem Kriege, wahrscheinlich zu hoch, zu 4, so hatte die Grafschaft Henneberg im Jahre 1631 (1634): 60975 Einwohner, i. J. 1649 (1652): 16448 Einwohner.

und blind, die Felder und Wiesen als verwüstet und zum Teil mit Holz bewachsen angeführt; die Schafe aber waren an allen Orten sämtlich vernichtet*.

Es ist eine blutige Geschichte, welche durch diese Zahlen verkündet wird. Mehr als drei Vierteile der Menschen, bei Weitem mehr als vier Fünfteile ihrer Habe sind vernichtet. Und in welchem Zustand das Erhaltene!

Genau ebenso war das Schicksal der kleineren Landstädte, soweit dasselbe aus erhaltenen Angaben zu sehen ist. Nur ein Beispiel aus derselben Gegend. Das alte Kirchenbuch zu Ummerstadt, einer ackerbauenden Landstadt in der Nähe von Coburg, seit alter Zeit im Lande wohlbekannt wegen ihrer guten Töpferwaren, berichtet Folgendes: »Ob nun wohl noch im Jahre 1632 das ganze Land, wie auch hiesiges Städtlein, sehr volkreich war, also dass über 150 Bürger und auf 800 Seelen allein hier gewohnt haben, so sind doch wegen immer anhaltender Kriegsunruhen und stetigen Einquartierungen die Leute dermaßen enerviert worden, dass von ausgestandenem großen Schrecken eine Seuche, so von dem lieben, allmächtigen und gerechten Gott über uns verhängt worden, auf 500 Menschen in den Jahren 1635 und 1636 weggerafft hat, und wegen des elenden und betrübten Zustandes in zwei Jahren und darüber kein Kind zur Welt geboren worden. Diejenigen Leute, denen Gott der Allerhöchste noch das Leben gefristet, haben sich wegen Hunger und teurer Zeit, aus Mangel des lieben Brots, Kleien, Ölkuchen und Leinknoten gemahlen und gegessen, aber viele das Leben darüber geendet. Sind also die Leute in al-

---

* In 19 Dörfern der früheren Herrschaft Henneberg waren im Jahre:

				1634.	1649.	1849.
			Familien	1773	316	1916
			Häuser	1717	527	1558
In 17 Dörfern desgl.			Rinder	1402	244	1994
"	13	"	"	Pferde	485	73	107
"	12	"	"	Schafe	4616	–	4596
"	4	"	"	Ziegen	158	26	286

len Ländern sehr zerstreut worden, dass der meiste Teil das liebe Vaterland nicht wiedergesehen. Anno 1640 bei dem saalfeldischen Stillager ist Ummerstadt zur Nimmer- oder Umbrastadt worden, weil in 18 Wochen sich kein Mensch darin hat dürfen sehen lassen, und die Leute um alles, was sie noch gehabt, gekommen sind. Daher die Leute fast dünne worden und über 100 Seelen nicht mehr vorhanden gewesen.« – Im Jahre 1850 hatte der Ort 893 Einwohner.

Aber noch auffallender ist eine andere Beobachtung, welche aus den Tabellen der oben erwähnten Hennebergischen Dörfer zu machen ist. Erst in unserem Jahrhundert hat Menschenzahl und Bestand der Nutztiere wieder die Höhe erreicht, welche im Jahre 1634 bereits vorhanden war. Ja die Zahl der Häuser war in vielen Dörfern noch 1849 geringer als 1634, obgleich dort noch heut die Dorfhäuser klein und auch die Armen ängstlich bemüht sind, ein eigenes Haus zu bewahren. Zwar die Menschenzahl ist 1855 bereits nicht unbedeutend größer als 1634 nach 15 Kriegsjahren, aber der Zuwachs fällt zum größten Teil auf den jetzigen preußischen Kreis Henneberg (Schleusingen und Suhl), in welchem die eigentümliche Ausbildung der Eisenindustrie ein stärkeres Zuströmen von Kapital und Menschenkraft hervorgebracht hat*.

So sind wir allerdings zu dem Schlusse berechtigt, dass wenigstens für diesen Strich Deutschlands 200 Jahre notwendig waren, Menschenzahl und produktive Kraft des Landes wieder bis zu einem früheren Standpunkt zu heben. Diese Annahme wird durch andere Beobachtungen unterstützt. Die Kultur des Landes vor dem Dreißigjähri-

---

* Die ganze Grafschaft Henneberg hatte i. J. 1855: 92661 Einwohner, gegen 60975 i. J. 1631 (1634) und gegen 16448 i. J. 1649 (1652). Davon aber kommen auf den preußischen Kreis Henneberg 35426 gegen 18158 des Jahres 1631 (1634) und gegen 5840 i. J. 1649 (1652). In diesem Industriekreise hat sich also die Bevölkerung seit dem Jahre 1631 verdoppelt, während sie in den übrigen Ämtern nur um den vierten Teil stärker geworden ist, als sie in der Mitte des Dreißigjährigen Krieges war.

gen Kriege, ja selbst das Verhältnis des Getreidewertes zu dem Silberwert in einer Zeit, wo Getreideausfuhr nur ausnahmsweise stattfand, führen zu demselben Schluss.

Freilich ist in den letzten 200 Jahren die Kultur auch durch die mächtige Entwicklung des Auslandes in ganz neuen Richtungen entwickelt. Auch der Landmann baut jetzt Hackfrüchte, Klee und andere Futterkräuter, welche vor dem Dreißigjährigen Kriege noch unbekannt waren, und die landwirtschaftliche Produktion selbst einer gleichen Menschenzahl mag doch gewinnbringender geworden sein als vor jenem Kriege. Vielleicht haben die Vorfahren vor dem Kriege viel ärmer gelebt und weniger erwirtschaftet? Man vergleiche den Viehstand. Die Schafzucht der erwähnten Dörfer hat gegenwärtig genau den Umfang, den sie vor dem Kriege hatte. Es ist jetzt die kurze, dichtgekräuselte Wolle spanischer Herden, welche auch in den Hürden der Bauern gezogen wird; die alte Wolle fiel in langen Flocken, sie muss nach dem Wert der Tuche und Zeuge, welche daraus gewebt werden, und nach dem damaligen Preis der Schafe (5 = 1 Kuh, während bei uns das Verhältnis wie 10 zu 1 ist) nicht verächtlich gewesen sein.

Ferner aber hat sich der Bestand an Pferden gegen 1634 um drei Viertel verringert. Diese auffallende Tatsache ist nur daraus zu erklären, dass die Reitertraditionen des Mittelalters auch noch auf den Landwirt Einfluss ausübten, dass die Pferdezucht bei den schlechten Wegen, welche eine weite Versendung des Getreides unmöglich machten, lohnender wurde als jetzt, während das Gebrüll der Rinder auch in den engen Hofräumen der Städte so häufig war, dass Verkauf von Milch und Butter wenig lohnte, endlich aber, dass ein größerer Teil der Landleute imstande war, Gespannkraft zu ernähren als jetzt. Die Zersplitterung des Grundes war damals, wie sich aus den alten Flurbüchern beweisen lässt, in Thüringen etwas – nicht beträchtlich – geringer als jetzt. Vermehrt hat sich in der Gegenwart die Zahl der Ziegen, des Nutztiers der kleinen Leute, und die Zahl der Rinder, welche wahrscheinlich im mittleren und südlichen Deutschland jetzt auch größer und edler gezogen werden als damals. Und dies ist ein entschiedener Fortschritt der Gegenwart. Im Ganzen aber ist, nach Futterbedürfnis gerechnet, die Zahl der Tiere, welche auf dem Ackergrund mit Vorteil erhalten werden, gegenwärtig nur unbedeutend größer als im Jahre 1634[*].

Neben solchen Resultaten ist unwichtig aufzuzählen, was von beweglichen Inventarium in den Dörfern durch den Krieg vernichtet worden ist. Es ist in Thüringen möglich, auch darüber einige Sicherheit zu gewinnen, denn schon wurden damals genaue Berechnungen des erlittenen Schadens von den Regierungen eingefordert, und in mehr als einem Gemeindearchiv sind diese Berechnungen erhalten, leider meist unvollständig; es gab Jahre, in denen die Liquidation aufhörte. Soviel sich aus dem Erhaltenen ersehen lässt, betragen die berechneten Verluste einer Dorfgemeinde für die dreißig Kriegsjahre von 30 bis 100 000 Gulden[**]. Berechnet man danach die

---

[*] 10 Schafe oder Ziegen = 1 Rind oder Pferd gerechnet, ist das Verhältnis nach obiger Tabelle Folgendes: 1834 wurden 2384 Stück Großvieh gehalten, 1849 aber 2579, dabei allerdings die Rinder wertvoller. Es ist ein bescheidener Fortschritt.

[**] So hatte z.B. die Gemeinde Siebleben bei Gotha schon vor dem Beginn der schweren Zeit (nur von 1623–1630) 10216 Fl. 12 gGr. 9½ Pf. liquidiert.
  Darunter sind:
  35 Kühe . . . . 356 Fl. 12 gGl.
  113 Schöpse . . . . 207 "   9   "
  730 Malter Hafer . . . . 1461 "   4   "
  16¾ Malter Korn . . . .   76 " 18   "
  Geldkontribution . . . . 4542 " 13   "
  Plünderungsschaden an Geld . . . . 839 " 14   "
  do. an Hausrat . . . . 364 " 20   "
  Davon kostete ein Nachtlager des Obersten Isolani mit einer halben Kompagnie Kroaten nebst Nachlieferungen ins Winterquartier 1063 Gulden.

Verluste eines ganzen Landes, so wird die Summe ungeheuer.

Durch diesen Krieg wurde Deutschland gegenüber den glücklicheren Nachbarn, den Niederländern, den Engländern, um 200 Jahre zurückgeworfen.

Noch größer sind die Veränderungen, welche der Krieg in dem geistigen Leben der Nation gemacht hat. Vor andern den Landleuten. Viele alte Bräuche gingen zugrunde, das Leben wurde leerer, leidvoller. Anstelle des alten Hausrates sind die rohesten Formen moderner Möbel getreten; die kunstreichen Kelche und alten Taufbecken, fast aller Schmuck der Kirchen war verschwunden, eine geschmacklose Dürftigkeit ist den Dorfkirchen bis jetzt geblieben. Mehr als 100 Jahre nach dem Kriege vegetierte der Bauer fast ebenso eingepfercht wie die Stücke seiner Herde, während ihn der Pastor als Hirt bewachte und durch das Schreckbild des Höllenhundes in Ordnung hielt, und der Gutsbesitzer oder sein Landesherr alljährlich abschor. Eine lange Zeit dumpfen Leidens. Die Getreidepreise waren in dem menschenarmen Lande 50 Jahre nach dem Kriege sogar niedriger als vorher, die Lasten aber, welche auf die Grundstücke gelegt wurden, so hoch gesteigert, dass noch lange der Acker mit Haus und Hof geringen Wert hatte, zuweilen umsonst gegen die Verpflichtung gegeben wurde, Dienste und Lasten zu tragen. Härter als je wurde der Druck der Hörigkeit, am ärgsten in den früheren Slawenländern, in denen ein zahlreicher Adel über den Bauern saß.

Häufig beklagt sind die Schäden der Bildung, welche in den ausgeplünderten Städten und Rittersitzen zutage kamen, zunächst wieder Luxus, Genusssucht und rohe Liederlichkeit, Mangel an Gemeinsinn und Selbstgefühl, Kriecherei gegen Vornehme, Herzlosigkeit gegen Niedere. Es sind die uralten Leiden eines heruntergekommenen Geschlechts. So finster, freudenlos, arm an belebendem

Geiste war das Dasein, dass die Selbstmorde zum Erschrecken häufig wurden; die Obrigkeit suchte das Sonnenlicht dadurch schätzbarer zu machen, dass sie dem Henker befahl, Selbstmörder unter dem Galgen zu begraben*. Dass das Selbstregiment der Städte immer mehr durch die Landesherren beeinträchtigt wurde, war häufig noch ein Glück, denn die Verwaltung war nur zu oft arm an Urteil und Pflichtgefühl. –

Es war eine tödliche Krisis, aus welcher Deutschland heraustrat, und teuer erkauft war der Friede. Aber das Höchste war doch gerettet, die Kontinuität der deutschen Entwicklung, die Fortdauer des großen inneren Prozesses, durch welchen das deutsche Volk sich von der Unfreiheit des Mittelalters zu höheren Bildungen erheben konnte.

Der lange Kampf war, politisch betrachtet, ein Verteidigungskrieg der protestantischen Partei gegen die Intoleranz des alten Glaubens und die Übergriffe der kaiserlichen Macht. Diese Verteidigung hatte begonnen durch eine ungeschickte Offensivbewegung in Böhmen, und das Haupt des Hauses Habsburg war formell und materiell in seinem Rechte, solange es nur diese Bewegung niederwarf. Seine Gegner standen auf dem Boden der Revolution, die sich durch Erfolg zu rechtfertigen hatte. Von dem Tage aber, wo der Kaiser seinen Sieg benutzte, um durch Jesuiten und Soldaten die Landeshoheit der deutschen Fürsten, die alten Rechte der Städte zu unterdrücken, wurde wieder er der politische Frevler, dessen Wagnis mit der letzten Kraft der Nation zurückzuweisen war. Hier aber gilt ein höherer Gesichtspunkt, und von diesem aus war das Beginnen Ferdinands II. noch unerträglicher. Gerade hundert Jahre vor seinem Regierungsantritt hatten alle guten Geister der deutschen Nation auf Seite des Kai-

---

* Kayserl. Privilegia und Sanctiones für Schlesien vom Jahre 1657 III, S. 737. Die »üble Sache« wird als eingerissen und gewöhnlich bezeichnet.

sers gekämpft, wenn er gegenüber bestehendem Recht und altem Herkommen eine deutsche Kirche, einen deutschen Staat geschaffen hätte. Seitdem hatte das Geschlecht Karls V. durch 100 Jahre, eine kurze Zeit ausgenommen, in planvoller Arbeit oder träger Gleichgültigkeit vieles getan, den letzten Quell des neuen Lebens, die Selbstständigkeit der Geister im Denken und Glauben zu zerstören; es war durch 100 Jahre, eine kurze Zeit ausgenommen, Gegner des nationalen deutschen Lebens gewesen, es hatte seine spanischen und italienischen Verbindungen, es hatte die römischen Jesuiten zum Kampfe gegen die einheimische Bildung des Volkes gestellt; leider halfen dazu auch einige deutsche Fürsten. Auf solchem Wege hatte es in Deutschland groß zu werden gesucht, in demselben Sinn hatte jetzt ein übereifriger Kaiser die blutige Entscheidung heraufbeschworen. Auf seinem Haupte liegt die Schuld des unerhörten Krieges, nicht auf den deutschen Fürsten, nicht auf dem Volke. Denn kleinere Landesherren abgerechnet, haben die protestantischen Häupter nur zu ergeben den Frieden mit ihrem Kaiser gesucht. Nur auf wenige Jahre ließen sie sich durch Wallensteins Übermut, den Hohn des Wiener Hofes und das kriegerische Drängen Gustav Adolfs zu offenem Kampfe bringen, nicht vier Jahr dauerte das Bündnis der großen Kurhäuser Sachsen und Brandenburg mit den Schweden, bei erster Gelegenheit fielen sie wieder zurück, und in der letzten Zeit des Krieges war ihre kräftigste Politik die Neutralität.

Durch den Frieden erreichten die Fürsten den Zweck ihres defensiven Widerstandes, die hochfliegenden Entwürfe des kaiserliches Hofes waren zerbrochen, Deutschland war frei. Ja, frei. Verdorben und kraftlos, durch 100 Jahre an seiner westlichen Grenze Tummelplatz und Beutestück für Frankreich. Noch sollte es ein gehäuftes Maß von Demütigungen und Schmach über sich ausgeschüttet sehen. Aber wem sich noch heut die Hand darüber zusammenballt, der hüte sich sie gegen den Westfälischen Frieden zu erheben. Denn nicht durch ihn ist verschuldet, was noch auf ihn folgte, die Einäscherung der Pfalz, die Wegnahme Straßburgs, der Verlust von Elsass und Lothringen. Alles das war lange vor dem Dreißigjährigen Kriege verschuldet, lange vorher von patriotischen Männern geahnt worden. Seit dem Schmalkaldischen Kriege war die Landeshoheit der deutschen Fürsten und die Selbstständigkeit der Teile die einzige Garantie für eine nationale Fortbildung. Man mag das tief beklagen, aber man soll es verstehen. Jetzt endlich war durch Ströme von Blut diese Selbstständigkeit der Teile gesetzlich befestigt. Wer das Jahr 1813, das erste Aufglühen des Volkes seit 1648, für etwas Glorreiches hält, wer sich je Pflichtgefühl und freie Sittlichkeit durch die strenge Lehre Kants und seiner Nachfolger geadelt hat, wen die Freude über das Höchste, was der Mensch verstehen kann, über Natur und Seele des eigenen und fremder Völker jemals gehoben hat, wer je die Schönheit der neuern deutschen Poesie, den Nathan, den Faust, den Wilhelm Tell mit Entzücken empfunden hat, jeder, der an dem freien Leben unsrer Wissenschaft und Kunst, an den großen Entdeckungen der Naturforscher, an der kräftigen Entwicklung der deutschen Industrie und des Landbaues herzlichen Teil hat, soll daran denken, dass mit dem Frieden von Münster und Osnabrück die Zeit beginnt, in welcher diese Entwicklungen ihre – verhältnismäßig gesicherte – politische Grundlage gefunden haben.

Und doch hat der Krieg eine Folge gehabt, die wir noch heut mit tiefem Schmerze beklagen: Er hat den dritten Teil Deutschlands für lange von dem geistigen Zusammenleben mit den Bruderstämmen abgelöst. Seit ihm wurden die deutschen Hausländer der kaiserlichen Familie in einen besonderen Staat gebunden. Gewaltsam, unablässig arbeitete das fremde Prinzip, welches dort herrschte. Lange empfand die gedrückte Nation kaum den Verlust. In Deutschland hatte sich der Gegensatz zwischen katholischem und protestantischem Wesen abgeschwächt, er wurde im nächsten Jahrhundert zum großen Teil ausgehoben. Auch die Territorien, welche durch den Zwang ihrer Landesherren beim alten Glauben festgehalten wurden, hatten ihren Anteil an den langsamen und schwerfälligen Fortschritten, welche seit dem Frieden gemacht wurden. Es ist nicht zu leugnen, die protestantischen Landschaften blieben lange die Führer, aber trotz manchem Gegensatz folgten auch die Altgläubigen der neuen Strömung und brüderlich flogen gewonnene Resultate der Bildung aus einer Seele in die andere; Freude und Leid waren im Ganzen gemeinsam, und wie die politischen Bedürfnisse und Wünsche der Protestanten und Katholiken dieselben waren, so wurde auch das Gefühl der geistigen Einheit allmählich lebendiger. Nicht so war es in den weiten Ländern, welche Ferdinand II. seinen Nachfolgern als wiedererobertes Gut hinterließ. Die Verluste, welche die deutschen Volksstämme erfahren hatten, waren groß, die Einbuße der österreichischen Völkerschaften war ungleich größer. Dort war etwas geschehen, was einem, der genau zusieht, wohl heute noch grauenhaft erscheinen kann. Fast die gesamte nationale Bildung, welche sich dort seit hundert Jahren trotz aller Hindernisse entwickelt hatte, war mit eiserner Rute weggetrieben worden. Die Masse des Volkes war geblieben, ihre Führer, wohlhabende Gutsherren, die alten eingeborenen Geschlechter, männliche Patrioten, charaktervolle Gelehrte, intelligente Seelsorger waren in das Exil geworfen. Niemand hatte die Verbannten gezählt, die in Hunger und Kriegsnot umkamen; auch die, welche sich in der Fremde niederließen, sind kaum annähernd zu berechnen. Sicher ging ihre Gesamtzahl in die Hunderttausende. Kursachsen verdankt den böhmischen Exulanten, dass sein Verlust an

Menschen und Vermögen sich schneller ergänzte als in andern Ländern. Doch nicht die Zahl, wie hoch sie sei, gibt eine Vorstellung von dem Verlust. Denn die, welche um Glauben und politische Überzeugung in das Elend gingen, waren die Kräftigsten, die Führer des Volkes, die Repräsentanten der höchsten Zeitbildung. Aber nicht ihr Verlust allein machte die Länder des Kaisers so schwach und still, auch die Millionen der Zurückgebliebenen waren zerbrochen. Durch jedes niedrige Motiv, durch rohe Gewalt oder Aussicht auf irdische Vorteile von einem Glauben in den andern getrieben, hatten sie das Selbstgefühl verloren und den letzten Idealismus, den auch der mittelmäßige Mann sich bewahrt, die Empfindung, eine Stelle in der Brust zu haben, welche nicht käuflich ist. Überall in Deutschland lebten in der schlechtesten Zeit nach dem Kriege Tausende, welche durch das Gefühl gefestigt wurden, dass auch sie den bewaffneten Bekehrern bis zum Tod widerstanden hätten, wie ihre Väter und Nachbarn. In den bekehrten österreichischen Ländern des Kaisers war dieses Gefühl selten. Fast anderthalb Jahrhunderte vegetierten die Stämme, Böhmen und Deutsche, wie in einem unheimlichen Traumleben. Der böhmische Landmann hing neben seine Bilder von Hus und Ziska die bunten Heiligen der restaurierten Kirche, aber er zündete auch den alten Ketzern eine heilige Lampe an; der Bürger zu Wien und Olmütz gewöhnte sich, von dem Reich und Deutschland als vom Ausland zu sprechen, er gewöhnte sich, dem Ungar, Italiener, Kroaten bequem zu werden, aber er stand auch fremd in dem neuen Staat, der ihn jetzt umschloss. Wenig kümmerte ihn der kategorische Imperativ einer neuen Weltweisheit, spät erfuhr er, dass Schiller ein deutscher Dichter sei. Erst dann, als den Deutschen ein neuer Frühling gekommen war, in welchem Freiheit des Geistes und Schönheit der Seele als höchstes Ziel des Erdenlebens gesucht wurde, als die neue

Altertumswissenschaft begeisterte und der Genius Goethes über dem Hofe von Weimar leuchtete, da klang aus dem stillen Österreich die innigste und geheimnisvollste der Künste in einer Fülle von Melodien. Auch dort hatte das Gemüt des Volks in Haydn, Mozart, Beethoven rührenden Ausdruck gefunden.